금강경 달 찬

금강경 달 찬

황부영홍대선사

금강경 달 찬

스스로 달 온 법계를 이루고
다 함께 달 온 세상을 열고서
무엇이든 여래 해탈실상이요.
누구나 금강달 여여본불입니다.

하!.

차례

금강반야바라밀다경 찬

찬	27
바라밀 찬	28
제1 법회가 열린 이유	29
찬	
제2 수보리 청법	30
찬	31
제3 대승의 바른 뜻	32
찬	33
제4 묘행은 머무름이 없음	34
찬	35
제5 진여의 이치를 실상으로 봄	36
찬	
제6 바른 믿음은 희유함	37
찬	38
제7 얻을 것도 설할 것도 없음	39
찬	40
제8 법에 의지하여 출생함	41
찬	42
제9 일체의 상을 여읨	43
찬	45
제10 정토를 장엄함	46
찬	47
제11 무위의 복은 수승함	48
찬	49

제12	바른 가르침을 존중함	50
	찬	
제13	법다이 받아 지님	51
	찬	53
제14	상을 떠나 적멸에 듦	54
	찬	57
제15	경을 지니는 공덕	58
	찬	59
제16	능히 업장을 맑힘	60
	찬	61
제17	남음 없는 자리	62
	찬	65
제18	일체를 하나로 봄	66
	찬	68
제19	법계를 통화함	69
	찬	
제20	색을 여의고 상을 여윔	70
	찬	71
제21	설하나 설한바가 없음	72
	찬	73
제22	법은 가히 얻을 것이 없음	74
	찬	
제23	맑은 마음으로 착한 법을 행	75
	찬	
제24	복과 지혜는 견줄 수 없음	76
	찬	
제25	가르쳐도 가르친바 없음	77
	찬	78
제26	법신은 상이 아님	79

찬	80
제27 끊음도 없고 사라짐도 없음	81
찬	82
제28 받지도 않고 탐하지도 않음	83
찬	84
제29 위의가 적정함	85
찬	
제30 이치와 상은 하나임	86
찬	87
제31 지견을 내지 않음	88
찬	89
제32 참 바탕자리	90
찬	91

금강거량

찬	95
거량 1	96
거량 2	97
거량 3	98
거량 4	99
거량 5	100
거량 6	101
거량 7	102
거량 8	103
거량 9	104
거량 10	105
거량 11	106
거량 12	107

거량 13	108
거량 14	109
거량 15	110
거량 16	111
거량 17	112
거량 18	113
거량 19	114
거량 20	115
거량 21	116
거량 22	117
거량 23	118
거량 24	119
거량 25	120
거량 26	121
거량 27	122
거량 28	123
거량 29	124
거량 30	125
거량 31	126
거량 32	127
거량 33	128
거량 34	129
거량 35	130
거량 36	131
거량 37	132
거량 38	133
거량 39	134
거량 40	135
거량 41	136

거량 42	137
거량 43	138
거량 44	139
거량 45	140
거량 46	141
거량 47	142
거량 48	143
거량 49	144
찬	145

금강반야바라밀경 해제

찬	149
여래바라밀 공덕	150
찬	182

나 금강반야바라밀

찬	185
찬	186
찬	187
나 금강반야바라밀	188
나 다 금강시절	423
본면목	426
진면목	427
여면목	428
의면목	429
정면목	430
현면목	431
온면목	432

자면목	433
봉축	434
회향	435
다여	436
누림	437

나 금강본여론

찬	441
금강본여론 1	442
금강본여론 2	443
금강본여론 3	444
금강본여론 4	445
금강본여론 5	446
금강본여론 6	447
금강본여론 7	448
금강본여론 8	449
금강본여론 9	450
금강본여론 10	451
금강본여론 11	452
금강본여론 12	453
금강본여론 13	454
금강본여론 14	455
금강본여론 15	456
금강본여론 16	457
금강본여론 17	458
금강본여론 18	459
금강본여론 19	460
금강본여론 20	461
금강본여론 21	462

금강본여론 22   463
금강본여론 23   464
금강본여론 24   465
금강본여론 25   466
금강본여론 26   467
금강본여론 27   468
금강본여론 28   469
금강본여론 29   470
금강본여론 30   471
금강본여론 31   472
금강본여론 32   473
금강본여론 33   474
금강본여론 34   475
금강본여론 35   476
금강본여론 36   477
금강본여론 37   478
금강본여론 38   479
금강본여론 39   480
금강본여론 40   481
금강본여론 41   482
금강본여론 42   483
금강본여론 43   484
금강본여론 44   485
금강본여론 45   486
금강본여론 46   487
금강본여론 47   488
금강본여론 48   489
금강본여론 49   490
금강본여론 50   491

금강본여론 51	492
금강본여론 52	493
금강본여론 53	494
금강본여론 54	495
금강본여론 55	496
금강본여론 56	497
금강본여론 57	498
금강본여론 58	499
금강본여론 59	500
금강본여론 60	501
금강본여론 61	502
금강본여론 62	503
금강본여론 63	504
금강본여론 64	505
금강본여론 65	506
금강본여론 66	507
금강본여론 67	508
금강본여론 68	509
금강본여론 69	510
금강본여론 70	511
금강본여론 71	512
금강본여론 72	513
금강본여론 73	514
금강본여론 74	515
금강본여론 75	516
금강본여론 76	517
금강본여론 77	518
금강본여론 78	519
금강본여론 79	520

금강본여론 80	521
금강본여론 81	522
금강본여론 82	523
금강본여론 83	524
금강본여론 84	525
찬	526

금강삼매론

찬	529
금강삼매론	530
찬	534

금강법어

찬	537
금강법어 1	538
금강법어 2	539
금강법어 3	540
금강법어 4	541
금강법어 5	542
금강법어 6	543
금강법어 7	544
금강법어 8	545
금강법어 9	546
금강법어 10	547
금강법어 11	548
금강법어 12	549
금강법어 13	550
금강법어 14	551

금강법어 15	552
금강법어 16	553
금강법어 17	554
금강법어 18	555
금강법어 19	556
금강법어 20	557
금강법어 21	558
금강법어 22	559
금강법어 23	560
금강법어 24	561
금강법어 25	562
금강법어 26	563
금강법어 27	564
금강법어 28	565
금강법어 29	566
금강법어 30	567
금강법어 31	568
금강법어 32	569
금강법어 33	570
금강법어 34	571
금강법어 35	572
금강법어 36	573
금강법어 37	574
금강법어 38	575
금강법어 39	576
금강법어 40	577
금강법어 41	578
금강법어 42	579
금강법어 43	580

금강법어	44	581
금강법어	45	582
금강법어	46	583
금강법어	47	584
금강법어	48	585
금강법어	49	586
금강법어	50	587
금강법어	51	588
금강법어	52	589
금강법어	53	590
금강법어	54	591
금강법어	55	592
금강법어	56	593
금강법어	57	594
금강법어	58	595
금강법어	59	596
금강법어	60	597
금강법어	61	598
금강법어	62	599
금강법어	63	600
금강법어	64	601
금강법어	65	602
금강법어	66	603
금강법어	67	604
금강법어	68	605
금강법어	69	606
금강법어	70	607
금강법어	71	608
금강법어	72	609

금강법어	73	610
금강법어	74	611
금강법어	75	612
금강법어	76	613
금강법어	77	614
금강법어	78	615
금강법어	79	616
금강법어	80	617
금강법어	81	618
금강법어	82	619
금강법어	83	620
금강법어	84	621
금강법어	85	622
금강법어	86	623
금강법어	87	624
금강법어	88	625
금강법어	89	626
금강법어	90	627
금강법어	91	628
금강법어	92	629
금강법어	93	630
금강법어	94	631
금강법어	95	632
금강법어	96	633
금강법어	97	634
금강법어	98	635
금강법어	99	636
금강법어	100	637
금강법어	101	638

금강법어 102	639
금강법어 103	640
금강법어 104	641
금강법어 105	642
금강법어 106	643
금강법어 107	644
금강법어 108	645
금강법어 109	646
금강법어 110	647
금강법어 111	648
금강법어 112	649
금강법어 113	650
금강법어 114	651
금강법어 115	652
금강법어 116	653
금강법어 117	654
금강법어 118	655
금강법어 119	656
금강법어 120	657
금강법어 121	658
금강법어 122	659
금강법어 123	660
금강법어 124	661
금강법어 125	662
금강법어 126	663
금강법어 127	664
금강법어 128	665
금강법어 129	666
금강법어 130	667

금강법어 131		668
금강법어 132		669
금강법어 133		670
금강법어 134		671
금강법어 135		672
금강법어 136		673
금강법어 137		674
금강법어 138		675
금강법어 139		676
금강법어 140		677
금강법어 141		678
금강법어 142		679
금강법어 143		680
금강법어 144		681
금강법어 145		682
금강법어 146		683
금강법어 147		684
금강법어 148		685
금강법어 149		686
금강법어 150		687
금강법어 151		688
금강법어 152		689
금강법어 153		690
금강법어 154		691
금강법어 155		692
금강법어 156		693
금강법어 157		694
금강법어 158		695
금강법어 159		696

금강법어 160	697
금강법어 161	698
금강법어 162	699
금강법어 163	700
금강법어 164	701
금강법어 165	702
금강법어 166	703
금강법어 167	704
금강법어 168	705
금강법어 169	706
금강법어 170	707
금강법어 171	708
금강법어 172	709
금강법어 173	710
금강법어 174	711
금강법어 175	712
금강법어 176	713
금강법어 177	714
금강법어 178	715
금강법어 179	716
금강법어 180	717
금강법어 181	718
금강법어 182	719
금강법어 183	720
금강법어 184	721
금강법어 185	722
금강법어 186	723
금강법어 187	724
금강법어 188	725

금강법어 189	726
금강법어 190	727
금강법어 191	728
금강법어 192	729
금강법어 193	730
금강법어 194	731
금강법어 195	732
금강법어 196	733
금강법어 197	734
금강법어 198	735
금강법어 199	736
금강법어 200	737
금강법어 201	738
금강법어 202	739
금강법어 203	740
금강법어 204	741
금강법어 205	742
금강법어 206	743
금강법어 207	744
금강법어 208	745
금강법어 209	746
금강법어 210	747
금강법어 211	748
금강법어 212	749
금강법어 213	750
금강법어 214	751
금강법어 215	752
금강법어 216	753
금강법어 217	754

금강법어 218	755
금강법어 219	756
금강법어 220	757
금강법어 221	758
금강법어 222	759
금강법어 223	760
금강법어 224	761
금강법어 225	762
금강법어 226	763
금강법어 227	764
금강법어 228	765
금강법어 229	766
금강법어 230	767
금강법어 231	768
금강법어 232	769
금강법어 233	770
금강법어 234	771
금강법어 235	772
금강법어 236	773
금강법어 237	774
금강법어 238	775
금강법어 239	776
금강법어 240	777
금강법어 241	778
금강법어 242	779
금강법어 243	780
금강법어 244	781
금강법어 245	782
금강법어 246	783

금강법어 247	784
금강법어 248	785
금강법어 249	786
금강법어 250	787
금강법어 251	788
금강법어 252	789
금강법어 253	790
금강법어 254	791
금강법어 255	792
금강법어 256	793
금강법어 257	794
금강법어 258	795
금강법어 259	796
금강법어 260	797
금강법어 261	798
금강법어 262	799
금강법어 263	800
금강법어 264	801
금강법어 265	802
금강법어 266	803
금강법어 267	804
금강법어 268	805
금강법어 269	806
금강법어 270	807
찬	808

여래시절

찬	811
여래시절 1	812

여래시절 2	814
여래시절 3	816
여래시절 4	818
여래시절 5	820
여래시절 6	822
여래시절 7	824
여래시절 8	826
여래시절 9	828
여래시절 10	830
찬	832

나 여래 금강달

찬	835
나 여래 금강달	836
찬	854

나 다 반야바라밀다심경

찬	857
나 다 반야바라밀다심경	858
찬	860

본성취	861
축원	862
회향	863
전법예찬	864

금강반야바라밀다경 찬

찬

언제나 스스로 자체 여래로 창주요.
언제나 스스로 자체 여래로 창생이요.
언제나 스스로 자체 여래로 창불이요.
언제나 스스로 자체 여래로 창세구나

하!..

황부합장.

바라밀찬

초록은 종이요.
노랑은 글자라.
종이 종이 종이마다
일체중생의 안심입명처요.
글자 글자 글자 마다
일체부처의 정법안장이구나.
푸른 산 푸른 바다
꽃비로 내리구나.

하!..

황부범 향배.

제 1 법회가 열린 이유

내가 이러히 들었다.
한때에 부처님께서 사위국 기원정사에서 큰 비구들 천 이백오십명과 함께 계셨다.
그때 세존께서는 공양을 드실 때인지라 가사를 걸치시고 발우를 들고 사위성에 들어가시어 성안에서 공양을 받으실 적에 차례차례 받으시고 다시 계시던 곳으로 돌아와 공양을 드신 후에 가사와 발우를 거두시고 발을 씻으신 후 자리를 펴고 앉으셨다.

찬

일상사 온 법계로 앉아 진여요.
일상사 온 세상으로 앉아 실상이요.
일상사 온 창생으로 앉아 해탈이요.
일상사 온 법으로 앉아 극락이구나.

하!.

제 2 수보리 청법

이때에 장로 수보리가 대중 가운데 있다가 자리에서 일어나 오른쪽 어깨의 옷을 걷어매고 오른쪽 무릎을 땅에 꿇어 합장하며 공손히 부처님께 말씀드리기를
"희유하십니다. 세존이시여, 여래께서는 모든 보살들을 잘 보살펴주시고 염려하시며 모든 보살들에게 잘 당부하시고 위촉하십니다.
세존이시여, 선남자 선여인이 아뇩다라삼먁삼보리심을 내고는 어떻게 그 마음을 머물며 어떻게 그 마음을 항복시켜야 하오리까?"

부처님께서 말씀하시기를
"착하고 착하도다. 수보리야, 너의 말과 같이 여래는 모든 보살들을 잘 보살피고 염려하며 모든 보살들에게 잘 당부하고 위촉하느니라. 너희들은 이제 자세히 들어라. 너희들을 위하여 말해 주리라. 선남자 선여인은 아뇩다라삼먁삼보리심을 내고는 마땅히 이와 같이 머물고 이와 같이 마음을 항복

시킬 지니라."
"예. 세존이시여, 자세히 듣고자 원하옵니다."

찬

언제나 스스로 마음 따로 없어서
무엇이든 나투어도 안팎으로 청정무구하니
머무르든 머무르지 않든 응한 대로 물들임 없어
온 세상 온 창생 해탈극락 이러히 누리구나.

하!.

제 3 대승의 바른 뜻

부처님께서 수보리에게 이르시길
"모든 보살마하살은 마땅히 이와 같이 그 마음을 항복시킬지니 *무릇 세상에 있는 온갖 중생으로서 알로 태어나는 것, 태로 태어나는 것, 습기로 태어나는 것, 화하여 태어나는 것, 형상이 있는 것, 형상이 없는 것, 생각이 있는 것, 생각이 없는 것, 생각이 있지도 않고, 생각이 없지도 않는 것들을 내가 모두 무여열반에 들도록 제도하리라. 이렇게 한량없고 셀 수없는 중생들을 제도하여도 사실은 한 중생도 제도를 받은 이가 없다.* 하라. 왜냐하면 수보리야, 누구나 스스로 무한 청정무구하고, 무엇이든 안팎으로 무한 순백무구해서, 낱낱이 온 전체로 다함께 원만구족하여, 나눔이 없고 그림자 없고 물들임 없고 때묻음 없고 걸림 없고 자재여여하여 자위 본위 실위 실락구나. 또한 만일 보살로서 아상, 인상, 중생상, 수자상이 있으면 보살이 아니기 때문이다."

찬

본래로 스스로 나 따로 두지 않으니
일체마음 일체모습 나 다로 자위무구하여
여의고 여의지 않고 본위실상으로 드러나
다시 제도하고 제도 받고 없이 실위본낙구나.

하!.

제 4 묘행은 머무름이 없음

"또 수보리야, 보살은 모든 법에 머무름 없이 보시를 해야 하느니라. 이른바 형상에 머물지 않고 보시하고, 소리, 냄새, 맛, 닿음, 법에도 머물지 않고 보시해야 하느니라.
수보리야, 보살이 마땅히 이렇게 보시하되 모양에 머물지 말 것 이니라. 왜냐하면 만일 보살이 모양에 머물지 않고 보시하면 그 복덕은 생각으로는 헤아릴 수 없느니라.
수보리야, 너는 어떻게 생각 하느냐?
동쪽에 있는 허공을 생각으로 헤아릴 수 있겠느냐?"
"헤아릴 수 없습니다. 세존이시여."
"수보리야, 남쪽, 서쪽, 북쪽과 네 간방과 위, 아래의 허공을 생각으로 헤아릴 수 있겠느냐?"
"헤아릴 수 없습니다. 세존이시여."
"수보리야, 보살이 모양에 머물지 않고 보시한 복덕도 또한 이와 같아서 생각으로는 헤아릴 수 없느니라.

수보리야, 보살은 마땅히 이렇게 가르친바 대로 머물지니라."

찬

본래로 스스로 무한 구족하여
무엇이든 훙대로 모자람 없으니
온갖 보시 주고받고 물들임 없어서
청풍명월 해탈극락 무진 누리구나.

하!.

제 5 진여의 이치를 실상으로 봄

"수보리야, 어떻게 생각 하느냐?
형상으로써 여래를 볼 수 있겠느냐?"
"볼 수 없습니다. 세존이시여, 형상으로써 여래를 볼 수 없습니다. 왜냐하면 여래께서 말씀하시는 형상은 형상이 아니기 때문입니다."

부처님께서 이르시길
"무릇 있는바 형상은 다 이에 허망함이니 만약 모든 형상이 형상이 아님을 보면 곧 진실한 여래를 보게 되느니라."

찬

언제나 나를 떠나 나 없으니
내가 다로 온 법계를 이루고
온 창생 온 세상으로 열리어
상은 상일뿐 딴 것이 없어 드러난 대로 여래구나.

하!.

제 6 바른 믿음은 희유함

수보리가 부처님께 말씀드리기를
"세존이시여, 어떤 중생이 이와 같은 말과 글귀를 듣고 참다운 믿음을 낼 수 있겠습니까?"

부처님께서 수보리에게 이르시길
"그런 말을 하지 말라. 여래가 멸도한 후 오백세에도 계행을 지키고 복을 닦는 사람은 이와 같은 말과 글귀에 능히 믿음을 내어 이것을 진실이라 여길 것이니라.
마땅히 알라. 이러한 사람은 한 분의 부처님, 두 분의 부처님, 셋, 넷, 다섯 분의 부처님에게만 선근을 심은 것이 아니다. 이미 한량없는 천만 부처님 계신 곳에서 온갖 선근을 심었으므로 이러한 말과 글귀를 듣고 한 생각에 깨끗한 믿음을 내느니라.
수보리야, 여래는 이 모든 중생들이 이와 같이 한량없는 복덕을 얻는 것을 다 아시고 다 보시느니라. 왜냐하면 이 모든 중생들이 다시는 아상, 인상, 중생상, 수자상이 없으며 법이라는 생각도 없고 법이 아니라는 생각도 없기 때문이다. 왜냐하면 이 모든 중생들이 마음에 모양을 지니면 곧 아상, 인상, 중생상, 수자상에 빠져들기 때문이며 만일 법이라는 생각을 지녀도 곧 아상, 인상, 중생상, 수자상에 빠져들기 때문이니라. 그러므로 마땅히 법도 지니지 말고 법이 아닌 것도 지니지 말지니라. 이러한 까닭으로 여래가 항상 말씀하시길 너희 비구들은 내가 설한 법이 뗏목의 비유와 같은 줄을 알라고 하였나니 법도 오히려 버려야 하거늘 하물며 법이 아닌 것을 말할 것이 있겠는가?"

찬

본래 나는 갓이 없어서 일체를 초월하니
나다 나 아니다, 존재한다 존재하지 않는다.
있다 없다, 법이다 법 아니다, 상이다 상 아니다,
마음 있다 마음 없다, 생각 있다 생각 없다. 물들임 없도다.

하!.

제 7 얻을 것도 설할 것도 없음

"수보리야, 어떻게 생각 하느냐?
여래가 아뇩다라삼먁삼보리를 얻으셨다 하겠느냐?
여래가 법을 설하셨다 하겠느냐?"

수보리가 말씀드리기를
"제가 부처님께서 말씀하신 뜻을 알기로는 정한법이 없는 것을 이름하여 아뇩다라삼먁삼보리라고 하옵고, 또한 정한법이 없는 것을 여래께서 설하셨습니다. 왜냐하면 여래께서 말씀하신 법은 취할 수도 없고 말할 수도 없으며, 법도 아니고 법 아닌 것도 아니기 때문입니다. 무슨 까닭인가 하면 모든 현인, 성인들께서 무위의 법에서 여러 가지 차별을 이루시기 때문입니다."

찬

본래로 딴 나 없으니
본래로 딴 세상 없고
본래로 딴 것 없어서
정하고 정하지 않는 법 없구나.

하!.

제 8 법에 의지하여 출생함

"수보리야, 어떻게 생각 하느냐? 만약 어떤 사람이 삼천대천세계에 가득한 칠보를 가지고 보시한다면 이 사람이 얻은 복덕이 많겠느냐?"
수보리가 말씀드리길
"매우 많겠나이다. 세존이시여, 왜냐하면 이 복덕은 곧 복덕의 성품이 아니기 때문에 여래께서 복덕이 많다고 말씀하셨습니다."
"만약 또 어떤 사람이 이 경 가운데서 네 글귀로 된 한 게송만이라도 받아 지니거나, 다른 사람을 위하여 일러 준다면, 그 복덕은 칠보로 보시한 복덕보다도 수승 하느니라. 왜냐하면 수보리야, 일체의 모든 부처님과 모든 부처님의 아뇩다라삼먁삼보리심이 모두다 이경에서 나왔기 때문이니라.
수보리야, 이른바 불법이라는 것도 곧 불법이 아니니라."

찬

스스로 본경은 무한 광대하게 꾸밈이 없어서
조불조사도 엿볼 수 없고 그 무엇도 채울 수 없구나.
삼천대천세계도 허공도 출세간법도 닿을 수 없으니
다만 아야어여가 온 법계 온 창생 해탈극락구나.

하!.

제 9 일체의 상을 여읨

"수보리야, 어떻게 생각 하느냐? 수다원이 생각하기를 *나는 수다원과를 얻었다* 하겠느냐?"
수보리가 말씀드리기를
"아닙니다. 세존이시여, 왜냐하면 수다원은 이름이 성인의 흐름 속에 들었다는 말이오나 사실은 들어간 일이 없습니다. 빛, 소리, 냄새, 맛, 닿음. 법에 들어가지 아니함을 이름하여 수다원이라 하였을 뿐입니다."

"수보리야, 어떻게 생각 하느냐? 사다함이 생각하기를 *내가 사다함과를 얻었다* 하겠느냐?"
수보리가 말씀드리길
"아닙니다. 세존이시여, 왜냐하면 사다함은 한번 왕래한다는 말이오나 사실은 왕래함이 없으므로 이름을 사다함이라 합니다."
"수보리야, 어떻게 생각 하느냐? 아나함이 생각하기를 *내가 아나함과를 얻었다* 하겠느냐?"
수보리가 말씀드리길

"아닙니다. 세존이시여, 왜냐하면 아나함은 다시 오지 않는다는 말이오나 사실은 다시 오지 아니함이 없으므로 이름을 아나함이라 합니다."

"수보리야, 어떻게 생각 하느냐? 아라한이 생각하기를 *내가 아라한의 도를 얻었다* 하겠느냐?"
수보리가 말씀드리길
"아닙니다. 세존이시여, 왜냐하면 사실은 아무 법도 있지 않은 것을 아라한이라 이름 하기 때문입니다. 세존이시여, 만일 아라한이 생각하기를 *내가 아라한의 도를 얻었다* 한다면 이것은 아상, 인상, 중생상, 수자상에 빠져드는 것입니다.
세존이시여, 부처님께서 저에게 "다툼 없는 삼매를 얻은 사람 가운데서 제일이다." 라고 말씀하셨는데 이것은 첫째가는 갈애 없는 아라한이라는 말씀이오나 세존이시여, 저는 갈애 없는 아라한이라는 생각을 하지 않습니다.
세존이시여, 제가 만일 *내가 아라한의 도를 얻었다*고 생각한다면 세존께서는 수보리가 아란나행을 좋아하는 자라고 말씀하시지 아니하셨을 것이오나 수보리가 실로 아란나행을 한다는 생각이 없기 때문에 *수보리는 아란나행을 좋아하는 이* 라고 이름 하셨습니다."

찬

본대로 나 다로 열려
티 없이 구족해 다시 나 다 상 없으니
아상, 인상, 중생상, 수자상도
진여실상으로 열리고
수다원, 사다함, 아나함, 아라한도
무위진인으로 드러나서
이대로 초월하고 초월하지 않아서
해탈극락 무궁무진 누리구나.

하!.

제 10 정토를 장엄함

부처님께서 수보리에게 이르시길
"수보리야, 어떻게 생각 하느냐? 여래가 옛날에 연등불회상에서 어떤 법을 얻은바가 있었겠느냐?"
"아니옵니다. 세존이시여, 여래께서 연등불회상에서 실로 법을 얻은바가 없습니다."

"수보리야, 어떻게 생각 하느냐? 보살이 불국토를 장엄한다고 하겠느냐?"
"아닙니다. 세존이시여, 왜냐하면 보살이 불국토를 장엄한다는 것은 곧 장엄이 아니라 그 이름이 장엄이기 때문입니다."
"그러므로 수보리야, 모든 보살 마하살들은 마땅히 이렇게 청정한 마음을 낼 지니 마땅히 형상에 머물러서 마음을 내지 말고, 소리, 냄새, 맛, 닿음, 법에 머물러서 마음을 내지도 말아야 할지니, 마땅히 아무데에도 머무름 없이 그 마음을 낼 것이니라. 수보리야, 비유하건데 만일 어떤 사람의 몸이 수미산왕만 하다면 너는 어떻게 생각하느냐? 그 몸이 크다고 하겠느냐? 크지 않다고 하겠느냐?"
수보리가 말씀드리시길
"대단히 크옵니다. 세존이시여, 왜냐하면 부처님께서는 몸이 아닌 것을 가리켜서 큰 몸이다 이름 하셨기 때문입니다."

찬

딴 존재 없으니
온 존재 온 창생으로 진불이요.
딴 마음 없으니
온 마음 온 법계로 진여요.
딴 몸 없으니
온 몸 온 우주로 실상이요.
딴 세상 없으니
온 세상 온 천하로 불국토구나.

하!.

제 11 무위의 복은 수승함

"수보리야, 항하 가운데 있는 모래 수만큼의 항하가 있다면 이 모든 항하의 모래가 많다고 하겠느냐?"
수보리가 말씀드리시길
"대단히 많겠습니다. 세존이시여, 다만 저 모든 항하들만 하여도 수없이 많을 것 이온데 하물며 그 모래이겠습니까?"

"수보리야, 내가 지금 너에게 진실로 이르노니 만약 어떤 선남자 선여인이 있어 저 항하의 모래 수 만큼 많은 삼천대천세계에 가득한 칠보를 가지고 보시한다면 그 얻은 복이 많다고 하지 않겠느냐?"
수보리가 말씀드리시길
"대단히 많겠습니다. 세존이시여,"

부처님께서 수보리에게 이르시길
"만일 선남자 선여인이 이 경 가운데서 네 글귀로 된 한 게송만이라도 받아 지니고, 다른 사람을 위하여 일러 준다면 그 복덕은 앞에 말한 칠보를 보시한 공덕보다도 더 수승 하느니라."

찬

언젠가는 삼천대천세계도 무너지고
허공을 메운 복덕도 녹아지지만
오로지 그대 성품의 공덕은 무한정해서
아라리오 게송은 무한 광명으로 불멸구나.

하!.

제 12 바른 가르침을 존중함

"또 수보리야, 이경을 설하거나 일체 세간의 천상, 인간, 아수라들이 다 응당히 공경하기를 부처님의 탑묘와 같이 할 것인데 하물며 어떤 사람이 능히 지녀 읽고 외우는 것이겠느냐?
수보리야, 마땅히 알라. 이 사람은 가장 높고 제일 희유한 법을 성취한 것이니 만일 이 경전이 있는 곳이면 곧 부처님이 계신 곳과 같으며 존중받는 부처님의 제자가 있는 곳과 같으니라."

찬

스스로 성품의 만고의 진리는
무량창생의 안심입명 처니
조불조사도 남음 없이 공경하고
온 법계도 다함없이 해탈극락구나.

하!.

제 13 법다이 받아지님

"세존이시여, 이 경의 이름을 무엇이라고 하며 저희들은 어떻게 받아 지녀야 합니까?"

부처님께서 수보리에게 이르시길
"이 경의 이름은 *금강반야바라밀경*이니 이 이름으로 너희들이 마땅히 받들어 지녀야 할 것이니라. 왜냐하면 수보리야, 여래가 말하는 반야바라밀은 곧 반야바라밀이 아니라 그 이름이 반야바라밀이기 때문이니라.
수보리야, 어떻게 생각하느냐? 여래가 설한바 법이 있겠느냐?"
수보리가 부처님께 말씀드리시길
"세존이시여, 여래께서는 아무것도 설하신바가 없습니다."

"수보리야, 어떻게 생각하느냐?
삼천대천세계에 있는 모든 먼지가 많다고 하겠느냐?"

수보리가 말씀드리시길
"심히 많습니다. 세존이시여,"
"수보리야, 여래가 말한 모든 먼지는 먼지가 아니라 그 이름이 먼지이며, 여래가 말하는 세계도 세계가 아니라 그 이름이 세계이니라."

"수보리야, 어떻게 생각하느냐? 가히 삼십이 상으로 여래를 볼 수 있다 하겠느냐?"
"아니옵니다. 세존이시여, 가히 삼십이 상으로는 여래를 볼 수 없습니다. 왜냐하면 여래께서 말씀하신 삼십이 상이라는 것은 곧 상이 아니라 그 이름이 삼십이 상이기 때문입니다."

"수보리야, 만일 선남자 선여인이 항하의 모래와 같이 많은 목숨을 바쳐 널리 보시하더라도 어떤 사람이 이 경 가운데서 네 글귀로 된 한 게송만이라도 받아 지니고 다른 사람을 위하여 일러 준다면 그 복이 앞의 복보다 심히 많으니라."

찬

딴 경이 아니니
스스로 무한 법계로 정법이요.
딴 세계 아니니
스스로 무한 우주로 극락이요.
딴 상 아니니
스스로 무한 여래로 실상이요.
딴 게송 아니니
스스로 무한 창생으로 공덕이구나.

하!.

제 14 상을 떠나 적멸에 듦

그때에 수보리가 이 경에 대한 말씀을 듣고 그 뜻을 깊이 깨달아 알고는 눈물을 흘리며 부처님께 말씀드리길
"희유하십니다. 세존이시여, 부처님께서 이렇듯 뜻이 깊은 경전을 말씀하시는 것은 제가 예로부터 오면서 얻은 지혜의 눈으로도 일찍이 이와 같은 경을 듣지 못하였습니다.
세존이시여, 만일 어떤 사람이 이 경의 말씀을 듣고 믿는 마음이 청정하면 곧 실상을 알 것이니 이 사람이 제일 희유한 공덕을 성취할 것임을 알겠습니다.
세존이시여, 이 실상도 상이 아니므로 여래께서 다만 그 이름을 실상이라고 하셨습니다.
세존이시여, 제가 이와 같은 경전을 듣고 그대로 믿어 받아 지니는 것은 어렵지 않습니다만, 만약 이 다음세상 후오백세에 어떤 중생이 이 경을 얻어 듣고 믿어 지니게 되면 그 사람이 곧 제일 희유한 사람이 되겠습니다. 왜냐하면 이 사람은 아

상, 인상, 중생상, 수자상도 없기 때문입니다.
그 까닭은 아상은 곧 상이 아니요, 인상, 중생상, 수자상도 곧 상이 아니기 때문입니다.
왜냐면 일체의 모든 상을 여읜 것을 부처님이라 이름하기 때문입니다."

부처님께서 수보리에게 이르시길
"그러하니라, 그러하니라. 만일 어떤 사람이 이 경을 듣고서도 놀라지 않으며, 겁내지도 않으며, 두려워하지도 않으면 이 사람은 참으로 희유한 사람인줄 마땅히 알아야 하느니라. 왜냐하면 수보리야, 여래가 말하는 제일바라밀이란 제일바라밀이 아니라 그 이름이 제일바라밀이기 때문이니라.
수보리야, 여래가 말하는 인욕바라밀도 인욕바라밀이 아니라 그 이름이 인욕바라밀이니라. 왜냐하면 수보리야, 내가 전생에 가리왕에게 몸을 갈기갈기 찢김을 당할 때에도 아상, 인상, 중생상, 수자상이 없었느니라. 왜냐하면 내가 지난날 갈기갈기 찢길 적에 만약 아상, 인상, 중생상, 수자상이 있었다면 마땅히 성내고 원망하였을 것이기 때문이니라.
수보리야, 또 생각하니 과거 오백세에 인욕 선인이 되었을 때에도 아상, 인상, 중생상, 수자상이 없었느니라. 그러므로 수보리야, 보살은 마땅히 모든 상을 떠나서 아뇩다라삼먁삼보리심을 낼 것이니 마땅히 형상에 머물러서 마음을 내지 말며 마땅히 소리, 냄새, 맛, 닿음, 법에 머물러서 마음을 내지도 말아야 되며, 마땅히 머무르는바 없이 마음을 낼 것이니 만약에 마음에 머무름이 있으면 그것은 곧 머무름이 아니니라. 그러므로 보살은 마음 형상에 머무르지 말고 보시해야 하느니라.

수보리야, 보살은 일체중생을 이익 되게 하기 위하여 마땅히 이와 같이 보시할 것이니, 여래가 말하는 일체 모든 상은 곧 상이 아니며 또한 온갖 중생이라 말한 것도 곧 중생이 아니니라.

수보리야, 여래는 참된 말만 하는 이며, 실다운 말만 하는 이며, 여여한 말만 하는 이며, 속이지 않는 말만 하는 이며, 다르지 아니한 말만 하는 이니라.

수보리야, 여래가 얻은 이 법은 진실하지도 허망하지도 않느니라.

수보리야, 만일 보살이 마음을 법에 머물러서 보시를 한다면 어두운 곳에 있는 사람이 아무것도 볼 수 없는 것과 같고, 만일 보살이 마음을 법에 머물지 않고 보시 한다면 눈 있는 사람이 밝은 햇빛 아래서 가지가지의 사물을 보는 것과 같으니라.
수보리야, 미래 세상에 만약 어떤 선남자 선여인이 능히 이 경을 받아 지니고 읽고 외우면 곧 여래께서 부처님의 지혜로써 이 사람을 다 알고 다 보나니 한량없고 가히 없는 공덕을 모두 다 성취하게 되느니라."

찬

언제나 스스로 무한 법계로 청정무구해서
무엇이든 물들임 없이 온 우주로 펼쳐서
온 전체로 낱낱이 유무 없는 경을 지니고
온 세상 온 창생 위없는 영생영락 누리구나.

하!.

제 15 경을 지니는 공덕

"수보리야, 어떤 선남자 선여인이 아침에 항하의 모래수와 같이 많은 몸으로 보시하고, 한낮에도 항하의 모래수와 같이 많은 몸으로 보시하고, 저녁에도 역시 항하의 모래수와 같이 많은 몸으로 보시하기를 한량없는 백천만억겁 동안 보시한다 해도 만일 또 어떤 사람이 이 경전을 듣고 믿는 마음으로 따르기만 하여도 그 복은 저 복보다 더 많은 것이니 하물며 이 경을 쓰고 받아 지녀 읽고 외우고 다른 사람을 위하여 해설하여 줌이야 말할 것이 있겠느냐?

수보리야, 중요한 것을 들어서 말하면 이 경은 그 뜻을 가히 생각할 수도 없고 헤아릴 수 없는 한없는 공덕이 있느니라. 여래는 대승에 마음을 낸 사람들을 위하여 이 경을 설하며, 최상승의 마음을 낸 사람들을 위하여 설하느니라.

만일 어떤 사람이 능히 이 경을 받아 지녀 읽고 외우고 다른 사람을 위하여 일러주면, 여래가 이 사람을 다 알고 이 사람을 다 보나니, 이 사람은 한량없고, 말할 수도 없고, 끝도 없고, 생각할 수도 없는 공덕을 얻느니라.
이와 같은 사람들은 여래의 아뇩다라삼먁삼보리를 얻게 되느니라.
왜냐하면 수보리야, 만약 작은 법을 좋아하는 사람은 아상, 인상, 중생상, 수자상에 빠져들어 곧 이 경을 능히 듣지도 지니지도 읽지도 외우지도 못하고 다른 사람에게 해설하여 주지도 못하느니라.
수보리야, 어느 곳이든지 만약 이 경이 있는 곳이면 모든 세간의 하늘사람, 아수라가 마땅히 공양을 올릴 것이니 마땅히 알라. 이곳은 부처님의 탑을 모신 곳과 같으므로 모두가 마땅히 공경하고 예배하고 주위를 돌면서 꽃과 향으로 그곳에 흩어야 함이니라."

찬

무량겁 무량 몸 무량 보배 보시복덕보다도
중얼 중얼 중얼 이 경소리에 비할 바 없으니
불조도 다함없는 공경으로 정법안장하고
일체중생도 끝없는 공덕으로 안심입명하구나.
하!.

제 16 능히 업장을 맑힘

"또 수보리야, 선남자 선여인이 이 경을 받아 지녀 읽고 외우는데도 만약 다른 사람에게 가벼이 업신여김을 받게 된다면 이 사람은 선세의 죄업으로 마땅히 악도에 떨어질 것이지만, 금세에 다른 사람에게 가벼이 업신여김을 받는 까닭으로 선세의 죄업이 곧 소멸되고 마땅히 아뇩다라삼먁삼보리를 얻을 것이니라.

수보리야, 내가 생각하니 과거 한량없는 아승지겁에 연등불회상에서 팔만사천만억 나유타의 모든 부처님을 만나서 모두 다 공양하고 받들어 섬기어 그냥 지나쳐버린 적이 없느니라. 만일 또 어떤 사람이 이 다음 말세에 능히 이 경을 받아 지니고 읽고 외운다면 그 얻은바 공덕은 내가 모든 부처님께 공양한 공덕으로는 백분의 일에도 미치지 못하고, 천만억분 내지 어떤 수의 비유로도 능히 미치지 못하느니라.

수보리야, 만일 선남자 선여인이 이 다음의 말세에 이 경을 받아 지니어 읽고 외워서 얻은 공덕을 내가 모두 말한다면, 혹 이 말을 듣는 사람은 마음이 어지러워 의심하고 믿지 않느니라.
수보리야, 마땅히 알라, 이 경의 뜻은 가히 생각할 수도 없고 그 과보도 또한 가히 헤아릴 수 없느니라."

찬

본래의 자성으로 이 경을 함께하니
무한 광대한 광명으로 끝이 없구나.
일상사 스스로 지니고 다 함께 누리니
불조의 해탈공덕도 따를 수 없구나.

하!.

제 17 남음 없는 자리

그때에 수보리가 부처님께 말씀드리길
"세존이시여, 선남자 선여인이 아뇩다라삼먁삼보리심을 내고는 마땅히 어떻게 머물며 어떻게 그 마음을 항복시켜야 합니까?"

부처님께서 수보리에게 이르시길
"만약 선남자 선여인이 아뇩다라삼먁삼보리심을 냈다면 마땅히 이와 같이 마음을 낼지니라.
내가 마땅히 일체중생을 멸도에 이르도록 제도하리라 하고 일체중생을 멸도에 이르도록 제도하여서는 한 중생도 참으로 멸도에 이르도록 제도된 사람은 없다 하라.
자위청정하고 무위순백해서 만일 보살이 아상, 인상, 중생상, 수자상이 있다면 곧 보살이 아니기 때문이니라.
어떠한 까닭이냐 하면 수보리야, 실지로는 어떤 법이 있지 아니함이 아뇩다라삼먁삼보리심을 일으킨 자이기 때문이니라.

수보리야, 어떻게 생각하느냐?
여래가 연등불회상에서 어떤 법이 있어서 아뇩다라삼먁삼보리를 얻었겠느냐?"
"아닙니다. 세존이시여, 부처님께서 말씀하신 뜻을 제가 아는 바로는 부처님께서 연등불회상에서 어떤 법이 있어 아뇩다라삼먁삼보리를 얻은 것이 아닙니다."
부처님께서 이르시길
"옳도다 옳도다. 수보리야, 참으로 어떤 법이 있어서 여래께서 아뇩다라삼먁삼보리를 얻은 것이 아니니라.
수보리야, 만일 어떤 법이 있어 여래가 아뇩다라삼먁삼보리를 얻었다면 연등불께서 나에게 수기를 주시면서 *네가 다음 세상에 마땅히 부처를 이루어서 호를 석가모니라 하리라* 하지 않으셨을 것인데, 참으로 어떤 법이 있어서 아뇩다라삼먁삼보리를 얻은 것이 아니므로 연등불께서 나에게 수기하시기를 네가 다음 세상에 마땅히 부처를 이루어서 호를 석가모니라 하리라 하셨느니라. 왜냐하면 여래란 곧 모든 법이 여여하다는 뜻이기 때문이니라. 만일 어떤 사람이 말하기를 *여래가 아뇩다라삼먁삼보리를 얻었다*고 하더라도, 수보리야, 실제로는 어떤 법이 있어 여래가 아뇩다라삼먁삼보리를 얻은 것이 아니니라.
수보리야, 여래가 얻은 아뇩다라삼먁삼보리는 그 가운데 참된 것도 없고 허망한 것도 없느니라. 그러므로 모든 법은 불법이다 하느니라.
수보리야, 일체법이란 것은 곧 일체법이 아니니 이름이 일체법일 뿐이니라.
수보리야, 비유하건데 사람의 몸이 대단히 크다는 것과도 같으니라."
수보리가 말씀드리길
"세존이시여, 여래께서 말씀하신 사람의 몸이 대단히 크다는 것도 실은 큰 몸이 아니라 그 이름이 큰 몸입니다."
"수보리야, 보살도 또한 이와 같나니 만일 말하기를 *내가 마땅히 한량없는 중생을 멸도에 이르도록 제도했다.*고 한다면 곧 보살이라 이름 하지 못하느니라.
왜냐하면 수보리야, 진실로 법이 있지 않음을 일컬어 보살이라 이름 하기 때문이니라. 그러므로 일체법은 아상, 인상, 중생상, 수자상이 없다 하느니라.
수보리야, 만일 보살이 말하길 *내가 마땅히 불국토를 장엄하리라* 한다면 이는 보살이라 이름 하지 못하리라. 왜냐하면 여래가 말하는 불국토를 장엄한다함은 곧 장엄이 아니라 그 이름이 장엄이기 때문이니라.
수보리야, 만일 보살이 진아의 법에 막힘없이 환히 통하면 여래가 말하기를 이름하여 참으로 보살이라 할 것 이니라."

찬

본래로 스스로 구족하여
다시 얻을 것 없어서
온 법계 온 세상 온 창생 온 법
다시 구할 것 없구나.
대명천지에 홍대로 마음 청정무구하니
여래의 물들임 없는 공덕
온 중생 해탈극락구나.

하!.

제 18 일체를 하나로 봄

"수보리야, 어떻게 생각하느냐? 여래에게는 육안이 있느냐?"
"그러하옵니다. 세존이시여, 여래에게는 육안이 있습니다."

"수보리야, 어떻게 생각하느냐? 여래에게는 천안이 있느냐?"
"그러하옵니다. 세존이시여, 여래에게는 천안이 있습니다."

"수보리야, 어떻게 생각하느냐? 여래에게는 혜안이 있느냐?"
"그러하옵니다. 세존이시여, 여래에게는 혜안이 있습니다."

"수보리야, 어떻게 생각하느냐? 여래에게는 법안이 있느냐?"
"그러하옵니다. 세존이시여, 여래에게는 법안이 있습

니다."

"수보리야, 어떻게 생각하느냐? 여래에게는 불안이 있느냐?"
"그러하옵니다. 세존이시여, 여래에게는 불안이 있습니다."

"수보리야, 어떻게 생각하느냐? 항하 가운데 있는 모래를 여래가 말한 적이 있느냐?
"그러하옵니다. 세존이시여, 여래께서 모래를 말씀하셨습니다."

"수보리야, 어떻게 생각하느냐? 한 항하의 모래 수만큼의 항하가 있고, 이 여러 항하의 모래 수만큼의 부처님 세계가 있다면, 이러한 부처님 세계들을 많다고 하지 않겠느냐?"
"대단히 많겠습니다. 세존이시여."

부처님께서 수보리에게 이르시길
"그 국토 가운데에 있는 중생들의 여러 가지 마음을 여래는 다 아느니라.
왜냐하면 여래가 말한 여러 가지 마음은 마음이

아니고, 그 이름이 마음이기 때문이니라.
왜냐하면 수보리야, 과거의 마음도 얻을 수 없고
현재의 마음도 얻을 수 없고 미래의 마음도 얻을
수 없기 때문이니라."

찬

스스로 성품이 딴 성품이 없으니
무엇이든 다 보고 다 알구나.
일체불도 일체중생도 딴 마음 아니니
뜨락에 일만 풀이 옛 봄을 전하구나.

하!.

제 19 법계를 통화함

"수보리야, 어떻게 생각하느냐? 만일 어떤 사람이 삼천대천세계에 가득한 칠보를 가지고 보시한다면 이 사람이 이 인연으로 받는 복이 많겠느냐?"
"그러하옵니다. 세존이시여, 이 사람이 이 인연으로 받는 복이 대단히 많겠습니다."
"수보리야, 참으로 복덕이 있는 것이라면 여래가 얻은바 복덕이 많다고 말하지 않겠지만 복덕이 없는 것이므로 복덕이 많다고 말하느니라."

찬

본래의 성품이 광대무변하여
온 법계를 칠보로 채운 보시복덕 유유하구나.
세월 따라 딴 복덕 아니니 온갖 꽃으로 피어
온 창생 해탈극락 끝없는 공덕으로 누리구나.

하!.

제 20 색을 여의고 상을 여읨

"수보리야, 어떻게 생각하느냐? 부처님을 충분히 갖추어진 형상이 있는 몸으로써 볼 수 있느냐?"
"아닙니다. 세존이시여, 여래를 충분히 갖추어진 형상이 있는 몸으로는 볼 수 없습니다. 왜냐하면 여래께서 말씀하시는 충분히 갖추어진 형상이 있는 몸이란 곧 충분히 갖추어진 형상이 있는 몸이 아니라, 그 이름이 충분히 갖추어진 형상이 있는 몸이기 때문입니다."
"수보리야, 어떻게 생각하느냐? 여래를 충분히 갖추어진 모든 모습으로써 볼 수 있느냐?"
"아닙니다. 세존이시여, 여래를 충분히 갖추어진 모든 모습으로는 볼 수 없습니다. 왜냐하면 여래께서 말씀하시는 모든 모습이 충분히 갖추어짐이란 곧 모든 모습이 충분히 갖추어짐이 아니라 그 이름이 모든 모습이 충분히 갖추어짐이기 때문입니다."

찬

딴 나 아니니 다시 세울 것 없고
딴 마음 아니니 다시 얻을 것 없고
딴 몸 아니니 다시 꾸밀 것 없고
딴 안목 아니니 다시 볼 필요가 없구나.

하!.

제 21 설하나 설한바가 없음

"수보리야, 너는 여래께서 내가 마땅히 설한바 법이 있다고 말하지 말며 생각도 하지 말아라. 왜냐하면 만약 어떤 사람이 말하기를 *여래께서 설한바 법이 있다.*라고 한다면 이는 곧 부처님을 비방하는 것이 되고 능히 나의 설한 바를 이해하지 못하는 까닭이니라.
수보리야, 법을 설한다는 것은 가히 설할만한 법이 없는 것을 말하니 다만 그 이름이 설법이니라."

그때에 혜명 수보리가 부처님께 말씀드리길
"세존이시여, 어떠한 중생이든지간에 다음 세상에 이러한 법을 설함을 듣고 믿는 마음을 내겠습니까?"
부처님께서 이르시길
"수보리야, 저들은 중생이 아니고 중생 아님도 아니니라. 왜냐하면 수보리야, 중생이다 중생이 아니다 라고 하는 것은 여래가 설한 중생이 아니라 그 이름이 중생이기 때문이니라.

찬

딴 부처 없으니 일체가 실상이요.
딴 법이 없으니 일체가 해탈이요.
딴 중생이 없으니 일체가 진여요.
딴 설함이 없으니 일체가 여여구나.

하!.

제 22 법은 가히 얻을 것이 없음

수보리가 부처님께 말씀드리길
"세존이시여, 부처님께서 아뇩다라삼먁삼보리를 얻었다 함은 얻은바가 없음이 되는 것입니까?"
부처님께서 이르시길
"옳도다, 옳도다. 수보리야, 내가 아뇩다라삼먁삼보리와 내지 조그마한 법도 가히 얻은 것이 없으니 그 이름이 아뇩다라삼먁삼보리 이니라."

찬

온 나로 온 법계 온 세상을 이루니
온 천하 온 창생이 사사로움 없구나.
스스로 구족하여 다시 얻을 것 없으니
언제나 무엇이든 청정원융하여 해탈구나.

하!.

제 23 맑은 마음으로 착한 법을 행함

"수보리야, 이 법은 평등하여 높고 낮음이 없으니, 이것을 아뇩다라삼먁삼보리라 이름 하느니라. 아상, 인상, 중생상, 수자상도 없이 모든 선법을 닦으면 곧 아뇩다라삼먁삼보리를 얻게 되느니라. 수보리야, 착한법이란 여래께서 설하신 착한 법이 아니라 그 이름이 착한법이니라."

찬

다 함께 스스로 다르지 않으니
안팎으로 꼭 맞아 청정무구하고
앞뒤로 똑같아 순백여여하여
온 창생 반야바라밀 이대로 해탈구나.

하!.

제 24 복과 지혜는 견줄 수 없음

"수보리야, 만일 어떤 사람이 삼천대천세계가운데 있는 수미산들만한 칠보덩어리를 가지고 널리 보시하더라도, 만약 다른 사람이 이 반야바라밀경에서 네 글귀로 된 한 게송만이라도 받아 지니고 읽고 외우며 다른 사람을 위하여 일러 준다면, 앞의 복덕으로는 백분의 일에도 미치지 못하며 백천억만 분의 일에도 미치지 못하며 온갖 산수나 비유로도 능히 다 미칠 수 없느니라."

찬

본래로 스스로 광명이 무궁무진하여
자성의 바라밀공덕이 광대무변하니
온 세상 넘치는 공덕도
큰 바다 한 방울 물이라.
온 세상 필릴리리 게송 끝없이 춤추고 노래하구나.

하!.

제 25 가르쳐도 가르친바 없음

"수보리야, 어떻게 생각 하느냐?
너희들은 여래가 여여히 마땅히 중생을 제도한다는 생각을 하신다고 말하지 말라.
수보리야, 그러한 생각을 하지 말아라. 왜냐하면 참으로 여래가 제도할 어떠한 중생도 없기 때문이니라.
만일 여래가 *제도할 중생이 있다.* 라고 한다면 여래는 곧 아상, 인상, 중생상, 수자상이 있음이 되니라.
수보리야, 여래가 말한 일체 상이라는 것은 곧 일체 상이 있지 않음이니 다만 범부들이 일체 상을 일으키어 상으로 나라고 하느니라.
수보리야, 범부란 여래가 말한 범부가 아니라 그 이름이 범부이니라."

찬

언제나 내가 나로 뿐이니
저절로 내가 다로 열려서
온 전체로 낱낱이 청정무구하여
온갖 상 본래 없어 불생불멸 여래구나.

하!.

제 26 법신은 상이 아님

"수보리야, 어떻게 생각 하느냐? 가히 삼십이 상으로써 여래를 볼 수 있느냐?"
수보리가 말씀드리길
"그러하옵니다. 삼십이 상으로써 여래를 볼 수 있습니다."
부처님께서 이르시길
"수보리야, 만약 삼십이 상으로써 여래를 볼 수 있다면 전륜성왕도 곧 여래라고 하겠느냐?"
수보리가 부처님께 말씀드리기를
"세존이시여, 제가 부처님께서 말씀하시는 뜻을 알기로는 삼십이 상으로써 여래를 볼 수 없습니다."
그때 세존께서 게송으로 이르시길
"겉모양에서 부처를 찾거나
목소리로써 부처를 구한다면
이 사람은 삿된 도를 행하는지라
끝끝내 여래를 보지 못하리."

찬

스스로 본성이 무한 청정무구하여
온갖 상 다 녹여 무한 순백순수하니
온 법계 딴 것 없어 진여실상이요.
온 세상 딴 중생 없어 본여여래구나.

하!.

제 27 끊음도 없고 사라짐도 없음

"수보리야, 네가 만일 여래가 충분히 갖추어진 삼십이 상으로써 아뇩다라삼먁삼보리를 얻었다. 라고 생각한다면, 수보리야, 그러한 생각을 하지 말아라. 여래는 충분히 갖추어진 삼십이 상으로써 아뇩다라삼먁삼보리를 얻은 것이 아니니라.

수보리야, 네가 만일 아뇩다라삼먁삼보리를 낸 사람은 모든 법이 다 끊어져 사라짐이라고 말한다 라고 생각한다면 이러한 생각을 하지 말아라. 왜냐하면 아뇩다라삼먁삼보리심을 낸 사람은 법이 끊어져 사라진 모양이라고 말하지 않기 때문이니라.

찬

여래는 여래로 삼먁삼보리니
다시 얻을 것 없고
상은 상으로 딴 상이 없으니
다시 나툴 것 없고
생각은 생각으로 딴 생각 없으니
다시 낼 것 없고
법은 법으로 딴 법 없으니
다시 잃을 것 없구나.

하!.

제 28 받지도 않고 탐하지도 않음

"수보리야, 만일 보살이 항하의 모래수와 같이 많은 세계에 가득한 칠보를 가지고 보시한다고 하더라도, 만일 또 어떤 사람이 일체 법에 딴 나 없음을 알아 생멸 없는 법인의 지혜를 이루어 얻는다면 이 보살은 앞에 보살이 얻은바 공덕보다도 더 수승하느니라. 왜냐하면 수보리야, 모든 보살들은 복덕을 받지 않기 때문이니라."
수보리가 부처님께 말씀드리길
"세존이시여, 어찌하여 보살이 복덕을 받지 않습니까?"
"수보리야, 보살은 자기가 지은바 복덕에 마땅히 탐착하지 않느니라. 그러므로 복덕을 받지 않는다고 말 하느니라."

찬

스스로 딴 나 없으니 온 법계가 나로 열리어
누구나 생멸 없는 법인으로 온 세상 드러내고
온 보살 온 공덕으로 청정무구 수용해 나투니
온 창생 무위진락 온갖 복덕 비할 바 없구나.

하!.

제 29 위의가 적정함

"수보리야, 만일 어떤 사람이 말하기를, 여래께서 혹 온다거나, 간다거나, 앉는다거나, 눕는다고 말한다면 이 사람은 내가 말한 뜻을 알지 못함이니라. 왜냐하면 여래란 어디로 부터 온 바가 없으며 또한 어디로 가는 바도 없으므로 여래라고 이름 하기 때문이니라."

찬

본래로 여래는 꾸밈이 없으니
스스로 여여부동 원만구족해서
안팎으로 꽉 차서 다시 나툼이 없고
앞뒤로 똑같아 다시 행함이 없구나.

하!.

제 30 이치와 상은 하나임

"수보리야, 만일 선남자 선여인이 삼천대천세계를 부수어 작은 티끌들로 만든다면 어떻게 생각하느냐? 이 작은 티끌들을 많다고 하겠느냐?"
수보리가 말씀드리길
"대단히 많습니다. 세존이시여, 왜냐하면 만약 이 작은 티끌들이 참으로 있는 것이라면 부처님께서 이것을 작은 티끌들이라고 하지 않으셨을 것이기 때문입니다. 어찌된 까닭인가 하면 부처님께서 말씀하시는 작은 티끌들은 곧 작은 티끌이 아니라 그 이름이 작은 티끌들이기 때문입니다.
세존이시여, 여래께서 말씀하신 삼천대천세계도 곧 세계가 아니라 그 이름이 세계입니다.
왜냐하면 만약 세계가 참으로 있는 것이라면 곧 그것은 하나의 모습일 텐데 여래께서 말씀하시는 하나의 모습은 곧 하나의 모습이 아니라 그 이름이 하나의 모습이기 때문입니다."
"수보리야, 하나의 모습은 곧 말로는 할 수 없는 것인데 단지 범부들이 그것에 탐착하느니라."

찬

딴 여래 없으니 스스로 해탈이요.
딴 세계 없으니 스스로 해탈이요.
딴 모습 없으니 스스로 해탈이요.
딴 이름 없으니 스스로 해탈이구나.

하!.

제 31 지견을 내지 않음

"수보리야, 만일 어떤 사람이 말하길 부처님께서 나의 소견, 사람의 소견, 중생의 소견, 수자의 소견을 말씀하셨다고 한다면 수보리야, 어떻게 생각하느냐? 이 사람이 내가 말한 뜻을 안다고 하겠느냐?"

"아니옵니다. 세존이시여, 이 사람은 여래께서 말씀하시는 뜻을 알지 못합니다. 왜냐하면 세존께서 말씀하시는 나의 소견, 사람의 소견, 중생의 소견, 수자의 소견은 곧 나의 소견, 사람의 소견, 중생의 소견, 수자의 소견이 아니고 그 이름이 나의 소견, 사람의 소견, 중생의 소견, 수자의 소견이기 때문입니다."

"수보리야, 아뇩다라삼먁삼보리의 마음을 낸 이는 법에 대하여 마땅히 이렇게 알고, 이렇게 보고, 이렇게 믿고 이해하여 법이라는 상도 여래가 설한 곧 법이라는 상이 아니라 그 이름이 법이라는 상이니라."

찬

딴 나 없으니 이대로 본불이요.
딴 소견 없으니 이대로 정견이요.
딴 이름 없으니 이대로 실상이요.
딴 법 없으니 이대로 정법이구나.

하!.

제 32 참 바탕자리

"수보리야, 어떤 사람이 한량없는 아승지 세계에 가득 찬 칠보를 가지고 보시한다고 하더라도, 만일 어떤 선남자 선여인이 있어 보살심을 일으켜 이 경의 네 글귀로 된 게송만이라도 받아 지녀 읽고, 외우며, 다른 사람을 위하여 잘 일러 준다면 그 복이 저 복보다 더 수승하리라. 그러면 어떻게 하는 것이 다른 사람을 위하여 잘 일러 주는 것인가? 상을 취하지 않고 여여하여 움직이지 않는 것이니라. 왜냐하면 온갖 유위법은 꿈, 그림자, 꼭두각시, 거품 같으며 이슬 같고 또한 번갯불 같나니 이러한 것임을 관찰하여라."

부처님께서 이 경을 설하여 마치시니 장로 수보리와 여러 비구, 비구니, 우바새, 우바이와 모든 세간의 하늘사람, 아수라들이 부처님의 말씀을 듣고 모두가 크게 기뻐하며 믿고 받아 받들어 행하였다.

찬

딴 나 없으니 딴 부처 없어서
일체가 안심입명 진여여래로 누리니
온 법계 온 세상이 해탈극락이요.
온 시방 온 창생이 상주상락 하구나.

하!.

금강거량

찬

딴 것 없으니 진여요.
딴 것 아니니 실상이요.
딴 일 없으니 삼매요.
딴 일 아니니 해탈이구나.

하!.

거량 1

금강경 첫 구절에
"내가 이러히 들었다"했다.

지금 여러분은 어떠하신고?
나 다구나.

언제나 나 다로 진여실상이요.
어디서나 다 나로 삼매해탈이요.
어느 때나 나 다로 중도공존이요.
어느 것에나 다 나로 본불본낙이구나.

하!.

거량 2

금강경에 이르기를
부처님께서 사위국 기원정사에서 큰 비구들 천 이백오십명과 함께 계셨다.
그때 세존께서는 공양을 드실 때인지라 가사를 걸치고 발우를 들고 사위성에 들어가시어 성안에서 공양을 받으실 적에 차례차례 받으시고 다시 계시든 곳으로 돌아와 공양을 드셨다.

지금 여러분은 어떠하신고?
온 법계에 꽃비가 내리구나.

동서남북 청풍을 일으키어
거리마다 햇빛을 쏟아지게 하여
집집마다 만복을 꽃피우고
사람마다 만 본불을 누리게 하구나.

하!.

거량 3

금강경에 이르시길
"세존께서 밥 잡수시기를 마치신 뒤 발우를 거두시고 발 씻기를 마치신후 자리를 펴 앉으셨다."했다.

지금 여러분은 어떠하신고?
온 천하가 안심입명하구나.

한 방석 안에 온 천하를 거두시고
온 창생을 안심입명하게 하니
온 뜨락마다 우담바라 난발하고
온 거리마다 마니보주 쏟아지구나.

하!.

거량 4

부처님께옵서 금강경에 이르시길
"보살마하살은 응당 이러히 그 마음을 항복받을 지니라."하셨다.

지금 여러분은 어떠하신고?
햇빛 속에 청풍이 끝없이 불구나.

이러하니 이러할 뿐 딴 것이 없고
저러하니 저러할 뿐 딴 것이 없고
그러하니 그러할 뿐 딴 것이 없고
스스로니 스스로일 뿐 딴 것이 없구나.

하!.

거량 5

부처님께옵서 금강경에 이르시길
"이러히 한량없고 셀 수 없고 끝없는 중생을 다 제도했다 해도 실은 한 중생도 제도받은일이 없나니라."하셨다.

지금 여러분은 어뗘하신고?
달빛 속에 청풍이 끝없이 불구나.

꽃 속에 꽃은 영원히 시들 줄 모르고
물속에 물은 영원히 메마를 줄 모르니
산새는 지지배배 반야를 노래하고
물새는 비비배배 바라밀을 춤추구나.

하!.

거량 6

부처님께옵서 금강경에 이르시길
"만약 보살로서 아상 인상 중생상 수자상이 있으면
곧 보살이 아님이니라." 하셨다.

지금 여러분은 어떠하신고?
딴 꾸밈이 없느니라.

더 지님이 없으니 온 천하가 충만하고
더 이룸이 없으니 온 세상이 안락하고
더 드러냄이 없으니 온 창생이 슬기롭고
더 펼침이 없으니 온 법계가 극락이구나.

하!.

거량 7

부처님께옵서 금강경에 이르시길
"아상 인상 중생상 수자상을 여의면 여래를 본다,"
하셨다.

지금 여러분은 어떠하신고?
청풍 속에 별빛이 쏟아지구나.

청풍 속에 햇빛이 쏟아지고
청풍 속에 달빛이 쏟아지고
청풍 속에 별빛이 쏟아지고
풀잎 끝에 청풍이 끝없이 불구나.

하!.

거량 8

부처님께옵서 금강경에 이르시길
"아집 인집 중생집 수자집을 여의면 여래를 본다,"
하셨다.

지금 여러분은 어떠하신고?
다른 나가 없나니라.

다른 나가 없으니
다른 여래가 없고
다른 해탈이 없고
다른 극락이 없구나.

하!.

거량 9

부처님께옵서 금강경에 이르시길
"아견 인견 중생견 수자견을 여의면 여래를 본다,"
하셨다.

지금 여러분은 어떠하신고?
청풍 속에 온갖 꽃 난발하구나.

달리 지니지 않으니 태평하고
달리 이루지 않으니 안락하고
달리 쓰지 않으니 구족하고
달리 누리지 않으니 자유롭구나.

하!.

거량 10

부처님께옵서 금강경에 이르시길
"만약 모든 모양이 모양 아님을 보면 곧 여래를 본 것이니라," 하셨다.

지금 여러분은 어떠하신고?
딴 갓이 없구나.

스스로 딴 것이 없으니 여래요.
스스로 딴 것이 아니니 여래요.
스스로 딴 일이 없으니 여래요.
스스로 딴 일이 아니니 여래구나.

하!.

거량 11

부처님께서 금강경에 이르시길
"마땅히 법도 지니지 말고 법이 아닌 것도 지니지 말지니라."하셨다.

지금 여러분은 어떠하신고?
스스로 청풍명월 끝이 없구나.

스스로 법이니
다시 지닐 것 없고
딴 법 아니니
다시 드러낼 것도 없구나.

하!.

거량 12

부처님께서 금강경에 이르시길
"내가 설한 법이 뗏목과 같은 것이니
저 언덕에 도달하면 뗏목에서 내려야 저 언덕에
오른 것과 같으니 법도 오히려 버려야 하거늘 하
물며 법 아닌 것을 말할 것이 있겠느냐?"하셨다.

지금 여러분은 어떠하신고?
딴 법이 없구나.

언제나 그대 스스로 법이니
다시 가질 것도 버릴 것도 없어서
이 뗏목 저 뗏목 이 언덕 저 언덕
다 나 다로 해탈봉 이구나.

하!.

거량 13

부처님께옵서 금강경에 이르시길
"일체 형상이 다 무위법으로써 차별 있음이 아니니라."하셨다.

지금 여러분은 어떠하신고?
눈썹털마다 청풍이 불구나.

언제나 스스로 지닌 대로요.
어디서나 스스로 드러난 대로요.
어느 때나 스스로 펼친 대로요.
어느 것에나 스스로 누린 대로구나.

하!.

거량 14

부처님께옵서 금강경에 이르시길
"모든 보살마하살은 응당 이러히 청정한 마음을 낼 지니 응당 빛에 머물러 마음을 내지 말지며, 응당 소리와 냄새와 맛과 부딪침과 요량에 머물러 마음을 내지 말지니 응당히 머문바 없이 그 마음을 낼 지지니라."하셨다.

지금 여러분은 어떠하신고?
딴 마음 없구나.

마음 마음 딴 마음 없으니
마음 마음 다르지 않고
마음 마음 한결같아서
마음 마음 해탈극락구나.

하!.

거량 15

부처님께옵서 금강경에 이르시길
"여래에게는 육안이 있느냐?
여래에게는 천안이 있느냐?
여래에게는 혜안이 있느냐?
여래에게는 법안이 있느냐?
여래에게는 불안이 있느냐?"하셨다.

지금 여러분은 어떠하신고?
스스로 딴 것이 없구나.

풀잎은 풀잎으로 푸르고
꽃은 꽃으로 피고
학은 학으로 날고
봉황새는 봉황새로 춤추구나.

하!.

거량 16

부처님께옵서 금강경에 이르시길
"일체 국토 가운데에 있는 중생들의 여러 가지 마음을 여래는 다 아느니라. 왜냐하면 여래가 말한 여러 가지 마음은 마음이 아니고. 그 이름이 마음이기 때문이다. 왜냐면 과거의 마음도 얻을 수 없고 현재의 마음도 얻을 수 없고 미래의 마음도 얻을 수 없기 때문이니라." 하셨다.

지금 여러분은 어떠하신고?
딴 이름 없구나.

스스로 딴 마음 없으니 딴 이름도 없어
일체 중생들의 마음 다르지 않구나.
마음 내고 내지 않고 쓰고 쓰지 않고 스스로니
과거 현재 미래 홍대로 물들임 없구나.

하!.

거량 17

부처님께옵서 금강경에 이르시길
"과거의 마음도 얻을 수 없고, 현재의 마음도 얻을 수 없고, 미래의 마음도 얻을 수 없으니 응당 머문 바 없이 마음을 낼 지니라."하셨다.

지금 여러분은 어떠하신고?
꽃은 붉고 풀잎은 푸르구나.

그대가 마음 내면 일체가 마음이요.
그대가 마음 내지 않으면 일체가 마음 아니다.
마음 있고 마음 없고 그대 스스로 자위니
온 중생들의 마음 그대 흥대로 쓰구나.

하!.

거량 18

부처님께옵서 금강경에 이르시길
"여래께서 설한 제일 바라밀이 곧 제일 바라밀이
아닌 그 이름이 제일 바라밀이니라."하셨다.

지금 여러분은 어떠하신고?
따로 없구나.

딴 바라밀이 없으니 일체가 바라밀이요.
딴 이름이 없으니 일체가 이름이라.
그대가 지닌 대로 진여실상이요.
그대가 쓰는 대로 삼매해탈이구나.

하!.

거량 19

부처님께옵서 금강경에 이르시길
"만약 어떤 사람이 이경 가운데서 네 구절로 된 한 게송만이라도 받아 지니거나 다른 사람을 위하여 일러 준다면, 그 복덕은 칠보로 보시한 공덕보다도 수승 하느니라. 왜냐하면 일체의 모든 부처님과 모든 부처님의 아뇩다라삼먁삼보리심이 모두다 이 경에서 나왔기 때문이니라. 이른바 불법이라는 것도 곧 불법이 아니니라."하셨다.

지금 여러분은 어떠하신고?
하하하 본나 본불낙이구나.

스스로 나니 더한 것 없고
스스로 다니 덜한 것 없어서
나 함께 다로 아뇩다라삼먁삼보리심이요.
다 함께 나로 팔만사천경이구나.

하!.

거량 20

부처님께옵서 금강경에 이르시길
"얻은바 없음이 수다원과요 사다함과요 아나함과요
아라한과 이니라."하셨다.

지금 여러분은 어떠하신고?
지렁이는 지렁이로 호쾌대활구나.

풀잎은 풀잎으로 진여실상이요.
꽃은 꽃으로 삼매해탈이요.
고슴도치는 고슴도치로 상주상락이요.
두꺼비는 두꺼비로 상락아정이구나.

하!.

거량 21

부처님께옵서 금강경에 이르시길
"여래가 옛날에 연등불회상에서 어떤 법을 얻은바
가 있었겠느냐?"하셨다.

지금 여러분은 어떠하신고?
풀잎 끝에 청풍이 불구나.

풀잎이 청풍으로 불고
돌멩이가 달빛으로 쏟아지고
고래가 만리 파도를 즐기고
물새가 만 바다를 거두구나.

하!.

거량 22

부처님께옵서 금강경에 이르시길
"보살이 불국토를 장엄한다 하겠느냐?"하셨다.

지금 여러분은 어떠하신고?
앞가슴을 풀어헤치고 청풍을 즐기구나.

언제나 이 모습 이 모양 다르지 않은데
다시 더 무엇을 장엄한다 하겠느냐?
뜨락마다 풀 푸르니 화장세계요.
집집마다 웃음꽃이니 달빛고향이구나.

하!.

거량 23

부처님께옵서 금강경에 이르시길
"마땅히 이렇게 청정한 마음을 낼지니 형상에 머물러서 마음을 내지도 말고, 소리, 냄새, 맛, 느낌, 인식, 지각, 법에 머물러서 마음을 내지도 말아야 할지니 마땅히 아무데에도 머무름 없이 그 마음을 낼 지니라."하셨다.

지금 여러분은 어떠하신고?
스스로 청풍이 끝없이 불구나.

딴마음 없으니 청풍이요.
딴생각 없으니 달빛이요.
딴 법 없으니 햇빛이요.
딴 물듬 없으니 온 해탈이구나.

하!.

거량 24

부처님께옵서 금강경에 이르시길
"만일 어떤 사람의 몸이 수미산왕만 하다면 그 몸이 크다고 하겠느냐? 크지 않다고 하겠느냐?"하셨다.

지금 여러분은 어떠하신고?
따로 없구나.

스스로 따로 없고
다 함께 한결같으니
큰 것은 커서 꼭 맞아 딴 것이 없고
작은 것은 작아서 꼭 맞아 비할 데 없구나.

하!.

거량 25

부처님께옵서 금강경에 이르시길
"이경을 설하거나 이경을 받음이 일체 세간의 천상 인간 아수라들이 다 응당히 공경하기를 부처님의 탑묘와 같이 할 것인데 하물며 어떤 사람이 지니고 읽고 외우는 것 이겠느냐? 이 사람은 가장 높고 제일 희유한 법을 성취한 것이니 만일 이 경이 있는 곳이면 곧 부처님이 계신 곳과 같으며 존중 받는 부처님의 제자가 있는 곳과 같으니라."하셨다.

지금 여러분은 어떠하신고?
온 천하가 스스로 꽃비로 내리구나.

언제나 스스로 법이요.
어디서나 스스로 도요.
어느 때나 스스로 진리요.
어느 것에나 스스로 광명이구나.

하!.

거량 26

부처님께옵서 금강경에 이르시길
"이 경의 이름은 금강반야바라밀경이니 이 이름으로 너희들은 마땅히 받들어 지녀야 할 것이니라. 왜냐하면 여래가 말하는 반야바라밀은 곧 반야바라밀이 아니라 이름이 반야바라밀이기 때문이니라."하셨다.

지금 여러분은 어떠하신고?
딴 이름이 없도다.

스스로 원만구족하고
스스로 원융무애하고
스스로 무애자재하고
스스로 자유자재하구나.

하!.

거량 27

부처님께옵서 금강경에 이르시길
"여래가 설한 법이 있겠느냐?"하셨다.

지금 여러분은 어떠하신고?
딴 설함이 없구나.

언제나 나 다 다르지 않고
어디서나 다 나 한결같으니
어느 때나 나 다 꼭 맞아서
어느 것에나 다 나 딴 것이 없구나.

하!.

거량 28

부처님께옵서 금강경에 이르시길
"가히 삼십이 상으로 여래를 볼 수 있겠느냐?"하셨다.

지금 여러분은 어떠하신고?
딴 모습이 없도다.

본래로 똑같고
본래로 꼭 맞고
본래로 틈이 없으니
본래로 다시없구나.

하!.

거량 29

부처님께읍서 금강경에 이르시길
"내가 전생에 가리왕에게 몸을 갈기갈기 찢김을 당할 때에도 아상 인상 중생상 수자상이 없었느니라. 왜냐하면 내가 지난날 갈기갈기 찢길 적에 만약 아상 인상 중생상 수자상이 있었다면 마땅히 성내고 원망하였을 것이기 때문이니라."하셨다.

지금 여러분은 어떠하신고?
딴 나가 없구나.

본래로 청정해서 물들임 없고
본래로 물들임 없어 때묻음 없으니
달빛 강물에 젖지 않고
청풍은 눈비를 뚫고 가구나.

하!.

거량 30

부처님께옵서 금강경에 이르시길
"보살은 마땅히 모든 상을 떠나서 아뇩다라삼먁삼보리심을 낼 것이며 마땅히 형상에 머물러서 마음을 내지 말지니라."하셨다.

지금 여러분은 어떠하신고?
흰 눈송이마다 흰 학이 날구나.

스스로 딴 것이 없으니 진여요.
스스로 딴 것이 아니니 실상이요.
스스로 딴 일이 없으니 삼매요.
스스로 딴 일이 아니니 해탈이구나.

하!.

거량 31

부처님께옵서 금강경에 이르시길
"여래는 일체중생을 이익 되게 하기 위하여 마땅히 이와 같이 보시할 것이니, 여래가 말하는 일체 모든 상은 곧 상이 아니며, 또한 온갖 중생이라 말한 것도 곧 중생이 아니니라."하셨다.

지금 여러분은 어떠하신고?
동백꽃 속에 동백꽃이 더욱 붉구나.

언제나 스스로 나 다니
어디서나 다 나로 열고서
어느 때나 나 다로 함께하니
어느 것에나 다 나로 해탈구나.

하!.

거량 32

부처님께옵서 금강경에 이르시길
"여래는 참된 말만하는 이며, 실다운 말만하는 이며, 여여한 말만하는 이며, 속이지 않는 말만하는 이며, 다르지 않는 말만하는 이니라."하셨다.

지금 여러분은 어떠하신고?
그대는 항상 그대구나.

붉은꽃은 붉게 피고
푸른꽃은 푸르게 피고
노란꽃은 노랗게 피고
흰꽃은 희게 피었구나.

하!.

거량 33

부처님께옵서 금강경에 이르시길
"만일 보살이 마음을 법에 머물러서 보시를 한다면 어두운 곳에 있는 사람이 아무것도 볼 수 없는 거와 같고, 만일 보살이 마음을 법에 머물지 않고 보시 한다면 눈 있는 사람이 밝은 햇빛 아래서 가지가지의 사물을 보는 것과 같으니라."하셨다.

지금 여러분은 어떠하신고?
딴 마음 없구나.

딴 나 없으니 참 나요.
딴 마음 없으니 참 마음이요.
딴 법 없으니 참 법이요.
딴 삶 없으니 참 삶이구나.

하!.

거량 34

부처님께옵서 금강경에 이르시길
"미래 세상에 만약 어떤 선남자 선여인이 능히 이 경을 받아 지니고 읽고 외우면 곧 여래께서 부처님의 지혜로써 이 사람을 다 알고 다 보나니 한량없고 가히 없는 공덕을 모두 다 성취하게 되느니라."하셨다.

지금 여러분은 어떠하신고?
달빛 속에 마니보주가 끝없이 쏟아지구나.

딴 나 아니니 항상 나 다요.
딴 세상 아니니 항상 다 나니
세상마다 나 다로 공덕이요.
사람마다 다 나로 영락이구나.

하!.

거량 35

부처님께옵서 금강경에 이르시길
"여래란 곧 모든 법이 여여하다는 뜻이니라."하셨
다.

지금 여러분은 어떠하신고?
날마다 해가 동쪽에서 뜨구나.

누구나 배고프면 밥먹고
누구나 목마르면 물마시고
누구나 기쁘면 웃고
누구나 슬프면 울구나.

하!.

거량 36

부처님께옵서 금강경에 이르시길
"만일 보살이 진아의 법에 막힘이 없고 환히 통하면 여래가 말하기를 이름하여 참으로 보살이라 할 것이니라." 하셨다.

지금 여러분은 어떠하신고?
언제나 스스로 나 다구나.

나 다로 법계를 이루고
다 나로 세상을 열고
나 다로 창생을 드러내
다 나로 극락을 누리구나.

하!.

거량 37

부처님께옵서 금강경에 이르시길
"네가 만일 아뇩다라삼먁삼보리를 낸 사람은 모든 법이 다 끊어져 사라짐이라고 말한다고 생각한다면 이러한 생각을 하지 말아라. 왜냐하면 아뇩다라삼먁삼보리심을 낸 사람은 법이 끊어져 사라진 모양이라고 말하지 않기 때문이니라."하셨다.

지금 여러분은 어떠하신고?
해는 져도 다시 뜨구나.

꽃 속에 꽃은 영원히 시들 줄 모르고
물속에 물은 영원히 메마를 줄 모르고
풀 속에 풀은 영원히 멸할 줄 모르고
청풍 속에 청풍은 영원히 사라질 줄 모르구나.

하!.

거량 38

부처님께옵서 금강경에 이르시길
"만일 사람에게 가벼이 천하게 여김이 되면 이 사람은 전 세상 죄업으로 응당히 악도에 떨어질 것이지만 지금 세상 받을 죄업이 곧 소멸될 지니라."
하셨다.

지금 여러분은 어떠하신고?
흰 눈 속에 동백꽃이 더욱 붉구나.

햇빛 속에 온 영혼 맡기고
달빛 속에 온 마음 적시고
별빛 속에 온 업 녹이고
청풍 속에 온 해탈 누리구나.

하!.

거량 39

부처님께옵서 금강경에 이르시길
"이와 같이 알며 이와 같이 보며 이와 같이 믿어
알아 법상을 내지 아니할지니라."하셨다.

지금 여러분은 어떠하신고?
청풍 속에 꽃비로 내리구나.

이와 같이 아니 나 다 진여요.
이와 같이 보니 나 다 실상이요.
이와 같이 아니 나 다 삼매요.
이와 같이 누리니 나 다 해탈이구나.

하!.

거량 40

부처님께옵서 금강경에 이르시길
"만약 어떤 사람이 일체 법에 딴 나 없음을 알아 생멸 없는 법인의 지혜를 증득해 누린다면 일체 보살이 얻은 공덕보다도 더 수승 하느니라."하셨다.

지금 여러분은 어떠하신고?
그대가 온 법계로 꽃비로 내리구나.

누구나 스스로 법계요.
누구나 스스로 세계요.
누구나 스스로 해탈이요.
누구나 스스로 극락이구나.

하!.

거량 41

부처님께옵서 금강경에 이르시길
"여래는 어디로부터 온 바가 없으며 또 어디로 가는 바도 없으므로 또한 여래라고 이름 하느니라."
하셨다.

지금 여러분은 어떠하신고?
그대가 바로 섰구나.

세월 안에서나
세월 밖에서나
바로 그대가 서서
온 법계 해와 달 띄우구나.

하!.

거량 42

부처님께옵서 금강경에 이르시길
"하나의 모습은 곧 말로는 할 수 없는 것인데 단지 범부들이 그것에 탐착하는 것이니라."하셨다.

지금 여러분은 어떠하신고?
딴 모습 없구나.

누구는 누구로 딴 누구 없고
무엇은 무엇으로 딴 무엇 없으니
다시 드러낼 것도 없고
다시 탐착하는 것도 없구나.

하!.

거량 43

부처님께옵서 금강경에 이르시길
"만일 어떤 사람이 말하길 부처님께서 나의 소견, 사람의 소견, 중생의 소견, 수자의 소견을 말씀하셨다고 한다면 이 사람이 내가 말한 뜻을 안다고 하겠느냐?" 하셨다.

지금 여러분은 어떠하신고?
딴 소견 없구나.

누구나 청정하여 사견이 없으니
무엇이든 순수하여 물들임 없구나.
눈비 오나 구름 흐르나 하늘은 마다하지 않고
강물 오나 파도치나 바다는 유유자작 푸르구나.

하!.

거량 44

부처님께옵서 금강경에 이르시길
"아뇩다라삼먁삼보리의 마음을 낸 이는 법에 대하여 마땅히 이렇게 알고 이렇게 보고 이렇게 믿고 이해하여 법이라는 상도 여래가 설한 곧 법이라는 상이 아니라 그 이름이 법이라는 상 이니라."하셨다.

지금 여러분은 어떠하신고?
다 딴 것 없고 딴일 아니구나.

딴 나 없으니 이렇게 해탈이요.
딴 마음 없으니 이렇게 해탈이요.
딴 법 없으니 이렇게 해탈이요.
딴 상 없으니 이렇게 해탈이구나.

하!..

거량 45

부처님께옵서 금강경에 이르시길
"참으로 어떤 법이 있어서 여래께서 아뇩다라삼먁
삼보리를 얻은 것이 아니니라."하셨다.

지금 여러분은 어떠하신고?
스스로 구족하구나.

딴 나가 없으니
딴 법이 없고
딴 도가 없고
딴 해탈이 없구나.

하!.

거량 46

부처님께옵서 금강경에 이르시길
"온갖 유위법은 꿈, 그림자, 꼭두각시, 거품 같으며 이슬 같고 또한 번갯불 같나니 이러한 것임을 관찰 하여라."하셨다.

지금 여러분은 어떠하신고?
구름 종 한소리에 들꽃이 가득 피구나.

스스로 자체가 청정무구로 구족하니
청정무구 자체로 일체를 실현하여 원융하고
청정무구 자체로 일체를 구현하여 무애하여
청정무구 자체로 일체를 완성하여 자유구나.

하!.

거량 47

부처님께옵서 금강반야바라밀경을 설하셨다.
어떤 것이 금강인고?
스스로 멸하지 않구나.

어떤 것이 반야인고?
스스로 여여하구나.

어떤 것이 바라밀인고?
스스로 구족하구나.

어떤 것이 경인고?
스스로 완성구나.

필경 어떤 것이 금강반야바라밀경인고?
스스로 누리구나.

나 다로 온 법계를 이루고
다 나로 온 세상을 열어서
나 다로 온 삶을 극락케 하고
다 나로 온 창생을 해탈케 하구나.

하!.

거량 48

부처님께옵서 금강경을 설해 마치셨다.

마치신 후는 어떠한고?
그대가 청풍이 되어 불고 달빛이 되어 쏟아지구나.

그대가 온 법계로 꽃비로 내리고
그대가 온 세계로 꽃 떡을 먹고
그대가 온 세상으로 꽃차를 마시고
그대가 온 창생으로 꽃을 난발구나.

하!.

거량 49

어떤 것이 금강경 달입니까?
나 다 다 나 울누리 창창이다.

나 다 해와 달로 축복이요.
다 나 산과 물로 행복이요.
나 다 꽃과 풀로 성불이요.
다 나 학과 봉황으로 극락이구나.

하!.

찬

온 법계 달이 되어 진여요.
온 세상 달이 되어 실상이요.
온 천하 달이 되어 해탈이요.
온 창생 달이 되어 여래입니다.

하!.

금강반야바라밀경 해제

찬

스스로 자체로 불멸의 진여요.
무엇이든 자용으로 불멸의 실상이니
온 창생이 물로 해탈반야요.
온 세상이 물결로 극락바라밀이구나.

하!.

여래반야바라밀 공덕

딴 여래 없으니 일체가 진여실상 해탈이요.
딴 반야 없으니 일체가 진여실상 해탈이요.
딴 바라밀 없으니 일체가 진여실상 해탈이요.
딴 법계 없으니 일체가 진여실상 해탈이요.
딴 우주 없으니 일체가 진여실상 해탈이요.
딴 세계 없으니 일체가 진여실상 해탈이요.
딴 세상 없으니 일체가 진여실상 해탈이요.
딴 천하 없으니 일체가 진여실상 해탈이요.
딴 창생 없으니 일체가 진여실상 해탈이요.
딴 생 없으니 일체가 진여실상 해탈이요.
딴 멸 없으니 일체가 진여실상 해탈이요.
딴 있음 없으니 일체가 진여실상 해탈이요.
딴 없음 없으니 일체가 진여실상 해탈이요.
딴 색 없으니 일체가 진여실상 해탈이요.
딴 공 없으니 일체가 진여실상 해탈이요.
딴 시간 없으니 일체가 진여실상 해탈이요.
딴 과정 없으니 일체가 진여실상 해탈이요.
딴 끝없으니 일체가 진여실상 해탈이요.

딴 선 없으니 일체가 진여실상 해탈이요.
딴 악 없으니 일체가 진여실상 해탈이요.
딴 앎 없으니 일체가 진여실상 해탈이요.
딴 모름 없으니 일체가 진여실상 해탈이요.
딴 밝음 없으니 일체가 진여실상 해탈이요.
딴 어둠 없으니 일체가 진여실상 해탈이요.
딴 깨침 없으니 일체가 진여실상 해탈이요.
딴 미함 없으니 일체가 진여실상 해탈이요.
딴 모습 없으니 일체가 진여실상 해탈이요.
딴 모양 없으니 일체가 진여실상 해탈이요.
딴 빛깔 없으니 일체가 진여실상 해탈이요.
딴 이름 없으니 일체가 진여실상 해탈이요.
딴 크기 없으니 일체가 진여실상 해탈이요.
딴 작음 없으니 일체가 진여실상 해탈이요.
딴 수량 없으니 일체가 진여실상 해탈이요.
딴 많음 없으니 일체가 진여실상 해탈이요.
딴 적음 없으니 일체가 진여실상 해탈이요.
딴 드러냄 없으니 일체가 진여실상 해탈이요.
딴 감춤 없으니 일체가 진여실상 해탈이요.
딴 모래 없으니 일체가 진여실상 해탈이요.
딴 수미산 없으니 일체가 진여실상 해탈이요.
딴 바다 없으니 일체가 진여실상 해탈이요.

딴 아상 없으니 일체가 진여실상 해탈이요.
딴 인상 없으니 일체가 진여실상 해탈이요.
딴 중생상 없으니 일체가 진여실상 해탈이요.
딴 수자상 없으니 일체가 진여실상 해탈이요.
딴 상 없으니 일체가 진여실상 해탈이요.
딴 아견 없으니 일체가 진여실상 해탈이요.
딴 인견 없으니 일체가 진여실상 해탈이요.
딴 중생견 없으니 일체가 진여실상 해탈이요.
딴 수자견 없으니 일체가 진여실상 해탈이요.
딴 견 없으니 일체가 진여실상 해탈이요.
딴 법 상 없으니 일체가 진여실상 해탈이요.
딴 법 견 없으니 일체가 진여실상 해탈이요.
딴 법 없으니 일체가 진여실상 해탈이요.
딴 복덕 없으니 일체가 진여실상 해탈이요.
딴 공덕 없으니 일체가 진여실상 해탈이요.
딴 마음 없으니 일체가 진여실상 해탈이요.
딴 생각 없으니 일체가 진여실상 해탈이요.
딴 감정 없으니 일체가 진여실상 해탈이요.
딴 감성 없으니 일체가 진여실상 해탈이요.
딴 자성 없으니 일체가 진여실상 해탈이요.
딴 불성 없으니 일체가 진여실상 해탈이요.
딴 본성 없으니 일체가 진여실상 해탈이요.

딴 각성 없으니 일체가 진여실상 해탈이요.
딴 연기 없으니 일체가 진여실상 해탈이요.
딴 인과 없으니 일체가 진여실상 해탈이요.
딴 윤회 없으니 일체가 진여실상 해탈이요.
딴 육도 없으니 일체가 진여실상 해탈이요.
딴 중도 없으니 일체가 진여실상 해탈이요.
딴 진여 없으니 일체가 진여실상 해탈이요.
딴 실상 없으니 일체가 진여실상 해탈이요.
딴 삼매 없으니 일체가 진여실상 해탈이요.
딴 해탈 없으니 일체가 진여실상 해탈이요.
딴 업 없으니 일체가 진여실상 해탈이요.
딴 업보 없으니 일체가 진여실상 해탈이요.
딴 인과 없으니 일체가 진여실상 해탈이요.
딴 응보 없으니 일체가 진여실상 해탈이요.
딴 유명 없으니 일체가 진여실상 해탈이요.
딴 무명 없으니 일체가 진여실상 해탈이요.
딴 유지 없으니 일체가 진여실상 해탈이요.
딴 무지 없으니 일체가 진여실상 해탈이요.
딴 유식 없으니 일체가 진여실상 해탈이요.
딴 무식 없으니 일체가 진여실상 해탈이요.
딴 유안 없으니 일체가 진여실상 해탈이요.
딴 무안 없으니 일체가 진여실상 해탈이요.

딴 유이 없으니 일체가 진여실상 해탈이요.
딴 무이 없으니 일체가 진여실상 해탈이요.
딴 유비 없으니 일체가 진여실상 해탈이요.
딴 무비 없으니 일체가 진여실상 해탈이요.
딴 유설 없으니 일체가 진여실상 해탈이요.
딴 무설 없으니 일체가 진여실상 해탈이요.
딴 유신 없으니 일체가 진여실상 해탈이요.
딴 무신 없으니 일체가 진여실상 해탈이요.
딴 유의 없으니 일체가 진여실상 해탈이요.
딴 무의 없으니 일체가 진여실상 해탈이요.
딴 유루 없으니 일체가 진여실상 해탈이요.
딴 무루 없으니 일체가 진여실상 해탈이요.
딴 유위 없으니 일체가 진여실상 해탈이요.
딴 무위 없으니 일체가 진여실상 해탈이요.
딴 유문 없으니 일체가 진여실상 해탈이요.
딴 무문 없으니 일체가 진여실상 해탈이요.
딴 유입 없으니 일체가 진여실상 해탈이요.
딴 무입 없으니 일체가 진여실상 해탈이요.
딴 유출 없으니 일체가 진여실상 해탈이요.
딴 무출 없으니 일체가 진여실상 해탈이요.
딴 유통 없으니 일체가 진여실상 해탈이요.
딴 무통 없으니 일체가 진여실상 해탈이요.

딴 유처 없으니 일체가 진여실상 해탈이요.
딴 무처 없으니 일체가 진여실상 해탈이요.
딴 유현 없으니 일체가 진여실상 해탈이요.
딴 무현 없으니 일체가 진여실상 해탈이요.
딴 유자취 없으니 일체가 진여실상 해탈이요.
딴 무자취 없으니 일체가 진여실상 해탈이요.
딴 유자채 없으니 일체가 진여실상 해탈이요.
딴 무자채 없으니 일체가 진여실상 해탈이요.
딴 유실채 없으니 일체가 진여실상 해탈이요.
딴 무실채 없으니 일체가 진여실상 해탈이요.
딴 유실재 없으니 일체가 진여실상 해탈이요.
딴 무실재 없으니 일체가 진여실상 해탈이요.
딴 유실세 없으니 일체가 진여실상 해탈이요.
딴 무실세 없으니 일체가 진여실상 해탈이요.
딴 유실권 없으니 일체가 진여실상 해탈이요.
딴 무실권 없으니 일체가 진여실상 해탈이요.
딴 유대기 없으니 일체가 진여실상 해탈이요.
딴 무대기 없으니 일체가 진여실상 해탈이요.
딴 유대용 없으니 일체가 진여실상 해탈이요.
딴 무대용 없으니 일체가 진여실상 해탈이요.
딴 유자위 없으니 일체가 진여실상 해탈이요.
딴 무자위 없으니 일체가 진여실상 해탈이요.

딴 유본위 없으니 일체가 진여실상 해탈이요.
딴 무본위 없으니 일체가 진여실상 해탈이요.
딴 유현위 없으니 일체가 진여실상 해탈이요.
딴 무현위 없으니 일체가 진여실상 해탈이요.
딴 유아 없으니 일체가 진여실상 해탈이요.
딴 무아 없으니 일체가 진여실상 해탈이요.
딴 유존 없으니 일체가 진여실상 해탈이요.
딴 무존 없으니 일체가 진여실상 해탈이요.
딴 유본 없으니 일체가 진여실상 해탈이요.
딴 무본 없으니 일체가 진여실상 해탈이요.
딴 유원 없으니 일체가 진여실상 해탈이요.
딴 무원 없으니 일체가 진여실상 해탈이요.
딴 유성 없으니 일체가 진여실상 해탈이요.
딴 무성 없으니 일체가 진여실상 해탈이요.
딴 유자성 없으니 일체가 진여실상 해탈이요.
딴 무자성 없으니 일체가 진여실상 해탈이요.
딴 유불성 없으니 일체가 진여실상 해탈이요.
딴 무불성 없으니 일체가 진여실상 해탈이요.
딴 유본성 없으니 일체가 진여실상 해탈이요.
딴 무본성 없으니 일체가 진여실상 해탈이요.
딴 유각성 없으니 일체가 진여실상 해탈이요.
딴 무각성 없으니 일체가 진여실상 해탈이요.

딴 유견성 없으니 일체가 진여실상 해탈이요.
딴 무견성 없으니 일체가 진여실상 해탈이요.
딴 유득 없으니 일체가 진여실상 해탈이요.
딴 무득 없으니 일체가 진여실상 해탈이요.
딴 유증 없으니 일체가 진여실상 해탈이요.
딴 무증 없으니 일체가 진여실상 해탈이요.
딴 유인 없으니 일체가 진여실상 해탈이요.
딴 무인 없으니 일체가 진여실상 해탈이요.
딴 유직 없으니 일체가 진여실상 해탈이요.
딴 무직 없으니 일체가 진여실상 해탈이요.
딴 유주 없으니 일체가 진여실상 해탈이요.
딴 무주 없으니 일체가 진여실상 해탈이요.
딴 유작 없으니 일체가 진여실상 해탈이요.
딴 무작 없으니 일체가 진여실상 해탈이요.
딴 유행 없으니 일체가 진여실상 해탈이요.
딴 무행 없으니 일체가 진여실상 해탈이요.
딴 유응 없으니 일체가 진여실상 해탈이요.
딴 무응 없으니 일체가 진여실상 해탈이요.
딴 유흥 없으니 일체가 진여실상 해탈이요.
딴 무흥 없으니 일체가 진여실상 해탈이요.
딴 유여 없으니 일체가 진여실상 해탈이요.
딴 무여 없으니 일체가 진여실상 해탈이요.

딴 유일여 없으니 일체가 진여실상 해탈이요.
딴 무일여 없으니 일체가 진여실상 해탈이요.
딴 유다여 없으니 일체가 진여실상 해탈이요.
딴 무다여 없으니 일체가 진여실상 해탈이요.
딴 유여여 없으니 일체가 진여실상 해탈이요.
딴 무여여 없으니 일체가 진여실상 해탈이요.
딴 유직여 없으니 일체가 진여실상 해탈이요.
딴 무직여 없으니 일체가 진여실상 해탈이요.
딴 유즉여 없으니 일체가 진여실상 해탈이요.
딴 무즉여 없으니 일체가 진여실상 해탈이요.
딴 유작여 없으니 일체가 진여실상 해탈이요.
딴 무작여 없으니 일체가 진여실상 해탈이요.
딴 유행여 없으니 일체가 진여실상 해탈이요.
딴 무행여 없으니 일체가 진여실상 해탈이요.
딴 유융여 없으니 일체가 진여실상 해탈이요.
딴 무융여 없으니 일체가 진여실상 해탈이요.
딴 유홍여 없으니 일체가 진여실상 해탈이요.
딴 무홍여 없으니 일체가 진여실상 해탈이요.
딴 유현여 없으니 일체가 진여실상 해탈이요.
딴 무현여 없으니 일체가 진여실상 해탈이요.
딴 유일상 없으니 일체가 진여실상 해탈이요.
딴 무일상 없으니 일체가 진여실상 해탈이요.

딴 유평상 없으니 일체가 진여실상 해탈이요.
딴 무평상 없으니 일체가 진여실상 해탈이요.
딴 유생 없으니 일체가 진여실상 해탈이요.
딴 무생 없으니 일체가 진여실상 해탈이요.
딴 유멸 없으니 일체가 진여실상 해탈이요.
딴 무멸 없으니 일체가 진여실상 해탈이요.
딴 유유 없으니 일체가 진여실상 해탈이요.
딴 무유 없으니 일체가 진여실상 해탈이요.
딴 유무 없으니 일체가 진여실상 해탈이요.
딴 무무 없으니 일체가 진여실상 해탈이요.
딴 유색 없으니 일체가 진여실상 해탈이요.
딴 무색 없으니 일체가 진여실상 해탈이요.
딴 유공 없으니 일체가 진여실상 해탈이요.
딴 무공 없으니 일체가 진여실상 해탈이요.
딴 유시간 없으니 일체가 진여실상 해탈이요.
딴 무시간 없으니 일체가 진여실상 해탈이요.
딴 유공간 없으니 일체가 진여실상 해탈이요.
딴 무공간 없으니 일체가 진여실상 해탈이요.
딴 유시작 없으니 일체가 진여실상 해탈이요.
딴 무시작 없으니 일체가 진여실상 해탈이요.
딴 유과정 없으니 일체가 진여실상 해탈이요.
딴 무과정 없으니 일체가 진여실상 해탈이요.

딴 유끝 없으니 일체가 진여실상 해탈이요.
딴 무끝 없으니 일체가 진여실상 해탈이요.
딴 유안팎 없으니 일체가 진여실상 해탈이요.
딴 무안팎 없으니 일체가 진여실상 해탈이요.
딴 유좌우 없으니 일체가 진여실상 해탈이요.
딴 무좌우 없으니 일체가 진여실상 해탈이요.
딴 유앞뒤 없으니 일체가 진여실상 해탈이요.
딴 무앞뒤 없으니 일체가 진여실상 해탈이요.
딴 유상하 없으니 일체가 진여실상 해탈이요.
딴 무상하 없으니 일체가 진여실상 해탈이요.
딴 유대소 없으니 일체가 진여실상 해탈이요.
딴 무대소 없으니 일체가 진여실상 해탈이요.
딴 유강약 없으니 일체가 진여실상 해탈이요.
딴 무강약 없으니 일체가 진여실상 해탈이요.
딴 유 길고 짧음 없으니 일체가 진여실상 해탈이요
딴 무 길고 짧음 없으니 일체가 진여실상 해탈이요.
딴 유 넓고 좁음 없으니 일체가 진여실상 해탈이요
딴 무 넓고 좁음 없으니 일체가 진여실상 해탈이요.
딴 유 깊고 얕고 없으니 일체가 진여실상 해탈이요
딴 무 깊고 얕고 없으니 일체가 진여실상 해탈이요.
딴 유 무겁고 가볍고 없으니 일체가 진여실상 해탈이요
딴 무 무겁고 가볍고 없으니 일체가 진여실상 해탈이요

딴 유 굵고 가늘고 없으니 일체가 진여실상 해탈이요.
딴 무 굵고 가늘고 없으니 일체가 진여실상 해탈이요.
딴 유 두껍고 얇고 없으니 일체가 진여실상 해탈이요.
딴 무 두껍고 얇고 없으니 일체가 진여실상 해탈이요.
딴 유 둥글고 모나고 없으니 일체가 진여실상 해탈이요.
딴 무 둥글고 모나고 없으니 일체가 진여실상 해탈이요.
딴 유 울퉁불퉁 없으니 일체가 진여실상 해탈이요.
딴 무 울퉁불퉁 없으니 일체가 진여실상 해탈이요.
딴 유 편편하고 뾰족하고 없으니 일체가 진여실상 해탈이요.
딴 무 편편하고 뾰족하고 없으니 일체가 진여실상 해탈이요.
딴 유 거칠고 섬세하고 없으니 일체가 진여실상 해탈이요.
딴 무 거칠고 섬세하고 없으니 일체가 진여실상 해탈이요.
딴 유 엉성하고 세밀하고 없으니 일체가 진여실상 해탈이요.
딴 무 엉성하고 세밀하고 없으니 일체가 진여실상 해탈이요.
딴 유 간격없고 틈없으니 일체가 진여실상 해탈이요.
딴 무 간격없고 틈없으니 일체가 진여실상 해탈이요.

딴 유 막힘없고 걸림 없으니 일체가 진여실상 해탈이요.
딴 무 막힘없고 걸림 없으니 일체가 진여실상 해탈이요.
딴 유 물들임 없고 더럽힘 없으니 일체가 진여실상 해탈이요.
딴 무 물들임 없고 더럽힘 없으니 일체가 진여실상 해탈이요.
딴 유 때 묻음 없고 덧칠 없으니 일체가 진여실상 해탈이요.
딴 무 때 묻음 없고 덧칠 없으니 일체가 진여실상 해탈이요.
딴 유 꾸밈없고 가식 없으니 일체가 진여실상 해탈이요.
딴 무 꾸밈없고 가식 없으니 일체가 진여실상 해탈이요.
딴 유 의심없고 의혹 없으니 일체가 진여실상 해탈이요.
딴 무 의심없고 의혹 없으니 일체가 진여실상 해탈이요.
딴 유 두 모양 없으니 일체가 진여실상 해탈이요.
딴 무 두 모양 없으니 일체가 진여실상 해탈이요.
딴 유 두 모습 없으니 일체가 진여실상 해탈이요.
딴 무 두 모습 없으니 일체가 진여실상 해탈이요.

딴 유 두 빛깔 없으니 일체가 진여실상 해탈이요.
딴 무 두 빛깔 없으니 일체가 진여실상 해탈이요.
딴 유 붉고 푸름 없으니 일체가 진여실상 해탈이요.
딴 무 붉고 푸름 없으니 일체가 진여실상 해탈이요.
딴 유 희고 검고 없으니 일체가 진여실상 해탈이요.
딴 무 희고 검고 없으니 일체가 진여실상 해탈이요.
딴 유 초록 보라 없으니 일체가 진여실상 해탈이요.
딴 무 초록 보라 없으니 일체가 진여실상 해탈이요.
딴 유 노랑 고동 없으니 일체가 진여실상 해탈이요.
딴 무 노랑 고동 없으니 일체가 진여실상 해탈이요.
딴 유 두 맛없으니 일체가 진여실상 해탈이요.
딴 무 두 맛없으니 일체가 진여실상 해탈이요.
딴 유 달고 쓰고 없으니 일체가 진여실상 해탈이요.
딴 무 달고 쓰고 없으니 일체가 진여실상 해탈이요.
딴 유 짜고 싱겁고 없으니 일체가 진여실상 해탈이요.
딴 무 짜고 싱겁고 없으니 일체가 진여실상 해탈이요.
딴 유 시고 씁쓰레 없으니 일체가 진여실상 해탈이요.
딴 무 시고 씁쓰레 없으니 일체가 진여실상 해탈이요.

딴 유 두 멋없으니 일체가 진여실상 해탈이요.
딴 무 두 멋없으니 일체가 진여실상 해탈이요.
딴 유 두 품위 없으니 일체가 진여실상 해탈이요.
딴 무 두 품위 없으니 일체가 진여실상 해탈이요.
딴 유 사량 분별없으니 일체가 진여실상 해탈이요.
딴 무 사량 분별없으니 일체가 진여실상 해탈이요.
딴 유 시비 다툼 없으니 일체가 진여실상 해탈이요.
딴 무 시비 다툼 없으니 일체가 진여실상 해탈이요.
딴 유 옳고 그름 없으니 일체가 진여실상 해탈이요.
딴 무 옳고 그름 없으니 일체가 진여실상 해탈이요.
딴 유 맞고 틀림없으니 일체가 진여실상 해탈이요.
딴 무 맞고 틀림없으니 일체가 진여실상 해탈이요.
딴 유 선악 없으니 일체가 진여실상 해탈이요.
딴 무 선악 없으니 일체가 진여실상 해탈이요.
딴 유 빈부 없으니 일체가 진여실상 해탈이요.
딴 무 빈부 없으니 일체가 진여실상 해탈이요.
딴 유 귀천 없으니 일체가 진여실상 해탈이요.
딴 무 귀천 없으니 일체가 진여실상 해탈이요.
딴 유 앎 모름 없으니 일체가 진여실상 해탈이요.
딴 무 앎 모름 없으니 일체가 진여실상 해탈이요.
딴 유 밝고 어둠 없으니 일체가 진여실상 해탈이요.
딴 무 밝고 어둠 없으니 일체가 진여실상 해탈

이요.
딴 유 미오 없으니 일체가 진여실상 해탈이요.
딴 무 미오 없으니 일체가 진여실상 해탈이요.
딴 유 고집멸도 없으니 일체가 진여실상 해탈이요.
딴 무 고집멸도 없으니 일체가 진여실상 해탈이요.
딴 유 육바라밀 없으니 일체가 진여실상 해탈이요.
딴 무 육바라밀 없으니 일체가 진여실상 해탈이요.
딴 유 팔정도 없으니 일체가 진여실상 해탈이요.
딴 무 팔정도 없으니 일체가 진여실상 해탈이요.
딴 유 삼십육조도품 없으니 일체가 진여실상 해탈이요.
딴 무 삼십육조도품 없으니 일체가 진여실상 해탈이요.
딴 유 팔만사천대장경 없으니 일체가 진여실상 해탈이요.
딴 무 팔만사천대장경 없으니 일체가 진여실상 해탈이요.
딴 유 유선 없으니 일체가 진여실상 해탈이요.
딴 무 유선 없으니 일체가 진여실상 해탈이요.
딴 유 유교 없으니 일체가 진여실상 해탈이요.
딴 무 유교 없으니 일체가 진여실상 해탈이요.
딴 유 유율 없으니 일체가 진여실상 해탈이요.

딴 무 유율 없으니 일체가 진여실상 해탈이요.
딴 유 유론 없으니 일체가 진여실상 해탈이요.
딴 무 유론 없으니 일체가 진여실상 해탈이요.
딴 유 명상 없으니 일체가 진여실상 해탈이요.
딴 무 명상 없으니 일체가 진여실상 해탈이요.
딴 유 직관 없으니 일체가 진여실상 해탈이요.
딴 무 직관 없으니 일체가 진여실상 해탈이요.
딴 유 직조 없으니 일체가 진여실상 해탈이요.
딴 무 직조 없으니 일체가 진여실상 해탈이요.
딴 유 인식 없으니 일체가 진여실상 해탈이요.
딴 무 인식 없으니 일체가 진여실상 해탈이요.
딴 유 오식 없으니 일체가 진여실상 해탈이요.
딴 무 오식 없으니 일체가 진여실상 해탈이요.
딴 유 성소작지 없으니 일체가 진여실상 해탈이요.
딴 무 성소작지 없으니 일체가 진여실상 해탈이요.
딴 유 육식 없으니 일체가 진여실상 해탈이요.
딴 무 육식 없으니 일체가 진여실상 해탈이요.
딴 유 묘관찰지 없으니 일체가 진여실상 해탈이요.
딴 무 묘관찰지 없으니 일체가 진여실상 해탈이요.
딴 유 칠식(잠재의식) 없으니 일체가 진여실상 해탈이요.
딴 무 칠식(잠재의식) 없으니 일체가 진여실상 해

탈이요.
딴 유 평등성지 없으니 일체가 진여실상 해탈이요.
딴 무 평등성지 없으니 일체가 진여실상 해탈이요.
딴 유 팔식(무의식) 없으니 일체가 진여실상 해탈이요.
딴 무 팔식(무의식) 없으니 일체가 진여실상 해탈이요.
딴 유 대원경지 없으니 일체가 진여실상 해탈이요.
딴 무 대원경지 없으니 일체가 진여실상 해탈이요.
딴 유 구식(영지) 없으니 일체가 진여실상 해탈이요.
딴 무 구식(영지) 없으니 일체가 진여실상 해탈이요.
딴 유 활활강산 없으니 일체가 진여실상 해탈이요.
딴 무 활활강산 없으니 일체가 진여실상 해탈이요.
딴 유 십식(영각) 없으니 일체가 진여실상 해탈이요.
딴 무 십식(영각) 없으니 일체가 진여실상 해탈이요.
딴 유 울울창창 없으니 일체가 진여실상 해탈이요.
딴 무 울울창창 없으니 일체가 진여실상 해탈이요.
딴 유 본각 없으니 일체가 진여실상 해탈이요.
딴 무 본각 없으니 일체가 진여실상 해탈이요.
딴 유 창창울울 없으니 일체가 진여실상 해탈이요.
딴 무 창창울울 없으니 일체가 진여실상 해탈이요.
딴 유 자각 없으니 일체가 진여실상 해탈이요.
딴 무 자각 없으니 일체가 진여실상 해탈이요.
딴 유 활활법계 없으니 일체가 진여실상 해탈이요.

딴 무 활활법계 없으니 일체가 진여실상 해탈이요.
딴 유 불각 없으니 일체가 진여실상 해탈이요.
딴 무 불각 없으니 일체가 진여실상 해탈이요.
딴 유 만고광명 없으니 일체가 진여실상 해탈이요.
딴 무 만고광명 없으니 일체가 진여실상 해탈이요.
딴 유 불성 없으니 일체가 진여실상 해탈이요.
딴 무 불성 없으니 일체가 진여실상 해탈이요.
딴 유 만고감로 없으니 일체가 진여실상 해탈이요.
딴 무 만고감로 없으니 일체가 진여실상 해탈이요.
딴 유 본성 없으니 일체가 진여실상 해탈이요.
딴 무 본성 없으니 일체가 진여실상 해탈이요.
딴 유 현현보주 없으니 일체가 진여실상 해탈이요.
딴 무 현현보주 없으니 일체가 진여실상 해탈이요.
딴 유 자성 없으니 일체가 진여실상 해탈이요.
딴 무 자성 없으니 일체가 진여실상 해탈이요.
딴 유 중도공존 없으니 일체가 진여실상 해탈이요.
딴 무 중도공존 없으니 일체가 진여실상 해탈이요.
딴 유 자아 없으니 일체가 진여실상 해탈이요.
딴 무 자아 없으니 일체가 진여실상 해탈이요.
딴 유 청정무구 없으니 일체가 진여실상 해탈이요.
딴 무 청정무구 없으니 일체가 진여실상 해탈이요.
딴 유 본아 없으니 일체가 진여실상 해탈이요.

딴 무 본아 없으니 일체가 진여실상 해탈이요.
딴 유 순백무구 없으니 일체가 진여실상 해탈이요.
딴 무 순백무구 없으니 일체가 진여실상 해탈이요.
딴 유 진아 없으니 일체가 진여실상 해탈이요.
딴 무 진아 없으니 일체가 진여실상 해탈이요.
딴 유 원만구족 없으니 일체가 진여실상 해탈이요.
딴 무 원만구족 없으니 일체가 진여실상 해탈이요.
딴 유 정아 없으니 일체가 진여실상 해탈이요.
딴 무 정아 없으니 일체가 진여실상 해탈이요.
딴 유 원융무애 없으니 일체가 진여실상 해탈이요.
딴 무 원융무애 없으니 일체가 진여실상 해탈이요.
딴 유 명아 없으니 일체가 진여실상 해탈이요.
딴 무 명아 없으니 일체가 진여실상 해탈이요.
딴 유 무애자재 없으니 일체가 진여실상 해탈이요.
딴 무 무애자재 없으니 일체가 진여실상 해탈이요.
딴 유 통아 없으니 일체가 진여실상 해탈이요.
딴 무 통아 없으니 일체가 진여실상 해탈이요.
딴 유 자유자재 없으니 일체가 진여실상 해탈이요.
딴 무 자유자재 없으니 일체가 진여실상 해탈이요.
딴 유 법아 없으니 일체가 진여실상 해탈이요.
딴 무 법아 없으니 일체가 진여실상 해탈이요.
딴 유 상주상락 없으니 일체가 진여실상 해탈이요.

딴 무 상주상락 없으니 일체가 진여실상 해탈이요.
딴 유 불아 없으니 일체가 진여실상 해탈이요.
딴 무 불아 없으니 일체가 진여실상 해탈이요.
딴 유 상락아정 없으니 일체가 진여실상 해탈이요.
딴 무 상락아정 없으니 일체가 진여실상 해탈이요.
딴 유 나 없으니 일체가 진여실상 해탈이요.
딴 무 나 없으니 일체가 진여실상 해탈이요.
딴 유 영생영락 없으니 일체가 진여실상 해탈이요.
딴 무 영생영락 없으니 일체가 진여실상 해탈이요.
딴 무명 없으니 일체가 진여실상 해탈이요.
딴 망상 없으니 일체가 진여실상 해탈이요.
딴 망견 없으니 일체가 진여실상 해탈이요.
딴 유심 없으니 일체가 진여실상 해탈이요.
딴 무심 없으니 일체가 진여실상 해탈이요.
딴 유념 없으니 일체가 진여실상 해탈이요.
딴 무념 없으니 일체가 진여실상 해탈이요.
딴 유상 없으니 일체가 진여실상 해탈이요.
딴 무상 없으니 일체가 진여실상 해탈이요.
딴 유주 없으니 일체가 진여실상 해탈이요.
딴 무주 없으니 일체가 진여실상 해탈이요.
딴 유염 없으니 일체가 진여실상 해탈이요.
딴 무염 없으니 일체가 진여실상 해탈이요.

딴 나 없으니 일체가 진여실상 해탈이요.
딴 너 없으니 일체가 진여실상 해탈이요.
딴 우리 없으니 일체가 진여실상 해탈이요.
딴 모두 없으니 일체가 진여실상 해탈이요.
딴 전체가 없으니 일체가 진여실상 해탈이요.
딴 낱낱이 없으니 일체가 진여실상 해탈이요.
딴 금강 없으니 일체가 진여실상 해탈이요.
딴 반야 없으니 일체가 진여실상 해탈이요.
딴 아뇩다라 없으니 일체가 진여실상 해탈이요.
딴 삼먁삼보리 없으니 일체가 진여실상 해탈이요.
딴 삼천대천세계 없으니 일체가 진여실상 해탈이요.
딴 보시 없으니 일체가 진여실상 해탈이요.
딴 가피 없으니 일체가 진여실상 해탈이요.
딴 은혜 없으니 일체가 진여실상 해탈이요.
딴 사랑 없으니 일체가 진여실상 해탈이요.
딴 자비 없으니 일체가 진여실상 해탈이요.
딴 축복 없으니 일체가 진여실상 해탈이요.
딴 행복 없으니 일체가 진여실상 해탈이요.
딴 환희 없으니 일체가 진여실상 해탈이요.
딴 봄 없으니 일체가 진여실상 해탈이요.
딴 들음 없으니 일체가 진여실상 해탈이요.
딴 숨 쉼 없으니 일체가 진여실상 해탈이요.

딴 맡음 없으니 일체가 진여실상 해탈이요.
딴 말함 없으니 일체가 진여실상 해탈이요.
딴 맛봄 없으니 일체가 진여실상 해탈이요.
딴 느낌 없으니 일체가 진여실상 해탈이요.
딴 인식 없으니 일체가 진여실상 해탈이요.
딴 작용 없으니 일체가 진여실상 해탈이요.
딴 행 없으니 일체가 진여실상 해탈이요.
딴 홍 없으니 일체가 진여실상 해탈이요.
딴 종이 없으니 일체가 진여실상 해탈이요.
딴 글자 없으니 일체가 진여실상 해탈이요.
딴 글귀 없으니 일체가 진여실상 해탈이요.
딴 문장 없으니 일체가 진여실상 해탈이요.
딴 게송 없으니 일체가 진여실상 해탈이요.
딴 소리 없으니 일체가 진여실상 해탈이요.
딴 뜻 없으니 일체가 진여실상 해탈이요.
딴 정의 없으니 일체가 진여실상 해탈이요.
딴 빛 없으니 일체가 진여실상 해탈이요.
딴 광명 없으니 일체가 진여실상 해탈이요.
딴 감로 없으니 일체가 진여실상 해탈이요.
딴 보배 없으니 일체가 진여실상 해탈이요.
딴 보주 없으니 일체가 진여실상 해탈이요.
딴 보화 없으니 일체가 진여실상 해탈이요.

딴 영화 없으니 일체가 진여실상 해탈이요.
딴 길경 없으니 일체가 진여실상 해탈이요.
딴 길상 없으니 일체가 진여실상 해탈이요.
딴 수다원 없으니 일체가 진여실상 해탈이요.
딴 사다함 없으니 일체가 진여실상 해탈이요.
딴 아나함 없으니 일체가 진여실상 해탈이요.
딴 아라한 없으니 일체가 진여실상 해탈이요.
딴 선사 없으니 일체가 진여실상 해탈이요.
딴 종사 없으니 일체가 진여실상 해탈이요.
딴 조사 없으니 일체가 진여실상 해탈이요.
딴 보살 없으니 일체가 진여실상 해탈이요.
딴 범부 없으니 일체가 진여실상 해탈이요.
딴 성인 없으니 일체가 진여실상 해탈이요.
딴 중생 없으니 일체가 진여실상 해탈이요.
딴 부처 없으니 일체가 진여실상 해탈이요.
딴 국토 없으니 일체가 진여실상 해탈이요.
딴 정토 없으니 일체가 진여실상 해탈이요.
딴 이승 없으니 일체가 진여실상 해탈이요.
딴 저승 없으니 일체가 진여실상 해탈이요.
딴 지옥 없으니 일체가 진여실상 해탈이요.
딴 천국 없으니 일체가 진여실상 해탈이요.
딴 사바 없으니 일체가 진여실상 해탈이요.

딴 극락 없으니 일체가 진여실상 해탈이요.
딴 진리 없으니 일체가 진여실상 해탈이요.
딴 도 없으니 일체가 진여실상 해탈이요.
딴 성불 없으니 일체가 진여실상 해탈이요.
딴 본불 없으니 일체가 진여실상 해탈이요.
딴 교 없으니 일체가 진여실상 해탈이요.
딴 선 없으니 일체가 진여실상 해탈이요.
딴 율 없으니 일체가 진여실상 해탈이요.
딴 가르침 없으니 일체가 진여실상 해탈이요.
딴 배움 없으니 일체가 진여실상 해탈이요.
딴 지식 없으니 일체가 진여실상 해탈이요.
딴 학문 없으니 일체가 진여실상 해탈이요.
딴 철학 없으니 일체가 진여실상 해탈이요.
딴 과학 없으니 일체가 진여실상 해탈이요.
딴 종교 없으니 일체가 진여실상 해탈이요.
딴 문화 없으니 일체가 진여실상 해탈이요.
딴 문명 없으니 일체가 진여실상 해탈이요.
딴 줌 없으니 일체가 진여실상 해탈이요.
딴 받음 없으니 일체가 진여실상 해탈이요.
딴 만상 없으니 일체가 진여실상 해탈이요.
딴 물물 없으니 일체가 진여실상 해탈이요.
딴 자연 없으니 일체가 진여실상 해탈이요.

딴 정진 없으니 일체가 진여실상 해탈이요.
딴 닦음 없으니 일체가 진여실상 해탈이요.
딴 선정 없으니 일체가 진여실상 해탈이요.
딴 지혜 없으니 일체가 진여실상 해탈이요.
딴 맺음 없으니 일체가 진여실상 해탈이요.
딴 파동 없으니 일체가 진여실상 해탈이요.
딴 파장 없으니 일체가 진여실상 해탈이요.
딴 울림 없으니 일체가 진여실상 해탈이요.
딴 일상 없으니 일체가 진여실상 해탈이요.
딴 더함 없으니 일체가 진여실상 해탈이요.
딴 덜함 없으니 일체가 진여실상 해탈이요.
딴 담음 없으니 일체가 진여실상 해탈이요.
딴 비움 없으니 일체가 진여실상 해탈이요.
딴 잡음 없으니 일체가 진여실상 해탈이요.
딴 놓음 없으니 일체가 진여실상 해탈이요.
딴 달림 없으니 일체가 진여실상 해탈이요.
딴 멈춤 없으니 일체가 진여실상 해탈이요.
딴 계속 없으니 일체가 진여실상 해탈이요.
딴 쉼 없으니 일체가 진여실상 해탈이요.
딴 일 없으니 일체가 진여실상 해탈이요.
딴 것 없으니 일체가 진여실상 해탈이요.
딴 꾸밈 없으니 일체가 진여실상 해탈이요.

딴 까닭 없으니 일체가 진여실상 해탈이요.
딴 이유 없으니 일체가 진여실상 해탈이요.
딴 조건 없으니 일체가 진여실상 해탈이요.
딴 차별 없으니 일체가 진여실상 해탈이요.
딴 견줌 없으니 일체가 진여실상 해탈이요.
딴 대상 없으니 일체가 진여실상 해탈이요.
딴 감 없으니 일체가 진여실상 해탈이요.
딴 옴 없으니 일체가 진여실상 해탈이요.
딴 머무름 없으니 일체가 진여실상 해탈이요.
딴 떠남 없으니 일체가 진여실상 해탈이요.
딴 잠 없으니 일체가 진여실상 해탈이요.
딴 꿈 없으니 일체가 진여실상 해탈이요.
딴 갈애 없으니 일체가 진여실상 해탈이요.
딴 갈정 없으니 일체가 진여실상 해탈이요.
딴 갈망 없으니 일체가 진여실상 해탈이요.
딴 갈등 없으니 일체가 진여실상 해탈이요.
딴 방황 없으니 일체가 진여실상 해탈이요.
딴 정 없으니 일체가 진여실상 해탈이요.
딴 애정 없으니 일체가 진여실상 해탈이요.
딴 애착 없으니 일체가 진여실상 해탈이요.
딴 탐애 없으니 일체가 진여실상 해탈이요.
딴 탐착 없으니 일체가 진여실상 해탈이요.

딴 분노 없으니 일체가 진여실상 해탈이요.
딴 억울함 없으니 일체가 진여실상 해탈이요.
딴 속박 없으니 일체가 진여실상 해탈이요.
딴 걸림 없으니 일체가 진여실상 해탈이요.
딴 장애 없으니 일체가 진여실상 해탈이요.
딴 때묻음 없으니 일체가 진여실상 해탈이요.
딴 청정 없으니 일체가 진여실상 해탈이요.
딴 순백 없으니 일체가 진여실상 해탈이요.
딴 순수 없으니 일체가 진여실상 해탈이요.
딴 청순 없으니 일체가 진여실상 해탈이요.
딴 물들임 없으니 일체가 진여실상 해탈이요.
딴 치우침 없으니 일체가 진여실상 해탈이요.
딴 헤아림 없으니 일체가 진여실상 해탈이요.
딴 분별없으니 일체가 진여실상 해탈이요.
딴 시비 없으니 일체가 진여실상 해탈이요.
딴 요량 없으니 일체가 진여실상 해탈이요.
딴 이러히 없으니 일체가 진여실상 해탈이요.
딴 저러히 없으니 일체가 진여실상 해탈이요.
딴 그러히 없으니 일체가 진여실상 해탈이요.
딴 저절로 없으니 일체가 진여실상 해탈이요.
딴 스스로 없으니 일체가 진여실상 해탈이요.
딴 자체 없으니 일체가 진여실상 해탈이요.

딴 자용 없으니 일체가 진여실상 해탈이요.
딴 실체 없으니 일체가 진여실상 해탈이요.
딴 실용 없으니 일체가 진여실상 해탈이요.
딴 실제 없으니 일체가 진여실상 해탈이요.
딴 발현 없으니 일체가 진여실상 해탈이요.
딴 실현 없으니 일체가 진여실상 해탈이요.
딴 구현 없으니 일체가 진여실상 해탈이요.
딴 실세 없으니 일체가 진여실상 해탈이요.
딴 실권 없으니 일체가 진여실상 해탈이요.
딴 실참 없으니 일체가 진여실상 해탈이요.
딴 실행 없으니 일체가 진여실상 해탈이요.
딴 원만 없으니 일체가 진여실상 해탈이요.
딴 구족 없으니 일체가 진여실상 해탈이요.
딴 원융 없으니 일체가 진여실상 해탈이요.
딴 무애 없으니 일체가 진여실상 해탈이요.
딴 자유 없으니 일체가 진여실상 해탈이요.
딴 자재 없으니 일체가 진여실상 해탈이요.
딴 적적 없으니 일체가 진여실상 해탈이요.
딴 성성 없으니 일체가 진여실상 해탈이요.
딴 영령 없으니 일체가 진여실상 해탈이요.
딴 열반 없으니 일체가 진여실상 해탈이요.
딴 영생 없으니 일체가 진여실상 해탈이요.

딴 상생 없으니 일체가 진여실상 해탈이요.
딴 공존 없으니 일체가 진여실상 해탈이요.
딴 평등 없으니 일체가 진여실상 해탈이요.
딴 평화 없으니 일체가 진여실상 해탈이요.
딴 안락 없으니 일체가 진여실상 해탈이요.
딴 산란 없으니 일체가 진여실상 해탈이요.
딴 소란 없으니 일체가 진여실상 해탈이요.
딴 잡음 없으니 일체가 진여실상 해탈이요.
딴 복잡 없으니 일체가 진여실상 해탈이요.
딴 단순 없으니 일체가 진여실상 해탈이요.
딴 이론 없으니 일체가 진여실상 해탈이요.
딴 희론 없으니 일체가 진여실상 해탈이요.
딴 고요 없으니 일체가 진여실상 해탈이요.
딴 시끄러움 없으니 일체가 진여실상 해탈이요.
딴 이룸 없으니 일체가 진여실상 해탈이요.
딴 열림 없으니 일체가 진여실상 해탈이요.
딴 드러남 없으니 일체가 진여실상 해탈이요.
딴 나툼 없으니 일체가 진여실상 해탈이요.
딴 세움 없으니 일체가 진여실상 해탈이요.
딴 펼침 없으니 일체가 진여실상 해탈이요.
딴 응함 없으니 일체가 진여실상 해탈이요.
딴 씀 없으니 일체가 진여실상 해탈이요.

딴 누림 없으니 일체가 진여실상 해탈이요.
딴 창주 없으니 일체가 진여실상 해탈이요.
딴 창세 없으니 일체가 진여실상 해탈이요.
딴 상주 없으니 일체가 진여실상 해탈이요.
딴 상락 없으니 일체가 진여실상 해탈이요.
딴 나 없으니 일체가 진여실상 해탈이구나.

하!.

본래로 지닌 대로 반야요
본래로 쓰는 대로 바라밀이니
해와 달이 되어 해와 달을 띄우고
산과 물이 되어 산과 물을 펼치고
학과 봉황이 되어 학과 봉황을 날리고
꽃과 열매가 되어 꽃과 열매를 난발하여
언제나 자위자락 흥대로요
어디서나 본위본락 광명이요
어느 때나 성위성락 감로요
어느 것에나 여여여락 보배로써
나 안에서나 밖에서나 일체를 초월하고
존재 안에서나 존재 밖에서나 일체를 초월하지 않고, 상 안에서나 밖에서나 일체를 원만구족하게 세월 안에서나 밖에서나 일체를 원융무애하게 육도윤회를 상주상락으로 무애자재하게 생노병사를 상락아정으로 자유자재 누린다.

정녕 항상 이러히 능히 누리느냐?

그대는 언제나 아라리 흥대로 극락을 춤추고
나는 언제나 라라리 흥대로 해탈을 노래하구나.

하!.

찬

언제나 성서러운 창생들이
어디서나 성서러운 세상에서
어느 때나 성서러운 삶을 살며
어느 것에나 성서러운 낙을 누리구나.

하!.

황부범향배.

나 금강반야바라밀

찬

청풍 속에 달빛이 쏟아지고
달빛 속에 청풍이 부니
본래로 진여실상으로
언제나 해탈극락누리구나.

하!.

찬

달빛 속에 온갖 꽃 난발하고
청풍 속에 온갖 열매 쏟아지니
그 무엇도 본여청청 실상이요
그 누구도 길이 여여본불 누리구나.

하!.

찬

언제나 나 다 법계로
어디서나 다 나 세계를 열어
어느 때나 우담바라 세상이요
어느 것에나 마니보주 창생이구나.

하!.

나 금강반야바라밀

나!

나 다.
나 절대다.
나 떠나 없다.
나 외에 어떤 것도 없다.
나 밖에 그 무엇도 없다.

나!

생사도 없다.
유무도 없다.
색공도 없다.
시공도 없다.
시종도 없다.
선악도 없다.
옳고 그름도 없다.
알고 모름도 없다.

밝고 어둠도 없다.
구함도 얻음도 없다.
채움도 비움도 없다.
잡고 놓음도 없다.
달림도 멈춤도 없다.
항상함도 쉼도 없다.
안팎도 없다.
좌우도 없다.
전후도 없다.
고하도 없다.
둥글고 뾰족함도 없다.
거칠고 미세함도 없다.
맑고 흐림도 없다.
깨치고 미함도 없다.
중생도 부처도 없다.

나!

유생도 무생도 없다.
유정도 무정도 없다.
유심도 무심도 없다.
유념도 무념도 없다.

유감도 무감도 없다.
유식도 무식도 없다.
유상도 무상도 없다.
유처도 무처도 없다.
유주도 무주도 없다.
유염도 무염도 없다.
유지도 무지도 없다.
유의도 무의도 없다.
유견도 무견도 없다.
유각도 무각도 없다.
유명도 무명도 없다.
유문도 무문도 없다.
유안도 무안도 없다.
유밖도 무밖도 없다.
유결도 무결도 없다.
유증도 무증도 없다.
유인침도 무인침도 없다.
유위도 무위도 없다.
유루도 무루도 없다.
유여도 무여도 없다.
유통도 무통도 없다.
유도도 무도도 없다.

유법도 무법도 없다.
유불도 무불도 없다.

나!

구하고 얻을 것도 없다.
지키고 잃을 것도 없다.
더하고 덜함도 없다.
담고 비움도 없다.
잡고 놓음도 없다.
일도 쉼도 없다.
달리고 멈춤도 없다.
머물고 떠남도 없다.
가고 오고도 없다.
말도 말아님도 없다.
침묵도 침묵 아님도 없다.
깨끗도 더러움도 없다.
티끌도 거품도 없다.
맑고 흐림도 없다.
꿈도 깸도 없다.
적적도 성성도 없다.
나!

자여도 연기도 없다.
중도도 공존도 없다.
진여도 실상도 없다.
삼매도 해탈도 없다.
본여도 열반도 없다.
자연도 현현도 없다.
일상도 평상도 없다.
자작도 자행도 없다.
자융도 자홍도 없다.
자명도 자광도 없다.
자견도 자각도 없다.

나!

법계도 우주도 없다.
세계도 세상도 없다.
천하도 산하대지도 없다.
삼라만상도 두두물물도 없다.
태란습화도 없다.
고집멸도도 없다.

나!

삼세 삼계도 없다.
육도윤회도 없다.
무명업식도 없다.
무지업인도 없다.
무흑업연도 없다.
번뇌망견도 없다.
업인업연도 없다.
업실과보도 없다.
업보업과도 없다.
인연인과도 없다.
연생연멸도 없다.
생노병사도 없다.
생주이멸도 없다.
성주괴공도 없다.
불멸불퇴도 없다.
여여부동도 없다.
현현자연도 없다.

나!

오로지 나이기에
오로지 나뿐이다.
오로지 나뿐이기에
딴 것이 없고 딴 것이 아니기에
내가 다다.
내가 다니
다가 나다.
내가 전체요 낱낱이다.
내가 낱낱이요 전체다.
내가 딴 일이 없고 딴 일이 아니기에
생사 없는 내가 생사를 나투어 같이 쓴다.
유무 없는 내가 유무를 나투어 같이 쓴다.
색공 없는 내가 색공을 나투어 같이 쓴다.
시공 없는 내가 시공을 나투어 같이 쓴다.
시종 없는 내가 시종을 나투어 같이 쓴다.
선악 없는 내가 선악을 나투어 같이 쓴다.
옳고 그름 없는 내가 옳고 그름을 나투어 같이 쓴다.
알고 모름 없는 내가 알고 모름을 나투어 같이 쓴다.
밝고 어둠 없는 내가 밝고 어둠을 나투어 같이 쓴다.
깨치고 미함 없는 내가 깨치고 미함을 나투어 같

이 쓴다.
중생도 부처도 없는 내가 중생과 부처를 나투어 같이 쓴다.

나!

유생도 무생도 없는 내가 유생무생을 나투어 같이 쓴다.
유정도 무정도 없는 내가 유정무정을 나투어 같이 쓴다.
유심도 무심도 없는 내가 유심무심을 나투어 같이 쓴다.
유념도 무념도 없는 내가 유념무념을 나투어 같이 쓴다.
유감도 무감도 없는 내가 유감무감을 나투어 같이 쓴다.
유식도 무식도 없는 내가 유식무식을 나투어 같이 쓴다.
유상도 무상도 없는 내가 유상무상을 나투어 같이 쓴다.
유처도 무처도 없는 내가 유처무처를 나투어 같이 쓴다.

유주도 무주도 없는 내가 유주무주를 나투어 같이 쓴다.
유염도 무염도 없는 내가 유염무염을 나투어 같이 쓴다.
유통도 무통도 없는 내가 유통무통을 나투어 같이 쓴다.
유도도 무도도 없는 내가 유도무도를 나투어 같이 쓴다.
유법도 무법도 없는 내가 유법무법을 나투어 같이 쓴다.
유성도 무성도 없는 내가 유성무성을 나투어 같이 쓴다.
유불도 무불도 없는 내가 유불무불을 나투어 같이 쓴다.

나!

유아도 무아도 없는 내가 유아무아를 나투어 같이 쓴다.
상생도 연기도 없는 내가 상생연기를 나투어 같이 쓴다.
중도도 공존도 없는 내가 중도공존을 나투어 같이

쓴다.
진여도 실상도 없는 내가 진여실상을 나투어 같이 쓴다.
삼매도 해탈도 없는 내가 삼매해탈을 나투어 같이 쓴다.
본여도 열반도 없는 내가 본여열반을 나투어 같이 쓴다.
법계도 현현도 없는 내가 법계현현을 나투어 같이 쓴다.
일상도 평상도 없는 내가 일상평상을 나투어 같이 쓴다.
자작도 자행도 없는 내가 자작자행을 나투어 같이 쓴다.
자융도 자흥도 없는 내가 자융자흥을 나투어 같이 쓴다.
자의도 자지도 없는 내가 자의자지를 나투어 같이 쓴다.
자명도 자광도 없는 내가 자명자광을 나투어 같이 쓴다.
자정도 자진도 없는 내가 자정자진을 나투어 같이 쓴다.
자혜도 자복도 없는 내가 자혜자복을 나투어 같이

쓴다.
자예도 자덕도 없는 내가 자예자덕을 나투어 같이 쓴다.
자효도 자충도 없는 내가 자효자충을 나투어 같이 쓴다.
자위도 자루도 없는 내가 자위자루를 나투어 같이 쓴다.
자주도 자존도 없는 내가 자주자존을 나투어 같이 쓴다.

나!

법계도 우주도 없는 내가 법계우주를 나투어 같이 쓴다.
세계도 세상도 없는 내가 세계세상을 나투어 같이 쓴다.
천하도 산하대지도 없는 내가 천하 산하대지를 나투어 같이 쓴다.
삼라만상도 두두물물도 없는 내가 삼라만상 두두물물을 나투어 같이 쓴다.
태란습화도 없는 내가 태란습화를 나투어 같이 쓴다.
생노병사도 없는 내가 생노병사를 나투어 같이 쓴다.

육도윤회도 없는 내가 육도윤회를 나투어 같이 쓴다.
업보도 업과도 없는 내가 업보업과를 나투어 같이 쓴다.
무지무명도 없는 내가 무지무명을 나투어 같이 쓴다.
업인도 업연도 없는 내가 업인업연을 나투어 같이 쓴다.
생주이멸도 없는 내가 생주이멸을 나투어 같이 쓴다.
성주괴공도 없는 내가 성주괴공을 나투어 같이 쓴다.
불멸불퇴도 없는 내가 불멸불퇴를 나투어 같이 쓴다.
여여부동도 없는 내가 여여부동을 나투어 같이 쓴다.
울울창창도 없는 내가 울울창창을 나투어 같이 쓴다.
창창울울도 없는 내가 창창울울을 나투어 같이 쓴다.
활활자재도 없는 내가 활할자재를 나투어 같이 쓴다.
자재활활도 없는 내가 자재활활을 나투어 같이 쓴다.

나!

유아독존이요.
독탈무의요.
독아자주요.
수처작주요.
입처개진이요.

대기대용이요.
항사묘용이요.
호쾌대활이요.
호호탕탕이요.
원만구족이요.
원융무애요.
무애자재요.
자유자재요.
무위진인이요.
상주상락이요.
상락아정이요.
상생상정이요.
영생영락이다.

나!

진여실상이요.
삼매해탈이요.
연기법계요.
원융무애요.
열반현현이요.
영생여현이요.

여여삼매요.
처처안락이요.
해탈일상이요.
평상진락이요.
중도공존이요.
현현상생이요.
구족능지요.
무애자재요.
차조동시요.
쌍차쌍조요.
본차본조요.
전차전조요.
자차자조요.
주차주조요.
존차존조요.
원차원조요.
생차생조요.
성차성조요.
견차견조요.
각차각조요.
증차증조요.
인차인조요.

직차직조요.
즉차즉조요.
작차작조요.
행차행조요.
융차융조요.
흥차흥조요.
현차현조요.
여차여조요.
정차정조요.
진차진조요.
의차의조요.
덕차덕조요.
효차효조요.
충차충조요.
예차예조요.
복차복조요.
지차지조요.
혜차혜조요.
명차명조요.
광차광조요.
휘차휘조요.
중차중조요.

영차영조다.

나!

자통자취요.
주통주취요.
존통존취요.
본통본취요.
원통원취요.
성통성취요.
견통견취요.
각통각취요.
증통증취요.
인통인취요.
직통직취요.
즉통즉취요.
작통작취요.
행통행취요.
융통융취요.
홍통홍취요.
현통현취요.
여통여취요.

정통정취요.
진통진취요.
의통의취요.
덕통덕취요.
효통효취요.
충통충취요.
예통예취요.
복통복취요.
지통지취요.
혜통혜취요.
명통명취요.
광통광취요.
휘통휘취요.
중통중취요.
영통영취요.
만통성취요.
활활창창이요.
창창활활이요.
울울창창이요.
창창울울이요.
활활창생이요.
창생활활이요.

활활자재요.
자재활활이요.
자주자활이요.
자활자주요.
자존자활이요.
자활자존이요.
자여자불이요.
자불자여요.
자위자불이요.
자불자위요.
자여자락이요.
자위자락이다.

나!

법계다.
우주다.
세계다.
세상이다.
천하다.
산하대지다.
삼라만상이다.

두두물물이다.
해다.
달이다.
별이다.
구름이다.
바람이다.
비다.
눈이다.
서리다.
이슬이다.
안개다.
운무다.
무지개다.
들녘이다.
산이다.
바다다.
강물이다.
호수다.
옹달샘이다.
바위다.
돌맹이다.
모래다.

무쇠다.
금이다.
은이다.
동이다.
옥이다.
불이다.
흙이다.
물이다.
나무다.
숲이다.
풀이다.
열매다.
새다.
물고기다.
짐승이다.
사람이다.

나!

유생이요.
무생이요.
유정이요.

무정이요.
범부요.
성인이요.
중생이요.
부처요.
이승이요.
저승이요.
사바요.
극락이요.
육도요.
삼세요,
삼계요,
삼보요,
여래요,
청정법신비로자나불이요,
원만보신노사나불이요,
천백억화신석가모니불이요,
무량수무량불이다.

나!

팔만사천 선이요,

팔만사천 교요,
팔만사천 율이요,
팔만사천 론이요,
팔만사천 돈오점수요,
팔만사천 돈오돈수요,
팔만사천 본오본수요,
팔만사천 자오자수요,
팔만사천 직광직조요,
팔만사천 본광본조요,
팔만사천 자광자조요,
팔만사천 원만구족이요,
팔만사천 원융무애요,
팔만사천 무애자재요,
팔만사천 자유자재요,
팔만사천 상주상락이요,
팔만사천 상락아정이요,
팔만사천 영생영락이요,
팔만사천 성불본불이요.
팔만사천 본나본낙이다.

나!

이유도 없다.
까닭도 없다.
의혹도 없다.
의심도 없다.
어긋남도 없다.
조건도 없다.
조각도 없다.
쪼임도 없다.
조합도 없다.
조잡도 없다.
조작도 없다.
매몰도 없다.
통제도 없다.
통합도 없다.
통한도 없다.
퇴물도 없다.
퇴임도 없다.
퇴짜도 없다.
퇴보도 없다.
퇴직도 없다.

퇴폐도 없다.
메마름도 없다.
덜함도 없다.
더함도 없다.
닦음도 없다.
토도 없다.

나!

틈도 없다.
간격도 없다.
사이도 없다.
거리도 없다.
거간도 없다.
거짓도 없다.
허위도 없다.
허망도 없다.
허술도 없다.
허공도 없다.
허상도 없다.
허견도 없다.
헛것도 없다.

헛짓도 없다.
헛일도 없다

나!

아상도 없다.
인상도 없다.
중생상도 없다.
수자상도 없다.
각상도 없다.
도상도 없다.
법상도 없다.
불상도 없다.
몽상도 없다.
망상도 없다.
유상도 없다.
무상도 없다.
색상도 없다.
공상도 없다.
공성도 없다.

나!

공견도 없다.
색견도 없다.
사견도 없다.
아견도 없다.
인견도 없다.
중생견도 없다.
수자견도 없다.
각견도 없다.
도견도 없다.
법견도 없다.
불견도 없다.
유견도 없다.
무견도 없다.
상견도 없다.
단견도 없다.
단절도 없다.
단명도 없다.
단속도 없다.
단일도 없다.
단정도 없다.

단판도 없다.

나!

헤아림도 없다.
시비도 없다.
분별도 없다.
나눔도 없다.
다툼도 없다.
욕심도 없다.
욕망도 없다.
욕 됨도 없다.
욕구도 없다.
욕질도 없다.
욕설도 없다
욕탄도 없다.
욕도 없다.

나!

아집도 없다.
인집도 없다.

중생집도 없다.
수자집도 없다.
각집도 없다.
도집도 없다.
법집도 없다.
불집도 없다.

나!

이기도 없다.
독선도 없다.
삿 됨도 없다.
속 됨도 없다.
속절함도 없다.
속셈도 없다.

나!

부질함도 없다.
부적절함도 없다.
더듬도 없다.
덧없음도 없다.

야속함도 없다.
섭섭함도 없다.
유감도 없다.
소솔함도 없다.
소소함도 없다.
살붙임도 없다.

나!

구정물도 없다.
진흙탕도 없다.
가시밭도 없다.
꾸지람도 없다.
답답함도 없다.
좁음도 없다.
참담함도 없다.
참혹함도 없다.
쇠잔함도 없다.
부글거림도 없다.

나!

쭉정이도 없다.
껍데기도 없다.
골짐도 없다.
궁함도 없다.
박복함도 없다.
가난함도 없다.
잡 됨도 없다.
잡음도 없다.
사사로움도 없다.

나!

어디에 둠도 없다.
의지함도 없다.
머문바도 없다.
얽매임도 없다.
막힘도 없다.
걸림도 없다.
장애도 없다.
고난도 없다.

어려움도 없다.

나!

어지러움도 없다.
엎어짐도 없다.
쓰러짐도 없다.
약함도 없다.
뒤집힘도 없다.
꼬임도 없다.
사기도 없다.
매함도 없다.
끌림도 없다.
시끄러움도 없다.

나!

속상함도 없다.
복잡함도 없다.
곁눈질도 없다.
주저함도 없다.
망설임도 없다.

쑥스러움도 없다
꾸밈도 없다.
구김도 없다.

나!

울적거림도 없다.
울먹거림도 없다.
울궈먹음도 없다.
울부짖음도 없다.
울일도 없다.
울상도 없다.

나!

잘못도 없다.
꾸중도 없다.
꾸지람도 없다.
구겨짐도 없다.
꾸짖음도 없다.
구부림도 없다.

나!

부패도 없다.
부결도 없다.
부정도 없다.
부족도 없다.
부속도 없다.
부분도 없다.
부재도 없다.
부도도 없다.
부장도 없다.
부역도 없다.
부질도 없다.

나!

망심도 없다.
망념도 없다.
망감도 없다.
망식도 없다.
망의도 없다.
망지도 없다.

망견도 없다.
망각도 없다.
망증도 없다.
망인도 없다.
망작도 없다.
망행도 없다.
망향도 없다.
망명도 없다.
망언도 없다.
망상도 없다.

나!

허래도 없다.
허식도 없다.
허약도 없다.
허기도 없다.
허위도 없다.
허구도 없다.
허술도 없다.
허명도 없다.
허망도 없다.

허상도 없다.
허집도 없다.
허견도 없다.
허각도 없다.
허통도 없다.
허도도 없다.
허법도 없다.
흐트러짐도 없다.
허물음도 없다.
헛것도 없다.
헛 됨도 없다.
헛일도 없다.
헛삶도 없다.

나!

거짓도 없다.
가짜도 없다.
가식도 없다.
가면도 없다.
가혹도 없다.
두려움도 없다.

떨림도 없다.
쇠세함도 없다.
약소함도 없다.
외소함도 없다.
외면함도 없다.

나!

불평도 없다.
불만도 없다.
불경도 없다.
분노도 없다.
불순도 없다.
불씨도 없다.
불지름도 없다.
불태움도 없다.
불탐도 없다.
불화도 없다.
불구도 없다.
불문도 없다.

나!

변명도 없다.
변경도 없다.
변질도 없다.
변고도 없다.
변화도 없다.
변별도 없다.
변죽도 없다.
변상도 없다.
변두리도 없다.
빈정댐도 없다.
변수도 없다.
변호도 없다.

나!

화도 없다.
사나움도 없다.
거칠음도 없다.

나!

독선도 없다.
독직도 없다.
독함도 없다.
집념도 없다.
집착도 없다.
집중도 없다.
집결도 없다.
집안도 없다.
집밖도 없다.
집길도 없다.
집합도 없다.
집도 없다.

나!

탐심도 없다.
탐진치도 없다.
탐함도 없다.
탐욕도 없다.
탐애도 없다.

애욕도 없다.
애착도 없다.
갈구도 없다.
갈증도 없다.
갈애도 없다.
갈등도 없다.
갈망도 없다.
방황도 없다.

나!

껄떡임도 없다.
껄떡거림도 없다.
깔딱거림도 없다.
팔딱거림도 없다.
펄떡거림도 없다.
껄쭉거림도 없다.
껄적거림도 없다.
까닥거림도 없다.
까탈거림도 없다.
거들먹거림도 없다.
꺼적거림도 없다.

끄적거림도 없다.
꺼떡거림도 없다.
거만함도 없다.
거망함도 없다.

나!

거함도 없다.
부족함도 없다.
더함도 없다.
덜함도 없다.
채움도 없다.
비움도 없다.
잡음도 없다.
놓음도 없다.
구함도 없다.
얻음도 없다.
달림도 없다.
멈춤도 없다.
계속 됨도 없다.
섬도 없다.
시작도 없다.

끝도 없다.
중간도 없다.
가도 없다.
안팎도 없다.
좌우도 없다.
전후도 없다.
상하도 없다.
틈도 없다.
간격도 없다.
거리도 없다.
비교도 없다.
차이도 없다.
차등도 없다.
차별도 없다.

나!

비판도 없다.
비난도 없다.
시비도 없다.
시기도 없다.
시샘도 없다.

질투도 없다.
증오도 없다.
멸시도 없다.
질시도 없다.
원결도 없다.
원망도 없다.
원한도 없다.
매침도 없다.
설움도 없다.
아쉬움도 없다.
풀지 못함도 없다.

나!

격정도 없다.
근심도 없다.
번뇌도 없다.
번민도 없다.
고뇌도 없다.
고민도 없다.
고충도 없다.
고통도 없다.

절망도 없다.

나!

실의도 없다.
실패도 없다.
실질도 없다.
실격도 없다.
실증도 없다.
실수도 없다.
실정도 없다.
실적도 없다.
실직도 없다.
실망도 없다.

나!

소망도 없다.
소원도 없다.
소구도 없다.
소실도 없다.
소송도 없다.

소견도 없다.
소의도 없다.
소신도 없다.
소명도 없다.
소작도 없다.
소경도 없다.
소식도 없다.
소전도 없다.
소진도 없다.
소멸도 없다.

나!

행적도 없다.
행동도 없다.
행패도 없다.
가패도 없다.
중패도 없다.
공패도 없다.
간패도 없다.
은패도 없다.
패잔도 없다.

패패도 없다.
자패도 없다.
직패도 없다.
적폐도 없다.
비패도 없다.
대패도 없다.
중패도 없다.
소패도 없다.
갈패도 없다.
올패도 없다.
득패도 없다.
유패도 없다.
무패도 없다.
잔패도 없다.
골패도 없다.
우패도 없다.
좌패도 없다.
전패도 없다.
후패도 없다.

나!

가둠도 없다.
갇힘도 없다.
피함도 없다.
자취도 없다.
자퇴도 없다.
자격도 없다.
자층도 없다.
자정도 없다.
자중도 없다.
자각도 없다.
자책도 없다.
자질도 없다.
자괴도 없다.
자망도 없다.
자멸도 없다.

나!

공멸도 없다.
공해도 없다.

공적도 없다.
공허도 없다.
공명도 없다.
공유도 없다.
공무도 없다.
공격도 없다.
공갈도 없다.
공짜도 없다.
공수도 없다.
공공도 없다.
공덕도 없다.
공득도 없다.
공직도 없다.
공작도 없다.
공업도 없다.
공중도 없다.

나!

종잡음도 없다.
종침도 없다.
종결도 없다.

종파도 없다.
종멸도 없다.
불멸도 없다.
불퇴도 없다.
불종도 없다.
불민도 없다.
불혹도 없다.
불쾌도 없다.
불음도 없다.
불길도 없다.
불충도 없다.
불효도 없다.
불의도 없다.
불명도 없다.

나!

분열도 없다.
분개도 없다.
분함도 없다.
분출도 없다.
분소도 없다.

분해도 없다.
분주도 없다.
분원도 없다.
분류도 없다.
분별도 없다.
분단도 없다.
분할도 없다.
분파도 없다.

나!

파장도 없다.
파괴도 없다.
파죽도 없다.
파산도 없다.
파멸도 없다.
파편도 없다.
파우도 없다.
파격도 없다.
파함도 없다.

나!

보존도 없다.
보충도 없다.
보통도 없다.
보증도 없다.
보직도 없다.
보결도 없다.

나!

대결도 없다.
대적도 없다.
대항도 없다.
대치도 없다.
대면도 없다.
대충도 없다.
대의도 없다.
대사도 없다.
대역도 없다.
대질도 없다.
대민도 없다.

대진도 없다.
대우도 없다.
대수도 없다.
대화도 없다.
대답도 없다.

나!

다가섬도 없다.
물러설 수도 없다.
못함도 없다.
아니함도 없다.
얻음도 없다.
가짐도 없다.
잃음도 없다.

나!

고민도 없다.
고독도 없다.
고적함도 없다.
고결함도 없다.

고귀함도 없다.
고준함도 없다.
고사함도 없다.
고진함도 없다.
고의함도 없다.
고질함도 없다.
고견함도 없다.
고뇌도 없다.

나!

우울함도 없다.
울적함도 없다.
외로움도 없다.
쓸쓸함도 없다.
적막함도 없다.
적멸함도 없다.
적적함도 없다.
연민함도 없다.

나!

과함도 없다.
모자람도 없다.
공평함도 없다.
공멸함도 없다.
공적함도 없다.
공허함도 없다.
공망함도 없다.
허망함도 없다.
황망함도 없다.
막막함도 없다.
아련함도 없다.
미련도 없다.
한스러움도 없다.
아픔도 없다.
설움도 없다.

나!

퇴보도 없다.
퇴진도 없다.

퇴패도 없다.
고충도 없다.
아등댐도 없다.
바등댐도 없다.
꺄우뚱댐도 없다.
까웃등댐도 업다.
삐댐도 없다.
삐등댐도 없다.
넘어짐도 없다.
짓눌림도 없다.
뭉갬도 없다.
멍함도 없다.
멍때림도 없다.
멍청함도 없다.
억눌림도 없다.
억울함도 없다.
억압함도 없다.
억지함도 없다.

나!

육계함도 없다.

색계함도 없다.
무색계함도 없다.
세업함도 없다.
세습업도 없다.
세간업도 없다.
출세간업도 없다.
쓸모업도 없다.
업연업도 없다.
업과업도 없다.
업식업도 없다.
업지업도 없다.
고업도 없다.
고액도 없다.
고역도 없다.
고가도 없다.
고충도 없다.

나!

난이도 없다.
난잡도 없다.
난간도 없다.

난제도 없다.
난해함도 없다.
난감함도 없다.
낭떠러지도 없다.
절박함도 없다.
먹먹함도 없다.
막막함도 없다.
막연함도 없다.
막중함도 없다.
막작함도 없다.
바보 됨도 없다.

나!

불경 됨도 없다.
불의 됨도 없다.
불결 됨도 없다.
불멸 됨도 없다.
불안 됨도 없다.
파멸 됨도 없다.
파괴 됨도 없다.
파산 됨도 없다.

참패 됨도 없다.
참혹 됨도 없다.
참괴 됨도 없다.
참회 됨도 없다.
흔적 됨도 없다.
허기짐도 없다.
자취 됨도 없다.
그림자 됨도 없다.
멀쩡 됨도 없다.
멀건 됨도 없다.
멀미 됨도 없다.
멀어짐도 없다.

나!

어색함도 없다.
어정쩡함도 없다.
어찔함도 없다.
어질 됨도 없다.
어간 됨도 없다.
어슬 됨도 없다.
어둥 됨도 없다.

어안 됨도 없다.
어긋 됨도 없다.
어게 됨도 없다.
어중 됨도 없다.
어정 됨도 없다.
어김 됨도 없다.
어순 됨도 없다.
어울 됨도 없다.
어수 됨도 없다.
어찌 됨도 없다.
어이 됨도 없다.
어둠 됨도 없다.
어긋 짐도 없다.
으깨짐도 없다.
떨림도 없다.
떨떨함도 없다.
떨굼도 없다.

나!

매정함도 없다.
매몰참도 없다.

매질함도 없다.
시림도 없다.
저림도 없다.
저버림도 없다.
저격도 없다.
저질도 없다.
절충도 없다.
절교도 없다.
절절도 없다.
절박도 없다.
절실도 없다.
절단도 없다.
절망도 없다.
절규도 없다.
절찬도 없다.

나

긍정도 없다.
부정도 없다.
수긍도 없다.
수중도 없다.

수결도 없다.
수습도 없다.
수업도 없다.
수익도 없다.
수난도 없다.
고난도 없다.
고사도 없다.
고달픔도 없다.
고진감래도 없다.

나!

교시도 없다.
교단도 없다.
교육도 없다.
교정도 없다.
교할도 없다.
교감도 없다.
교가도 없다.
교도 없다.

나!

애달픔도 없다.
슬픔도 없다.
괴로움도 없다.
병듦도 없다.
아픔도 없다.
민폐도 없다.
민원도 없다.
민감함도 없다.
민망함도 없다.
면밀함도 없다.
낭패함도 없다.

나!

천함도 없다.
천박함도 없다.
가식도 없다.
가짜도 없다.
거짓도 없다.
엉터리도 없다.

나!

비꼼도 없다.
빈정댐도 없다.
괴담도 없다.
괴질도 없다.
괴각도 없다.
이질도 없다.
이간도 없다.
모함도 없다.
모멸도 없다.
모욕도 없다.
설욕도 없다.
설잠도 없다.
설익음도 없다.
설마도 없다.
설침도 없다.

나!

산란도 없다.
빈약도 없다.

비틀림도 없다.
모남도 없다.
뾰족함도 없다.
구부림도 없다.
울퉁불퉁도 없다.
비탈도 없다.
비좁음도 없다.
사이 됨도 없다.
틈이 됨도 없다.
경계 됨도 없다.
흠 됨도 없다.
허물 됨도 없다.
넉살 됨도 없다.
넉달 됨도 없다.
늑장 됨도 없다.

나!

세침 됨도 없다.
세밀 됨도 없다.
새움 됨도 없다.
새김 됨도 없다.

새길 됨도 없다.
새수 됨도 없다.
새단장 됨도 없다.
딴격 됨도 없다.
딴결 됨도 없다.
딴품 됨도 없다.
딴질 됨도 없다.
수고 됨도 없다.
거짓 됨도 없다.
가짜 됨도 없다.
조잡 됨도 없다.
조아림 됨도 없다.
저버림도 없다.
패함도 없다.
망함도 없다.

나!

마도 없다.
마구니도 없다.
마업도 없다.
마장도 없다.

덧붙임도 없다.
때 묻음도 없다.
물들임도 없다.
곳도 없다.
때도 없다.
앎도 없다.
모름도 없다.
유식도 없다.
무식도 없다.
유지도 없다.
무지도 없다.
유명도 없다.
무명도 없다.
구업도 없다.
현업도 없다.
가업도 없다.
가면도 없다.
가짜도 없다.

나!

음해도 없다.

음슴도 없다.
음업도 없다.
망업도 없다.
망슴도 없다.
업슴도 없다.
업풍도 없다.
업신도 없다.
업계도 없다.
업망도 없다.
업연도 없다.
업실도 없다.
업작도 없다.
업행도 없다.
업홍도 없다.
업식도 없다.
업 됨도 없다.
업땜도 없다.
업과도 없다.
업실도 없다.
업패도 없다.
업망도 없다.
업엽도 없다.

업습도 없다.
업생도 없다.
업성도 없다.
업인도 없다.
업득도 없다.
업명도 없다.
업상도 없다.
업색도 없다.
업공도 없다.
업품도 없다.
업격도 없다.
업주도 없다.
업처도 없다.
업언도 없다.
업독도 없다.

나!

현혹 됨도 없다.
미혹 됨도 없다.
미진 됨도 없다.
미미 됨도 없다.

족함 됨도 없다.
의중 됨도 없다.
의결 됨도 없다.
의정 됨도 없다.
의하 됨도 없다.
의미 됨도 없다.
의구 됨도 없다.

나!

오염 됨도 없다.
오역 됨도 없다.
오판 됨도 없다.
해체 됨도 없다.
흩어짐도 없다.
줄 됨도 없다.

나!

허언도 없다.
허업도 없다.
허견도 없다.

망견도 없다.
망집도 없다.
망언도 없다.
망상도 없다.
망신도 없다.
수치심도 없다.
모멸 됨도 없다.
모욕 됨도 없다.
모짐도 없다.
무고함도 없다.
미적함도 없다.
흔들림도 없다.

나!

속임도 없다.
속음도 없다.
어리석음도 없다.
잔꾀도 없다.
잔재주도 없다.
수작함도 없다.
작업함도 없다.

장난함도 없다
잡 됨도 없다.
잘못도 없다.
덮어씌움도 없다.
오리발 내밈도 없다.
노발대발도 없다.
부글거림도 없다.
안면몰수도 없다.

나!

인색함도 없다.
빠뜨림도 없다.
외면할 수도 없다.
저버릴 수도 없다.
물러설 수도 없다.
무너질 수도 없다.
어긋날 수도 없다.
감출수도 없다.
드러낼 수도 없다.
받을 수도 없다.
줄 수도 없다.

구할 수도 없다.
얻어올 수도 없다.

나!

매할 수도 없다.
깨칠 수도 없다.
알 수도 없다.
모를 수도 없다.
밝을 수도 없다.
캄캄할 수도 없다.
드러낼 수도 없다.
감출 수도 없다.
세울 수도 없다.
무너질 수도 없다.
물러설 수도 없다.
앞설 수도 없다.
멸할 수도 없다.
향상될 수도 없다.
숨 막힐 수도 없다.
숨 거둘 수도 없다.
숨 멈출 수도 없다.

영원 아니 할 수도 없다.

나!

딴 뜻 됨이 없다.
딴 것 됨이 없다.
딴 일 됨이 없다.
딴 수 됨이 없다.
딴 수작 됨이 없다.
딴 시현 됨이 없다.
딴 삼라만상 됨이 없다.
딴 두두물물 됨이 없다.
딴 발현 됨이 없다.
딴 구속 됨이 없다.
딴 구상 됨이 없다.
딴 구현 됨이 없다.
딴 실현 됨이 없다.

나!

딴 천하 됨이 없다.
딴 산하대지 됨이 없다.

딴 세상 됨이 없다.
딴 세계 됨이 없다.
딴 우주 됨이 없다.
딴 법계 됨이 없다.
딴 연기 됨이 없다.
딴 중도 됨이 없다.
딴 공존 됨이 없다.
딴 상생 됨이 없다.
딴 상연 됨이 없다.
딴 여현 됨이 없다.
딴 열반 됨이 없다.
딴 현현 됨이 없다.
딴 여여 됨이 없다.

나!

딴 바름 됨이 없다.
딴 참 됨이 없다.
딴 밝음이 없다.
딴 빛남이 없다.
딴 휘날림이 없다.
딴 통함이 없다.

딴 처처 됨이 없다.
딴 머묾 됨이 없다.
딴 반야 됨이 없다.
딴 바라밀 됨이 없다.
딴 때 됨이 없다.
딴 곳 됨이 없다.
딴 길 됨이 없다.
딴 일 됨이 없다.
딴 짓 됨이 없다.
딴 청 됨이 없다.
딴 따로 됨이 없다.

나!

딴 마음 됨이 없다.
딴 생각 됨이 없다.
딴 감정 됨이 없다.
딴 뜻 됨이 없다.
딴 식 됨이 없다.
딴 지각 됨이 없다.
딴 도 됨이 없다.
딴 법 됨이 없다.

딴 중생 됨이 없다.
딴 부처 됨이 없다.
딴 창생 됨이 없다.
딴 나 됨이 없다.

나!

창주다.
창존이다.
창생이다.
창조다.
창의다.
창세다.
창락이다.

나!

여여하다.
하자 없다.
본각이다.
원각이다.
현각이다.

영각이다.
대각이다.
정각이다.
진각이다.
명각이다.
묘각이다.
여래이다.

나!

틀림없다.
분명하다.
확연하다.
꼭 맞다.
똑같다.
한결같다.
모자람 없다.
가득하다.
족하다.

나!

정의롭다.
공평하다.
공정하다.
화합하다.
화목하다.
소중하다.
귀중하다.
귀하다.
평등하다.
평화롭다.
안락하다.
자유롭다.
어긋나지 않다.

나!

막힘없다.
걸림 없다.
가림 없다.
진하다.

확실하다.
확고하다.
확철대오다.
내외명철이다.
분명하다.
부동하다.
활발하다.
활활하다.
창창하다.
울울하다.
찰찰하다.
무진하다.
무한하다.
무궁하다.

나!

고구정녕하다
공명정대하다.
진리다.
진실하다.
진정이다.

진지하다.
진중하다.
진솔하다.
중후하다.
중심이다.
중도다.
주체다.
자체다.
자용이다.
실체다.
실용이다.
활활이다.
도다.

나!

시작이다.
끝이다.
완성이다.
완결이다.
만세다.
길이다.

자신이다.
의젓하다.
의연하다.
당연하다.
당당하다.
행이다.

나!

신선하다.
신성하다.
신묘하다.
신기하다.
신통하다.
신중하다.
신뢰하다.
신임하다.
신출하다.
신망하다.
신활하다.
심오하다.
심명하다.

심신하다.
심이다.
법이다.
실락이다.
진여실상이다.

나!

찬란하다.
원만구족이다.
광영이다.
광명이다.
광휘다.
환희다.
경의다.
고귀하다.
고준하다.
고명하다.
존귀하다.
존중하다.
존경하다.
준수하다.

준결하다.
거룩하다.
성스럽다.
지고지순하다.

나!

아름답다.
찬란하다.
원융무애다.
능지능사다.
전지전능이다.
본지본능이다.
현지현능이다.
영지영능이다.
만사대통이다.
대운대박이다.
길상길경이다.
보화영화다.
복혜구족이다.
찰찰경사다.

나!

창창울울이다.
울울창창이다.
활연창창이다.
울연활활이다.
경축경흥이다.
경화융화다.
융성흥성이다.
자체자용이다.
실체실용이다.
현체현용이다.
영체영용이다.
자위여여다.

나!

동정일여다.
몽중일여다.
숙명일여다.
오매일여다.
미오일여다.

여현일여다.
생사일여다.
입출일여다.
태생일여다.
란생일여다.
습생일여다.
화생일여다.
육도일여다.
윤회일여다.
여여일여다.
영각일여다.
현현일여다.
일상일여다.
평상일여다.
영원일여다.
무궁일여다.
무진일여다.
무한일여다.

나!

원만구족이다.

원융무애다.
무애자재다.
자유자재다.
대기대용이다.
항사묘용이다.
호쾌대활이다.
호호탕탕이다.
무위진인이다.
독아청청이다.
독존다존이다.
입처개진이다.
처처실락이다.

나!

이대로다.
저대로다.
그대로다.
홍대로다.
저절로다.
스스로다.
다 함께다.

다 끝없다.

나!

다 진여실현이다.
다 실상구현이다.
다 해탈극락이다.
다 여여진락이다.
다 상생상연이다.
다 중도공존이다.
다 상주상락이다.
다 상락아정이다.
다 영생영락이다.
다 본나본불이다.

나!

다 지님이다.
다 이룸이다.
다 열림이다.
다 드러냄이다.
다 나툼이다.

다 펼침이다.
다 세움이다.
다 웅함이다.
다 씀이다.
다 누림이다.

나!

오직 나이기에
오직 나뿐이기에
오직 나가 다로 열려
오직 나가 다요
오직 다가 나로
오직 나 다로 전부요
오직 다 나로 전부라
오직 두루 그 무엇도
오직 두루 그 어떤 것도
오직 두루 그 어떤 곳도
오직 두루 그 어떤 때도
오직 나 다나로 드러내고
오직 다 나다로 나투고
오직 나 다나로 이루어서

오직 나 나다로 누리며

나!

나 다나 자체다, 자용이다, 자실이다.
나 다나, 다 나다, 전부다.
나 다나, 자존이다, 주존이다, 실존이다.
나 다나, 본존이다, 원존이다, 각존이다.
나 다나, 지존이다, 세존이다, 천존이다.
나 다나, 성존이다, 현존이다, 영존이다.
나 다나, 자체다, 자용이다, 자실이다.
나 다나, 정존이다, 진존이다, 명존이다.
나 다나, 실세다, 실제다, 실권이다.
나 다나, 실체다, 실용이다, 실행이다.
나 다나, 실참이다, 실현이다, 구현이다.
나 다나, 발현이다, 완성이다, 씀이다.
나 다나, 지님이다, 열림이다, 누림이다.
나 다나, 연기다, 법계다, 우주다.
나 다나, 공존이다, 중도다, 세계다.
나 다나, 진여다, 실상이다, 세상이다.
나 나, 청정이다, 순백이다, 창생이다.
나 다나, 구족이다, 원융이다, 무애다.

나 다나, 순수다, 순결이다, 순정이다.
나 다나, 천진이다, 청명이다, 청활이다.
나 다나, 정견이다, 정도다, 정법이다.
나 다나, 법신이다, 보신이다, 화신이다.
나 다나, 삼매다, 해탈이다, 자유다.
나 다나 여여다, 열반이다, 영생이다.
나 다나, 상주다, 상락이다, 아정이다.
나 다나, 축복이다, 행복이다, 은혜다.
나 다나, 광명이다, 감로다, 가피다.
나 다나, 보배다, 보주다, 부귀다.
나 다나, 보화다, 영화다, 경화다.
나 다나, 길상이다, 길경이다, 경사다.
나 다나, 사랑이다, 자비다, 경의다.
나 다나, 지고지순하다, 거룩하다, 성스럽다.
나 다나, 신령하다, 영령하다, 영각이다.
나 다나, 성불이다, 본불이다, 자불이다.
나 다나, 창주다, 창세다, 창락이다.
나 다나, 절대다, 무한이다, 무량이다.
나 다나, 현재 영원 자여자락이다.

나!

나 자체로 내가 다로 열리어
유아도 무아도 없는 내가 유아 무아를 동시에 나로 청정무구하고 순백무구하고 원만구족하게 원융무애하게 자유자재로 상주상락 상락아정 영생영락으로 작용하여 쓰며 누린다.

나 자체로 내가 다로 열리어
유존도 무존도 없는 내가 유존 무존을 동시에 나로 청정무구하고 순백무구하고 원만구족하게 원융무애하게 자유자재로 상주상락 상락아정 영생영락으로 작용하여 쓰며 누린다.

나 자체로 내가 다로 열리어
유생도 무생도 없는 내가 유생 무생을 동시에 나로 청정무구하고 순백무구하고 원만구족하게 원융무애하게 자유자재로 상주상락 상락아정 영생영락으로 작용하여 쓰며 누린다.

나 자체로 내가 다로 열리어
유성도 무성도 없는 내가 유성 무성을 동시에 나

로 청정무구하고 순백무구하고 원만구족하게 원융무애하게 자유자재로 상주상락 상락아정 영생영락으로 작용하여 쓰며 누린다.

나 자체로 내가 다로 열리어
유 자성도 무 자성도 없는 내가 유 자성 무 자성을 동시에 나로 청정무구하고 순백무구하고 원만구족하게 원융무애하게 자유자재로 상주상락 상락아정 영생영락으로 작용하여 쓰며 누린다.

나 자체로 내가 다로 열리어
유 불성도 무 불성도 없는 내가 유 불성 무 불성을 동시에 나로 청정무구하고 순백무구하고 원만구족하게 원융무애하게 자유자재로 상주상락 상락아정 영생영락으로 작용하여 쓰며 누린다.

나 자체로 내가 다로 열리어
유 본성도 무 본성도 없는 내가 유 본성 무 본성을 동시에 나로 청정무구하고 순백무구하고 원만구족하게 원융무애하게 자유자재로 상주상락 상락아정 영생영락으로 작용하여 쓰며 누린다.

나 자체로 내가 다로 열리어
유 원성도 무 원성도 없는 내가 유 원성 무 원성을
동시에 나로 청정무구하고 순백무구하고 원만구족
하게 원융무애하게 자유자재로 상주상락 상락아정
영생영락으로 작용하여 쓰며 누린다.

나 자체로 내가 다로 열리어
유 성성도 무 성성도 없는 내가 유 성성 무 성성을
동시에 나로 청정무구하고 순백무구하고 원만구족
하게 원융무애하게 자유자재로 상주상락 상락아정
영생영락으로 작용하여 쓰며 누린다.

나 자체로 내가 다로 열리어
유 견성도 무 견성도 없는 내가 유 견성 무 견성을
동시에 나로 청정무구하고 순백무구하고 원만구족
하게 원융무애하게 자유자재로 상주상락 상락아정
영생영락으로 작용하여 쓰며 누린다.

나 자체로 내가 다로 열리어
유 각성도 무 각성도 없는 내가 유 각성 무 각성을
동시에 나로 청정무구하고 순백무구하고 원만구족
하게 원융무애하게 자유자재로 상주상락 상락아정

영생영락으로 작용하여 쓰며 누린다.

나 자체로 내가 다로 열리어
유 영성도 무 영성도 없는 내가 유 영성 무 영성을
동시에 나로 청정무구하고 순백무구하고 원만구족
하게 원융무애하게 자유자재로 상주상락 상락아정
영생영락으로 작용하여 쓰며 누린다.

나 자체로 내가 다로 열리어
유 인성도 무 인성도 없는 내가 유 인성 무 인성을
동시에 나로 청정무구하고 순백무구하고 원만구족
하게 원융무애하게 자유자재로 상주상락 상락아정
영생영락으로 작용하여 쓰며 누린다.

나 자체로 내가 다로 열리어
유 지성도 무 지성도 없는 내가 유 지성 무 지성을
동시에 나로 청정무구하고 순백무구하고 원만구족
하게 원융무애하게 자유자재로 상주상락 상락아정
영생영락으로 작용하여 쓰며 누린다.

나 자체로 내가 다로 열리어
유 감성도 무 감성도 없는 내가 유 감성 무 감성을

동시에 나로 청정무구하고 순백무구하고 원만구족
하게 원융무애하게 자유자재로 상주상락 상락아정
영생영락으로 작용하여 쓰며 누린다.

나 자체로 내가 다로 열리어
유 천성도 무 천성도 없는 내가 유 천성 무 천성을
동시에 나로 청정무구하고 순백무구하고 원만구족
하게 원융무애하게 자유자재로 상주상락 상락아정
영생영락으로 작용하여 쓰며 누린다.

나 자체로 내가 다로 열리어
유 동성도 무 동성도 없는 내가 유 동성 무 동성을
동시에 나로 청정무구하고 순백무구하고 원만구족
하게 원융무애하게 자유자재로 상주상락 상락아정
영생영락으로 작용하여 쓰며 누린다.

나 자체로 내가 다로 열리어
유심도 무심도 없는 내가 유심 무심을 동시에 나
로 청정무구하고 순백무구하고 원만구족하게 원융
무애하게 자유자재로 상주상락 상락아정 영생영락
으로 작용하여 쓰며 누린다.

나 자체로 내가 다로 열리어
유념도 무념도 없는 내가 유념 무념을 동시에 나로 청정무구하고 순백무구하고 원만구족하게 원융무애하게 자유자재로 상주상락 상락아정 영생영락으로 작용하여 쓰며 누린다.

나 자체로 내가 다로 열리어
유감도 무감도 없는 내가 유감 무감을 동시에 나로 청정무구하고 순백무구하고 원만구족하게 원융무애하게 자유자재로 상주상락 상락아정 영생영락으로 작용하여 쓰며 누린다.

나 자체로 내가 다로 열리어
유식도 무식도 없는 내가 유식 무식을 동시에 나로 청정무구하고 순백무구하고 원만구족하게 원융무애하게 자유자재로 상주상락 상락아정 영생영락으로 작용하여 쓰며 누린다.

나 자체로 내가 다로 열리어
유지도 무지도 없는 내가 유지 무지를 동시에 나로 청정무구하고 순백무구하고 원만구족하게 원융무애하게 자유자재로 상주상락 상락아정 영생영락으로 작용하여 쓰며 누린다.

나 자체로 내가 다로 열리어
유의도 무의도 없는 내가 유의 무의를 동시에 나로 청정무구하고 순백무구하고 원만구족하게 원융무애하게 자유자재로 상주상락 상락아정 영생영락으로 작용하여 쓰며 누린다.

나 자체로 내가 다로 열리어
유명도 무명도 없는 내가 유명 무명을 동시에 나로 청정무구하고 순백무구하고 원만구족하게 원융무애하게 자유자재로 상주상락 상락아정 영생영락으로 작용하여 쓰며 누린다.

나 자체로 내가 다로 열리어
유오도 무오도 없는 내가 유오 무오를 동시에 나로 청정무구하고 순백무구하고 원만구족하게 원융무애하게 자유자재로 상주상락 상락아정 영생영락으로 작용하여 쓰며 누린다.

나 자체로 내가 다로 열리어
유증도 무증도 없는 내가 유증 무증을 동시에 나

로 청정무구하고 순백무구하고 원만구족하게 원융무애하게 자유자재로 상주상락 상락아정 영생영락으로 작용하여 쓰며 누린다.

나 자체로 내가 다로 열리어
유득도 무득도 없는 내가 유득 무득을 동시에 나로 청정무구하고 순백무구하고 원만구족하게 원융무애하게 자유자재로 상주상락 상락아정 영생영락으로 작용하여 쓰며 누린다.

나 자체로 내가 다로 열리어
유처도 무처도 없는 내가 유처 무처를 동시에 나로 청정무구하고 순백무구하고 원만구족하게 원융무애하게 자유자재로 상주상락 상락아정 영생영락으로 작용하여 쓰며 누린다.

나 자체로 내가 다로 열리어
유주도 무주도 없는 내가 유주 무주를 동시에 나로 청정무구하고 순백무구하고 원만구족하게 원융무애하게 자유자재로 상주상락 상락아정 영생영락으로 작용하여 쓰며 누린다.

나 자체로 내가 다로 열리어
유염도 무염도 없는 내가 유염 무염을 동시에 나로 청정무구하고 순백무구하고 원만구족하게 원융무애하게 자유자재로 상주상락 상락아정 영생영락으로 작용하여 쓰며 누린다.

나 자체로 내가 다로 열리어
유상도 무상도 없는 내가 유상 무상을 동시에 나로 청정무구하고 순백무구하고 원만구족하게 원융무애하게 자유자재로 상주상락 상락아정 영생영락으로 작용하여 쓰며 누린다.

나 자체로 내가 다로 열리어
유 아상도 무 아상도 없는 내가 유 아상 무 아상을 동시에 나로 청정무구하고 순백무구하고 원만구족하게 원융무애하게 자유자재로 상주상락 상락아정 영생영락으로 작용하여 쓰며 누린다.

나 자체로 내가 다로 열리어
유 인상도 무 인상도 없는 내가 유 인상 무 인상을 동시에 나로 청정무구하고 순백무구하고 원만구족하게 원융무애하게 자유자재로 상주상락 상락아정 영생영락으로 작용하여 쓰며 누린다.

나 자체로 내가 다로 열리어
유 중생상도 무 중생상도 없는 내가 유 중생상 무 중생상을 동시에 나로 청정무구하고 순백무구하고 원만구족하게 원융무애하게 자유자재로 상주상락 상락아정 영생영락으로 작용하여 쓰며 누린다.

나 자체로 내가 다로 열리어
유 수자상도 무 수자상도 없는 내가 유 수자상 무 수자상을 동시에 나로 청정무구하고 순백무구하고 원만구족하게 원융무애하게 자유자재로 상주상락 상락아정 영생영락으로 작용하여 쓰며 누린다.

나 자체로 내가 다로 열리어
유 각상도 무 각상도 없는 내가 유 각상 무 각상을 동시에 나로 청정무구하고 순백무구하고 원만구족하게 원융무애하게 자유자재로 상주상락 상락아정 영생영락으로 작용하여 쓰며 누린다.

나 자체로 내가 다로 열리어
유 도상도 무 도상도 없는 내가 유 도상 무 도상을

동시에 나로 청정무구하고 순백무구하고 원만구족
하게 원융무애하게 자유자재로 상주상락 상락아정
영생영락으로 작용하여 쓰며 누린다.

나 자체로 내가 다로 열리어
유 법상도 무 법상도 없는 내가 유 법상 무 법상을
동시에 나로 청정무구하고 순백무구하고 원만구족
하게 원융무애하게 자유자재로 상주상락 상락아정
영생영락으로 작용하여 쓰며 누린다.

나 자체로 내가 다로 열리어
유 불상도 무 불상도 없는 내가 유 불상 무 불상을
동시에 나로 청정무구하고 순백무구하고 원만구족
하게 원융무애하게 자유자재로 상주상락 상락아정
영생영락으로 작용하여 쓰며 누린다.

나 자체로 내가 다로 열리어
유 아집도 무 아집도 없는 내가 유 아집 무 아집을
동시에 나로 청정무구하고 순백무구하고 원만구족
하게 원융무애하게 자유자재로 상주상락 상락아정
영생영락으로 작용하여 쓰며 누린다.

나 자체로 내가 다로 열리어
유 인집도 무 인집도 없는 내가 유 인집 무 인집을
동시에 나로 청정무구하고 순백무구하고 원만구족
하게 원융무애하게 자유자재로 상주상락 상락아정
영생영락으로 작용하여 쓰며 누린다.

나 자체로 내가 다로 열리어
유 중생집도 무 중생집도 없는 내가 유 중생집 무
중생집을 동시에 나로 청정무구하고 순백무구하고
원만구족하게 원융무애하게 자유자재로 상주상락
상락아정 영생영락으로 작용하여 쓰며 누린다.

나 자체로 내가 다로 열리어
유 수자집도 무 수자집도 없는 내가 유 수자집 무
수자집을 동시에 나로 청정무구하고 순백무구하고
원만구족하게 원융무애하게 자유자재로 상주상락
상락아정 영생영락으로 작용하여 쓰며 누린다.

나 자체로 내가 다로 열리어
유 각집도 무 각집도 없는 내가 유 각집 무 각집을
동시에 나로 청정무구하고 순백무구하고 원만구족
하게 원융무애하게 자유자재로 상주상락 상락아정

영생영락으로 작용하여 쓰며 누린다.

나 자체로 내가 다로 열리어
유 도집도 무 도집도 없는 내가 유 도집 무 도집을
동시에 나로 청정무구하고 순백무구하고 원만구족
하게 원융무애하게 자유자재로 상주상락 상락아정
영생영락으로 작용하여 쓰며 누린다.

나 자체로 내가 다로 열리어
유 법집도 무 법집도 없는 내가 유 법집 무 법집을
동시에 나로 청정무구하고 순백무구하고 원만구족
하게 원융무애하게 자유자재로 상주상락 상락아정
영생영락으로 작용하여 쓰며 누린다.

나 자체로 내가 다로 열리어
유 불집도 무 불집도 없는 내가 유 불집 무 불집을
동시에 나로 청정무구하고 순백무구하고 원만구족
하게 원융무애하게 자유자재로 상주상락 상락아정
영생영락으로 작용하여 쓰며 누린다.

나 자체로 내가 다로 열리어
유 아견도 무 아견도 없는 내가 유 아견 무 아견을

동시에 나로 청정무구하고 순백무구하고 원만구족
하게 원융무애하게 자유자재로 상주상락 상락아정
영생영락으로 작용하여 쓰며 누린다.

나 자체로 내가 다로 열리어
유 인견도 무 인견도 없는 내가 유 인견 무 인견을
동시에 나로 청정무구하고 순백무구하고 원만구족
하게 원융무애하게 자유자재로 상주상락 상락아정
영생영락으로 작용하여 쓰며 누린다.

나 자체로 내가 다로 열리어
유 중생견도 무 중생견도 없는 내가 유 중생견 무
중생견을 동시에 나로 청정무구하고 순백무구하고
원만구족하게 원융무애하게 자유자재로 상주상락
상락아정 영생영락으로 작용하여 쓰며 누린다.

나 자체로 내가 다로 열리어
유 수자견도 무 수자견도 없는 내가 유 수자견 무
수자견을 동시에 나로 청정무구하고 순백무구하고
원만구족하게 원융무애하게 자유자재로 상주상락
상락아정 영생영락으로 작용하여 쓰며 누린다.

나 자체로 내가 다로 열리어
유 각견도 무 각견도 없는 내가 유 각견 무 각견을
동시에 나로 청정무구하고 순백무구하고 원만구족
하게 원융무애하게 자유자재로 상주상락 상락아정
영생영락으로 작용하여 쓰며 누린다.

나 자체로 내가 다로 열리어
유 도견도 무 도견도 없는 내가 유 도견 무 도견을
동시에 나로 청정무구하고 순백무구하고 원만구족
하게 원융무애하게 자유자재로 상주상락 상락아정
영생영락으로 작용하여 쓰며 누린다.

나 자체로 내가 다로 열리어
유 법견도 무 법견도 없는 내가 유 법견 무 법견을
동시에 나로 청정무구하고 순백무구하고 원만구족
하게 원융무애하게 자유자재로 상주상락 상락아정
영생영락으로 작용하여 쓰며 누린다.

나 자체로 내가 다로 열리어
유 불견도 무 불견도 없는 내가 유 불견 무 불견을
동시에 나로 청정무구하고 순백무구하고 원만구족
하게 원융무애하게 자유자재로 상주상락 상락아정

영생영락으로 작용하여 쓰며 누린다.

나 자체로 내가 다로 열리어
유 보는 것도 무 보는 것도 없는 내가 유 보는 것 무 보는 것을 동시에 나로 청정무구하고 순백무구하고 원만구족하게 원융무애하게 자유자재로 상주상락 상락아정 영생영락으로 작용하여 쓰며 누린다.

나 자체로 내가 다로 열리어
유 들음도 무 들음도 없는 내가 유 들음 무 들음을 동시에 나로 청정무구하고 순백무구하고 원만구족하게 원융무애하게 자유자재로 상주상락 상락아정 영생영락으로 작용하여 쓰며 누린다.

나 자체로 내가 다로 열리어
유 숨 쉼도 무 숨 쉼도 없는 내가 유 숨 쉼 무 숨 쉼을 동시에 나로 청정무구하고 순백무구하고 원만구족하게 원융무애하게 자유자재로 상주상락 상락아정 영생영락으로 작용하여 쓰며 누린다.

나 자체로 내가 다로 열리어

유 맡음도 무 맡음도 없는 내가 유 맡음 무 맡음을 동시에 나로 청정무구하고 순백무구하고 원만구족하게 원융무애하게 자유자재로 상주상락 상락아정 영생영락으로 작용하여 쓰며 누린다.

나 자체로 내가 다로 열리어
유 맛봄도 무 맛봄도 없는 내가 유 맛봄 무 맛봄을 동시에 나로 청정무구하고 순백무구하고 원만구족하게 원융무애하게 자유자재로 상주상락 상락아정 영생영락으로 작용하여 쓰며 누린다.

나 자체로 내가 다로 열리어
유 느낌도 무 느낌도 없는 내가 유 느낌 무 느낌을 동시에 나로 청정무구하고 순백무구하고 원만구족하게 원융무애하게 자유자재로 상주상락 상락아정 영생영락으로 작용하여 쓰며 누린다.

나 자체로 내가 다로 열리어
유 뜻도 무 뜻도 없는 내가 유 뜻 무 뜻을 동시에 나로 청정무구하고 순백무구하고 원만구족하게 원융무애하게 자유자재로 상주상락 상락아정 영생영락으로 작용하여 쓰며 누린다.

나 자체로 내가 다로 열리어
유분별도 무분별도 없는 내가 유분별 무분별을 동시에 나로 청정무구하고 순백무구하고 원만구족하게 원융무애하게 자유자재로 상주상락 상락아정 영생영락으로 작용하여 쓰며 누린다.

나 자체로 내가 다로 열리어
유 까닭도 무 까닭도 없는 내가 유 까닭 무 까닭을 동시에 나로 청정무구하고 순백무구하고 원만구족하게 원융무애하게 자유자재로 상주상락 상락아정 영생영락으로 작용하여 쓰며 누린다.

나 자체로 내가 다로 열리어
유 인식도 무 인식도 없는 내가 유 인식 무 인식을 동시에 나로 청정무구하고 순백무구하고 원만구족하게 원융무애하게 자유자재로 상주상락 상락아정 영생영락으로 작용하여 쓰며 누린다.

나 자체로 내가 다로 열리어
유 지각도 무 지각도 없는 내가 유 지각 무 지각을 동시에 나로 청정무구하고 순백무구하고 원만구족하게 원융무애하게 자유자재로 상주상락 상락아정 영생영락으로 작용하여 쓰며 누린다.

나 자체로 내가 다로 열리어
유 작용도 무 작용도 없는 내가 유 작용 무 작용을 동시에 나로 청정무구하고 순백무구하고 원만구족하게 원융무애하게 자유자재로 상주상락 상락아정 영생영락으로 작용하여 쓰며 누린다.

나 자체로 내가 다로 열리어
유 행위도 무 행위도 없는 내가 유 행위 무 행위를 동시에 나로 청정무구하고 순백무구하고 원만구족하게 원융무애하게 자유자재로 상주상락 상락아정 영생영락으로 작용하여 쓰며 누린다.

나 자체로 내가 다로 열리어
유업도 무업도 없는 내가 유업 무업을 동시에 나로 청정무구하고 순백무구하고 원만구족하게 원융무애하게 자유자재로 상주상락 상락아정 영생영락으로 작용하여 쓰며 누린다.

나 자체로 내가 다로 열리어
유인도 무인도 없는 내가 유인 무인을 동시에 나

로 청정무구하고 순백무구하고 원만구족하게 원융
무애하게 자유자재로 상주상락 상락아정 영생영락
으로 작용하여 쓰며 누린다.

나 자체로 내가 다로 열리어
유연도 무연도 없는 내가 유연 무연을 동시에 나
로 청정무구하고 순백무구하고 원만구족하게 원융
무애하게 자유자재로 상주상락 상락아정 영생영락
으로 작용하여 쓰며 누린다.

나 자체로 내가 다로 열리어
유과도 무과도 없는 내가 유과 무과를 동시에 나
로 청정무구하고 순백무구하고 원만구족하게 원융
무애하게 자유자재로 상주상락 상락아정 영생영락
으로 작용하여 쓰며 누린다.

나 자체로 내가 다로 열리어
유응도 무응도 없는 내가 유응 무응을 동시에 나
로 청정무구하고 순백무구하고 원만구족하게 원융
무애하게 자유자재로 상주상락 상락아정 영생영락
으로 작용하여 쓰며 누린다.

나 자체로 내가 다로 열리어
유보도 무보도 없는 내가 유보 무보를 동시에 나로 청정무구하고 순백무구하고 원만구족하게 원융무애하게 자유자재로 상주상락 상락아정 영생영락으로 작용하여 쓰며 누린다.

나 자체로 내가 다로 열리어
유 연기도 무 연기도 없는 내가 유 연기 무 연기를 동시에 나로 청정무구하고 순백무구하고 원만구족하게 원융무애하게 자유자재로 상주상락 상락아정 영생영락으로 작용하여 쓰며 누린다.

나 자체로 내가 다로 열리어
유 현상도 무 현상도 없는 내가 유 현상 무 현상을 동시에 나로 청정무구하고 순백무구하고 원만구족하게 원융무애하게 자유자재로 상주상락 상락아정 영생영락으로 작용하여 쓰며 누린다.

나 자체로 내가 다로 열리어
유 윤회도 무 윤회도 없는 내가 유 윤회 무 윤회를 동시에 나로 청정무구하고 순백무구하고 원만구족하게 원융무애하게 자유자재로 상주상락 상락아정 영생영락으로 작용하여 쓰며 누린다.

나 자체로 내가 다로 열리어
유 육도도 무 육도도 없는 내가 유 육도 무 육도를 동시에 나로 청정무구하고 순백무구하고 원만구족하게 원융무애하게 자유자재로 상주상락 상락아정 영생영락으로 작용하여 쓰며 누린다.

나 자체로 내가 다로 열리어
유 태란습화도 무 태란습화도 없는 내가 유 태란습화 무 태란습화를 동시에 나로 청정무구하고 순백무구하고 원만구족하게 원융무애하게 자유자재로 상주상락 상락아정 영생영락으로 작용하여 쓰며 누린다.

나 자체로 내가 다로 열리어
유 생노병사도 무 생노병사도 없는 내가 유 생노병사 무 생노병사를 동시에 나로 청정무구하고 순백무구하고 원만구족하게 원융무애하게 자유자재로 상주상락 상락아정 영생영락으로 작용하여 쓰며 누린다.

나 자체로 내가 다로 열리어
유 생주이멸도 무 생주이멸도 없는 내가 유 생주이멸 무 생주이멸을 동시에 나로 청정무구하고 순백무구하고 원만구족하게 원융무애하게 자유자재로 상주상락 상락아정 영생영락으로 작용하여 쓰며 누린다.

나 자체로 내가 다로 열리어
유 성주괴공도 무 성주괴공도 없는 내가 유 성주괴공 무 성주괴공을 동시에 나로 청정무구하고 순백무구하고 원만구족하게 원융무애하게 자유자재로 상주상락 상락아정 영생영락으로 작용하여 쓰며 누린다.

나 자체로 내가 다로 열리어
유 불멸불퇴도 무 불멸불퇴도 없는 내가 유 불멸불퇴 무 불멸불퇴를 동시에 나로 청정무구하고 순백무구하고 원만구족하게 원융무애하게 자유자재로 상주상락 상락아정 영생영락으로 작용하여 쓰며 누린다.

나 자체로 내가 다로 열리어

유 여여부동도 무 여여부동도 없는 내가 유 여여부동 무 여여부동을 동시에 나로 청정무구하고 순백무구하고 원만구족하게 원융무애하게 자유자재로 상주상락 상락아정 영생영락으로 작용하여 쓰며 누린다.

나 자체로 내가 다로 열리어
유 울울창창도 무 울울창창도 없는 내가 유 울울창창 무 울울창창을 동시에 나로 청정무구하고 순백무구하고 원만구족하게 원융무애하게 자유자재로 상주상락 상락아정 영생영락으로 작용하여 쓰며 누린다.

나 자체로 내가 다로 열리어
유 창창울울도 무 창창울울도 없는 내가 유 창창울울 무 창창울울을 동시에 나로 청정무구하고 순백무구하고 원만구족하게 원융무애하게 자유자재로 상주상락 상락아정 영생영락으로 작용하여 쓰며 누린다.

나 자체로 내가 다로 열리어
유 사대육신도 무 사대육신도 없는 내가 유 사대육

신 무 사대육신을 동시에 나로 청정무구하고 순백무구하고 원만구족하게 원융무애하게 자유자재로 상주상락 상락아정 영생영락으로 작용하여 쓰며 누린다.

나 자체로 내가 다로 열리어
유 오온색공도 무 오온색공도 없는 내가 유 오온색공 무 오온색공을 동시에 나로 청정무구하고 순백무구하고 원만구족하게 원융무애하게 자유자재로 상주상락 상락아정 영생영락으로 작용하여 쓰며 누린다.

나 자체로 내가 다로 열리어
유 의식도 무의식도 없는 내가 유 의식 무의식을 동시에 나로 청정무구하고 순백무구하고 원만구족하게 원융무애하게 자유자재로 상주상락 상락아정 영생영락으로 작용하여 쓰며 누린다.

나 자체로 내가 다로 열리어
유 공적영지도 무 공적영지도 없는 내가 유 공적영지 무 공적영지를 동시에 나로 청정무구하고 순백무구하고 원만구족하게 원융무애하게 자유자재로 상주상락 상락아정 영생영락으로 작용하여 쓰며 누린다.

나 자체로 내가 다로 열리어
유 소소영영도 무 소소영영도 없는 내가 유 소소영영 무 소소영영을 동시에 나로 청정무구하고 순백무구하고 원만구족하게 원융무애하게 자유자재로 상주상락 상락아정 영생영락으로 작용하여 쓰며 누린다.

나 자체로 내가 다로 열리어
유 본성신령도 무 본성신령도 없는 내가 유 본성신령 무 본성신령을 동시에 나로 청정무구하고 순백무구하고 원만구족하게 원융무애하게 자유자재로 상주상락 상락아정 영생영락으로 작용하여 쓰며 누린다.

나 자체로 내가 다로 열리어
유 본각광명도 무 본각광명도 없는 내가 유 본각광명 무 본각광명을 동시에 나로 청정무구하고 순백무구하고 원만구족하게 원융무애하게 자유자재로 상주상락 상락아정 영생영락으로 작용하여 쓰며 누린다.

나 자체로 내가 다로 열리어
유 내외명철도 무 내외명철도 없는 내가 유 내외명철 무 내외명철을 동시에 나로 청정무구하고 순백무구하고 원만구족하게 원융무애하게 자유자재로 상주상락 상락아정 영생영락으로 작용하여 쓰며 누린다.

나 자체로 내가 다로 열리어
유 현각증인도 무 현각증인도 없는 내가 유 현각증인 무 현각증인을 동시에 나로 청정무구하고 순백무구하고 원만구족하게 원융무애하게 자유자재로 상주상락 상락아정 영생영락으로 작용하여 쓰며 누린다.

나 자체로 내가 다로 열리어
유 영각본나도 무 영각본나도 없는 내가 유 영각본나 무 영각본나를 동시에 나로 청정무구하고 순백무구하고 원만구족하게 원융무애하게 자유자재로 상주상락 상락아정 영생영락으로 작용하여 쓰며 누린다.

나 자체로 내가 다로 열리어
유 자심도 무 자심도 없는 내가 유 자심 무 자심을
동시에 나로 청정무구하고 순백무구하고 원만구족
하게 원융무애하게 자유자재로 상주상락 상락아정
영생영락으로 작용하여 쓰며 누린다.

나 자체로 내가 다로 열리어
유 본심도 무 본심도 없는 내가 유 본심 무 본심을
동시에 나로 청정무구하고 순백무구하고 원만구족
하게 원융무애하게 자유자재로 상주상락 상락아정
영생영락으로 작용하여 쓰며 누린다.

나 자체로 내가 다로 열리어
유 불심도 무 불심도 없는 내가 유 불심 무 불심을
동시에 나로 청정무구하고 순백무구하고 원만구족
하게 원융무애하게 자유자재로 상주상락 상락아정
영생영락으로 작용하여 쓰며 누린다.

나 자체로 내가 다로 열리어
유 신심도 무 신심도 없는 내가 유 신심 무 신심을
동시에 나로 청정무구하고 순백무구하고 원만구족
하게 원융무애하게 자유자재로 상주상락 상락아정

영생영락으로 작용하여 쓰며 누린다.

나 자체로 내가 다로 열리어
유 보리심도 무 보리심도 없는 내가 유 보리심 무 보리심을 동시에 나로 청정무구하고 순백무구하고 원만구족하게 원융무애하게 자유자재로 상주상락 상락아정 영생영락으로 작용하여 쓰며 누린다.

나 자체로 내가 다로 열리어
유 복덕도 무 복덕도 없는 내가 유 복덕 무 복덕을 동시에 나로 청정무구하고 순백무구하고 원만구족하게 원융무애하게 자유자재로 상주상락 상락아정 영생영락으로 작용하여 쓰며 누린다.

나 자체로 내가 다로 열리어
유 지혜도 무 지혜도 없는 내가 유 지혜 무 지혜를 동시에 나로 청정무구하고 순백무구하고 원만구족하게 원융무애하게 자유자재로 상주상락 상락아정 영생영락으로 작용하여 쓰며 누린다.

나 자체로 내가 다로 열리어
유 공덕도 무공덕도 없는 내가 유 공덕 무공덕을 동

시에 나로 청정무구하고 순백무구하고 원만구족하
게 원융무애하게 자유자재로 상주상락 상락아정
영생영락으로 작용하여 쓰며 누린다.

나 자체로 내가 다로 열리어
유 생멸도 무 생멸도 없는 내가 유 생멸 무 생멸을
동시에 나로 청정무구하고 순백무구하고 원만구족
하게 원융무애하게 자유자재로 상주상락 상락아정
영생영락으로 작용하여 쓰며 누린다.

나 자체로 내가 다로 열리어
유 유무도 무 유무도 없는 내가 유 유무 무 유무를
동시에 나로 청정무구하고 순백무구하고 원만구족
하게 원융무애하게 자유자재로 상주상락 상락아정
영생영락으로 작용하여 쓰며 누린다.

나 자체로 내가 다로 열리어
유 색공도 무 색공도 없는 내가 유 색공 무 색공을
동시에 나로 청정무구하고 순백무구하고 원만구족
하게 원융무애하게 자유자재로 상주상락 상락아정
영생영락으로 작용하여 쓰며 누린다.

나 자체로 내가 다로 열리어
유 시공도 무 시공도 없는 내가 유 시공 무 시공을
동시에 나로 청정무구하고 순백무구하고 원만구족
하게 원융무애하게 자유자재로 상주상락 상락아정
영생영락으로 작용하여 쓰며 누린다.

나 자체로 내가 다로 열리어
유 시종도 무 시종도 없는 내가 유 시종 무 시종을
동시에 나로 청정무구하고 순백무구하고 원만구족
하게 원융무애하게 자유자재로 상주상락 상락아정
영생영락으로 작용하여 쓰며 누린다.

나 자체로 내가 다로 열리어
유 선악도 무 선악도 없는 내가 유 선악 무 선악을
동시에 나로 청정무구하고 순백무구하고 원만구족
하게 원융무애하게 자유자재로 상주상락 상락아정
영생영락으로 작용하여 쓰며 누린다.

나 자체로 내가 다로 열리어
유 명암도 무 명암도 없는 내가 유 명암 무 명암을
동시에 나로 청정무구하고 순백무구하고 원만구족
하게 원융무애하게 자유자재로 상주상락 상락아정

영생영락으로 작용하여 쓰며 누린다.

나 자체로 내가 다로 열리어
유 지불지도 무 지불지도 없는 내가 유 지불지 무 지불지를 동시에 나로 청정무구하고 순백무구하고 원만구족하게 원융무애하게 자유자재로 상주상락 상락아정 영생영락으로 작용하여 쓰며 누린다.

나 자체로 내가 다로 열리어
유 의불의도 무 의불의도 없는 내가 유 의불의 무 의불의를 동시에 나로 청정무구하고 순백무구하고 원만구족하게 원융무애하게 자유자재로 상주상락 상락아정 영생영락으로 작용하여 쓰며 누린다.

나 자체로 내가 다로 열리어
유 얻을 것도 무 얻을 것도 없는 내가 유 얻을 것 무 얻을 것을 동시에 나로 청정무구하고 순백무구하고 원만구족하게 원융무애하게 자유자재로 상주상락 상락아정 영생영락으로 작용하여 쓰며 누린다.

나 자체로 내가 다로 열리어

유 구함도 무 구함도 없는 내가 유 구함 무 구함을 동시에 나로 청정무구하고 순백무구하고 원만구족하게 원융무애하게 자유자재로 상주상락 상락아정 영생영락으로 작용하여 쓰며 누린다.

나 자체로 내가 다로 열리어
유 지킴도 무 지킴도 없는 내가 유 지킴 무 지킴을 동시에 나로 청정무구하고 순백무구하고 원만구족하게 원융무애하게 자유자재로 상주상락 상락아정 영생영락으로 작용하여 쓰며 누린다.

나 자체로 내가 다로 열리어
유 잃음도 무 잃음도 없는 내가 유 잃음 무 잃음을 동시에 나로 청정무구하고 순백무구하고 원만구족하게 원융무애하게 자유자재로 상주상락 상락아정 영생영락으로 작용하여 쓰며 누린다.

나 자체로 내가 다로 열리어
유 더함도 무 더함도 없는 내가 유 더함 무 더함을 동시에 나로 청정무구하고 순백무구하고 원만구족하게 원융무애하게 자유자재로 상주상락 상락아정 영생영락으로 작용하여 쓰며 누린다.

나 자체로 내가 다로 열리어
유 덜함도 무 덜함도 없는 내가 유 덜함 무 덜함을
동시에 나로 청정무구하고 순백무구하고 원만구족
하게 원융무애하게 자유자재로 상주상락 상락아정
영생영락으로 작용하여 쓰며 누린다.

나 자체로 내가 다로 열리어
유 담음도 무 담음도 없는 내가 유 담음 무 담음을
동시에 나로 청정무구하고 순백무구하고 원만구족
하게 원융무애하게 자유자재로 상주상락 상락아정
영생영락으로 작용하여 쓰며 누린다.

나 자체로 내가 다로 열리어
유 비움도 무 비움도 없는 내가 유 비움 무 비움을
동시에 나로 청정무구하고 순백무구하고 원만구족
하게 원융무애하게 자유자재로 상주상락 상락아정
영생영락으로 작용하여 쓰며 누린다.

나 자체로 내가 다로 열리어
유 잡음도 무 잡음도 없는 내가 유 잡음 무 잡음을
동시에 나로 청정무구하고 순백무구하고 원만구족
하게 원융무애하게 자유자재로 상주상락 상락아정

영생영락으로 작용하여 쓰며 누린다.

나 자체로 내가 다로 열리어
유 놓음도 무 놓음도 없는 내가 유 놓음 무 놓음을
동시에 나로 청정무구하고 순백무구하고 원만구족
하게 원융무애하게 자유자재로 상주상락 상락아정
영생영락으로 작용하여 쓰며 누린다.

나 자체로 내가 다로 열리어
유 달림도 무 달림도 없는 내가 유 달림 무 달림을
동시에 나로 청정무구하고 순백무구하고 원만구족
하게 원융무애하게 자유자재로 상주상락 상락아정
영생영락으로 작용하여 쓰며 누린다.

나 자체로 내가 다로 열리어
유 멈춤도 무 멈춤도 없는 내가 유 멈춤 무 멈춤을
동시에 나로 청정무구하고 순백무구하고 원만구족
하게 원융무애하게 자유자재로 상주상락 상락아정
영생영락으로 작용하여 쓰며 누린다.

나 자체로 내가 다로 열리어
유 움직임도 무 움직임도 없는 내가 유 움직임 무

움직임을 동시에 나로 청정무구하고 순백무구하고 원만구족하게 원융무애하게 자유자재로 상주상락 상락아정 영생영락으로 작용하여 쓰며 누린다.

나 자체로 내가 다로 열리어
유 정지함도 무 정지함도 없는 내가 유 정지함 무 정지함을 동시에 나로 청정무구하고 순백무구하고 원만구족하게 원융무애하게 자유자재로 상주상락 상락아정 영생영락으로 작용하여 쓰며 누린다.

나 자체로 내가 다로 열리어
유 항상함도 무 항상함도 없는 내가 유 항상함 무 항상함을 동시에 나로 청정무구하고 순백무구하고 원만구족하게 원융무애하게 자유자재로 상주상락 상락아정 영생영락으로 작용하여 쓰며 누린다.

나 자체로 내가 다로 열리어
유 쉼도 무 쉼도 없는 내가 유 쉼 무 쉼을 동시에 나로 청정무구하고 순백무구하고 원만구족하게 원융무애하게 자유자재로 상주상락 상락아정 영생영락으로 작용하여 쓰며 누린다.

나 자체로 내가 다로 열리어
유 시끄러움도 무 시끄러움도 없는 내가 유 시끄러움 무 시끄러움을 동시에 나로 청정무구하고 순백무구하고 원만구족하게 원융무애하게 자유자재로 상주상락 상락아정 영생영락으로 작용하여 쓰며 누린다.

나 자체로 내가 다로 열리어
유 고요함도 무 고요함도 없는 내가 유 고요함 무 고요함을 동시에 나로 청정무구하고 순백무구하고 원만구족하게 원융무애하게 자유자재로 상주상락 상락아정 영생영락으로 작용하여 쓰며 누린다.

나 자체로 내가 다로 열리어
유 깨끗함도 무 깨끗함도 없는 내가 유 깨끗함 무 깨끗함을 동시에 나로 청정무구하고 순백무구하고 원만구족하게 원융무애하게 자유자재로 상주상락 상락아정 영생영락으로 작용하여 쓰며 누린다.

나 자체로 내가 다로 열리어
유 더러움도 무 더러움도 없는 내가 유 더러움 무 더러움을 동시에 나로 청정무구하고 순백무구하고 원만구족하게 원융무애하게 자유자재로 상주상락 상락아정 영생영락으로 작용하여 쓰며 누린다.

나 자체로 내가 다로 열리어
유 맑음도 무 맑음도 없는 내가 유 맑음 무 맑음을 동시에 나로 청정무구하고 순백무구하고 원만구족하게 원융무애하게 자유자재로 상주상락 상락아정 영생영락으로 작용하여 쓰며 누린다.

나 자체로 내가 다로 열리어
유 흐림도 무 흐림도 없는 내가 유 흐림 무 흐림을 동시에 나로 청정무구하고 순백무구하고 원만구족하게 원융무애하게 자유자재로 상주상락 상락아정 영생영락으로 작용하여 쓰며 누린다.

나 자체로 내가 다로 열리어
유 내외도 무 내외도 없는 내가 유 내외 무 내외를 동시에 나로 청정무구하고 순백무구하고 원만구족하게 원융무애하게 자유자재로 상주상락 상락아정 영생영락으로 작용하여 쓰며 누린다.

나 자체로 내가 다로 열리어

유 좌우도 무 좌우도 없는 내가 유 좌우 무 좌우를
동시에 나로 청정무구하고 순백무구하고 원만구족
하게 원융무애하게 자유자재로 상주상락 상락아정
영생영락으로 작용하여 쓰며 누린다.

나 자체로 내가 다로 열리어
유 전후도 무 전후도 없는 내가 유 전후 무 전후를
동시에 나로 청정무구하고 순백무구하고 원만구족
하게 원융무애하게 자유자재로 상주상락 상락아정
영생영락으로 작용하여 쓰며 누린다.

나 자체로 내가 다로 열리어
유 상하도 무 상하도 없는 내가 유 상하 무 상하를
동시에 나로 청정무구하고 순백무구하고 원만구족
하게 원융무애하게 자유자재로 상주상락 상락아정
영생영락으로 작용하여 쓰며 누린다.

나 자체로 내가 다로 열리어
유 동서도 무 동서도 없는 내가 유 동서 무 동서를
동시에 나로 청정무구하고 순백무구하고 원만구족
하게 원융무애하게 자유자재로 상주상락 상락아정
영생영락으로 작용하여 쓰며 누린다.

나 자체로 내가 다로 열리어
유 남북도 무 남북도 없는 내가 유 남북 무 남북을
동시에 나로 청정무구하고 순백무구하고 원만구족
하게 원융무애하게 자유자재로 상주상락 상락아정
영생영락으로 작용하여 쓰며 누린다.

나 자체로 내가 다로 열리어
유 유주무주도 무 유주무주도 없는 내가 유 유주무
주 무 유주무주를 동시에 나로 청정무구하고 순백
무구하고 원만구족하게 원융무애하게 자유자재로
상주상락 상락아정 영생영락으로 작용하여 쓰며
누린다.

나 자체로 내가 다로 열리어
유 유염무염도 무 유염무염도 없는 내가 유 유염무
염 무 유염무염을 동시에 나로 청정무구하고 순백
무구하고 원만구족하게 원융무애하게 자유자재로
상주상락 상락아정 영생영락으로 작용하여 쓰며
누린다.

나 자체로 내가 다로 열리어
유 미오도 무 미오도 없는 내가 유 미오 무 미오를

동시에 나로 청정무구하고 순백무구하고 원만구족하게 원융무애하게 자유자재로 상주상락 상락아정 영생영락으로 작용하여 쓰며 누린다.

나 자체로 내가 다로 열리어
유 고집멸도도 무 고집멸도도 없는 내가 유 고집멸도 무 고집멸도를 동시에 나로 청정무구하고 순백무구하고 원만구족하게 원융무애하게 자유자재로 상주상락 상락아정 영생영락으로 작용하여 쓰며 누린다.

나 자체로 내가 다로 열리어
유 계정혜도 무 계정혜도 없는 내가 유 계정혜 무 계정혜를 동시에 나로 청정무구하고 순백무구하고 원만구족하게 원융무애하게 자유자재로 상주상락 상락아정 영생영락으로 작용하여 쓰며 누린다.

나 자체로 내가 다로 열리어
유 육바라밀도 무 육바라밀도 없는 내가 유 육바라밀 무 육바라밀을 동시에 나로 청정무구하고 순백무구하고 원만구족하게 원융무애하게 자유자재로 상주상락 상락아정 영생영락으로 작용하여 쓰며 누린다.

나 자체로 내가 다로 열리어
유 팔정도도 무 팔정도도 없는 내가 유 팔정도 무 팔정도를 동시에 나로 청정무구하고 순백무구하고 원만구족하게 원융무애하게 자유자재로 상주상락 상락아정 영생영락으로 작용하여 쓰며 누린다.

나 자체로 내가 다로 열리어
유 삼십칠조도품도 무 삼십칠조도품도 없는 내가 유 삼십칠조도품 무 삼십칠조도품을 동시에 나로 청정무구하고 순백무구하고 원만구족하게 원융무애하게 자유자재로 상주상락 상락아정 영생영락으로 작용하여 쓰며 누린다.

나 자체로 내가 다로 열리어
유 성소작지도 무 성소작지도 없는 내가 유 성소작지 무 성소작지를 동시에 나로 청정무구하고 순백무구하고 원만구족하게 원융무애하게 자유자재로 상주상락 상락아정 영생영락으로 작용하여 쓰며 누린다.

나 자체로 내가 다로 열리어
유 묘관찰지도 무 묘관찰지도 없는 내가 유 묘관찰지 무 묘관찰지를 동시에 나로 청정무구하고 순백무구하고 원만구족하게 원융무애하게 자유자재로 상주상락 상락아정 영생영락으로 작용하여 쓰며 누린다.

나 자체로 내가 다로 열리어
유 평등성지도 무 평등성지도 없는 내가 유 평등성지 무 평등성지를 동시에 나로 청정무구하고 순백무구하고 원만구족하게 원융무애하게 자유자재로 상주상락 상락아정 영생영락으로 작용하여 쓰며 누린다.

나 자체로 내가 다로 열리어
유 대원경지도 무 대원경지도 없는 내가 유 대원경지 무 대원경지를 동시에 나로 청정무구하고 순백무구하고 원만구족하게 원융무애하게 자유자재로 상주상락 상락아정 영생영락으로 작용하여 쓰며 누린다.

나 자체로 내가 다로 열리어

유 각성광영도 무 각성광영도 없는 내가 유 각성광영 무 각성광영을 동시에 나로 청정무구하고 순백무구하고 원만구족하게 원융무애하게 자유자재로 상주상락 상락아정 영생영락으로 작용하여 쓰며 누린다.

나 자체로 내가 다로 열리어
유 울울창창도 무 울울창창도 없는 내가 유 울울창창 무 울울창창을 동시에 나로 청정무구하고 순백무구하고 원만구족하게 원융무애하게 자유자재로 상주상락 상락아정 영생영락으로 작용하여 쓰며 누린다.

나 자체로 내가 다로 열리어
유 창창울울도 무 창창울울도 없는 내가 유 창창울울 무 창창울울을 동시에 나로 청정무구하고 순백무구하고 원만구족하게 원융무애하게 자유자재로 상주상락 상락아정 영생영락으로 작용하여 쓰며 누린다.

나 자체로 내가 다로 열리어
유 활할창창도 무 활할창창도 없는 내가 유 활할

창창 무 활할창창을 동시에 나로 청정무구하고 순백무구하고 원만구족하게 원융무애하게 자유자재로 상주상락 상락아정 영생영락으로 작용하여 쓰며 누린다.

나 자체로 내가 다로 열리어
유 활할울울도 무 활할울울도 없는 내가 유 활할울울 무 활할울울을 동시에 나로 청정무구하고 순백무구하고 원만구족하게 원융무애하게 자유자재로 상주상락 상락아정 영생영락으로 작용하여 쓰며 누린다.

나 자체로 내가 다로 열리어
유 활할천하도 무 활할천하도 없는 내가 유 활할천하 무 활할천하를 동시에 나로 청정무구하고 순백무구하고 원만구족하게 원융무애하게 자유자재로 상주상락 상락아정 영생영락으로 작용하여 쓰며 누린다.

나 자체로 내가 다로 열리어
유 활할세상도 무 활할세상도 없는 내가 유 활할세상 무 활할세상을 동시에 나로 청정무구하고 순백무구하고 원만구족하게 원융무애하게 자유자재로 상주상락 상락아정 영생영락으로 작용하여 쓰며 누린다.

나 자체로 내가 다로 열리어
유 활활세게도 무 활활세게도 없는 내가 유 활활세게 무 활활세게를 동시에 나로 청정무구하고 순백무구하고 원만구족하게 원융무애하게 자유자재로 상주상락 상락아정 영생영락으로 작용하여 쓰며 누린다.

나 자체로 내가 다로 열리어
유 활활우주도 무 활활우주도 없는 내가 유 활활우주 무 활활우주를 동시에 나로 청정무구하고 순백무구하고 원만구족하게 원융무애하게 자유자재로 상주상락 상락아정 영생영락으로 작용하여 쓰며 누린다.

나 자체로 내가 다로 열리어
유 활활법계도 무 활활법계도 없는 내가 유 활활법계 무 활활법계를 동시에 나로 청정무구하고 순백무구하고 원만구족하게 원융무애하게 자유자재로 상주상락 상락아정 영생영락으로 작용하여 쓰며 누린다.

나 자체로 내가 다로 열리어
유 상주상락도 무 상주상락도 없는 내가 유 상주상락 무 상주상락을 동시에 나로 청정무구하고 순백무구하고 원만구족하게 원융무애하게 자유자재로 상주상락 상락아정 영생영락으로 작용하여 쓰며 누린다.

나 자체로 내가 다로 열리어
유 상락아정도 무 상락아정도 없는 내가 유 상락아정 무 상락아정을 동시에 나로 청정무구하고 순백무구하고 원만구족하게 원융무애하게 자유자재로 상주상락 상락아정 영생영락으로 작용하여 쓰며 누린다.

나 자체로 내가 다로 열리어
유 자아자락도 무 자아자락도 없는 내가 유 자아자락 무 자아자락을 동시에 나로 청정무구하고 순백무구하고 원만구족하게 원융무애하게 자유자재로 상주상락 상락아정 영생영락으로 작용하여 쓰며 누린다.

나 자체로 내가 다로 열리어
유 자성자락도 무 자성자락도 없는 내가 유 자성자락 무 자성자락을 동시에 나로 청정무구하고 순백무구하고 원만구족하게 원융무애하게 자유자재로 상주상락 상락아정 영생영락으로 작용하여 쓰며 누린다.

나 자체로 내가 다로 열리어
유 자견자락도 무 자견자락도 없는 내가 유 자견자락 무 자견자락을 동시에 나로 청정무구하고 순백무구하고 원만구족하게 원융무애하게 자유자재로 상주상락 상락아정 영생영락으로 작용하여 쓰며 누린다.

나 자체로 내가 다로 열리어
유 자각자락도 무 자각자락도 없는 내가 유 자각자락 무 자각자락을 동시에 나로 청정무구하고 순백무구하고 원만구족하게 원융무애하게 자유자재로 상주상락 상락아정 영생영락으로 작용하여 쓰며 누린다.

나 자체로 내가 다로 열리어
유 자증자락도 무 자증자락도 없는 내가 유 자증자락 무 자증자락을 동시에 나로 청정무구하고 순백무구하고 원만구족하게 원융무애하게 자유자재로 상주상락 상락아정 영생영락으로 작용하여 쓰며 누린다.

나 자체로 내가 다로 열리어
유 자인자락도 무 자인자락도 없는 내가 유 자인자락 무 자인자락을 동시에 나로 청정무구하고 순백무구하고 원만구족하게 원융무애하게 자유자재로 상주상락 상락아정 영생영락으로 작용하여 쓰며 누린다.

나 자체로 내가 다로 열리어
유 자직자락도 무 자직자락도 없는 내가 유 자직자락 무 자직자락을 동시에 나로 청정무구하고 순백무구하고 원만구족하게 원융무애하게 자유자재로 상주상락 상락아정 영생영락으로 작용하여 쓰며 누린다.

나 자체로 내가 다로 열리어

유 자즉자락도 무 자즉자락도 없는 내가 유 자즉자락 무 자즉자락을 동시에 나로 청정무구하고 순백무구하고 원만구족하게 원융무애하게 자유자재로 상주상락 상락아정 영생영락으로 작용하여 쓰며 누린다.

나 자체로 내가 다로 열리어
유 자작자락도 무 자작자락도 없는 내가 유 자작자락 무 자작자락을 동시에 나로 청정무구하고 순백무구하고 원만구족하게 원융무애하게 자유자재로 상주상락 상락아정 영생영락으로 작용하여 쓰며 누린다.

나 자체로 내가 다로 열리어
유 자행자락도 무 자행자락도 없는 내가 유 자행자락 무 자행자락을 동시에 나로 청정무구하고 순백무구하고 원만구족하게 원융무애하게 자유자재로 상주상락 상락아정 영생영락으로 작용하여 쓰며 누린다.

나 자체로 내가 다로 열리어
유 자응자락도 무 자응자락도 없는 내가 유 자응

자락 무 자융자락을 동시에 나로 청정무구하고 순백무구하고 원만구족하게 원융무애하게 자유자재로 상주상락 상락아정 영생영락으로 작용하여 쓰며 누린다.

나 자체로 내가 다로 열리어
유 자홍자락도 무 자홍자락도 없는 내가 유 자홍자락 무 자홍자락을 동시에 나로 청정무구하고 순백무구하고 원만구족하게 원융무애하게 자유자재로 상주상락 상락아정 영생영락으로 작용하여 쓰며 누린다.

나 자체로 내가 다로 열리어
유 자현자락도 무 자현자락도 없는 내가 유 자현자락 무 자현자락을 동시에 나로 청정무구하고 순백무구하고 원만구족하게 원융무애하게 자유자재로 상주상락 상락아정 영생영락으로 작용하여 쓰며 누린다.

나 자체로 내가 다로 열리어
유 자여자락도 무 자여자락도 없는 내가 유 자여자락 무 자여자락을 동시에 나로 청정무구하고 순백무구하고 원만구족하게 원융무애하게 자유자재로 상주상락 상락아정 영생영락으로 작용하여 쓰며 누린다.

나 자체로 내가 다로 열리어
유 자정자락도 무 자정자락도 없는 내가 유 자정자락 무 자정자락을 동시에 나로 청정무구하고 순백무구하고 원만구족하게 원융무애하게 자유자재로 상주상락 상락아정 영생영락으로 작용하여 쓰며 누린다.

나 자체로 내가 다로 열리어
유 자진자락도 무 자진자락도 없는 내가 유 자진자락 무 자진자락을 동시에 나로 청정무구하고 순백무구하고 원만구족하게 원융무애하게 자유자재로 상주상락 상락아정 영생영락으로 작용하여 쓰며 누린다.

나 자체로 내가 다로 열리어
유 자의자락도 무 자의자락도 없는 내가 유 자의자락 무 자의자락을 동시에 나로 청정무구하고 순백무구하고 원만구족하게 원융무애하게 자유자재로 상주상락 상락아정 영생영락으로 작용하여 쓰며 누린다.

나 자체로 내가 다로 열리어
유 자지자락도 무 자지자락도 없는 내가 유 자지자락 무 자지자락을 동시에 나로 청정무구하고 순백무구하고 원만구족하게 원융무애하게 자유자재로 상주상락 상락아정 영생영락으로 작용하여 쓰며 누린다.

나 자체로 내가 다로 열리어
유 자혜자락도 무 자혜자락도 없는 내가 유 자혜자락 무 자혜자락을 동시에 나로 청정무구하고 순백무구하고 원만구족하게 원융무애하게 자유자재로 상주상락 상락아정 영생영락으로 작용하여 쓰며 누린다.

나 자체로 내가 다로 열리어
유 자예자락도 무 자예자락도 없는 내가 유 자예자락 무 자예자락을 동시에 나로 청정무구하고 순백무구하고 원만구족하게 원융무애하게 자유자재로 상주상락 상락아정 영생영락으로 작용하여 쓰며 누린다.

나 자체로 내가 다로 열리어
유 자명자락도 무 자명자락도 없는 내가 유 자명자락 무 자명자락을 동시에 나로 청정무구하고 순백무구하고 원만구족하게 원융무애하게 자유자재로 상주상락 상락아정 영생영락으로 작용하여 쓰며 누린다.

나 자체로 내가 다로 열리어
유 자광자락도 무 자광자락도 없는 내가 유 자광자락 무 자광자락을 동시에 나로 청정무구하고 순백무구하고 원만구족하게 원융무애하게 자유자재로 상주상락 상락아정 영생영락으로 작용하여 쓰며 누린다.

나 자체로 내가 다로 열리어
유 자휘자락도 무 자휘자락도 없는 내가 유 자휘자락 무 자휘자락을 동시에 나로 청정무구하고 순백무구하고 원만구족하게 원융무애하게 자유자재로 상주상락 상락아정 영생영락으로 작용하여 쓰며 누린다.

나 자체로 내가 다로 열리어
유 자통자락 무 자통자락도 없는 내가 유 자통자락 무 자통자락을 동시에 나로 청정무구하고 순백무구하고 원만구족하게 원융무애하게 자유자재로 상주상락 상락아정 영생영락으로 작용하여 쓰며 누린다.

나 자체로 내가 다로 열리어
유 자도자락도 무 자도자락도 없는 내가 유 자도자락 무 자도자락을 동시에 나로 청정무구하고 순백무구하고 원만구족하게 원융무애하게 자유자재로 상주상락 상락아정 영생영락으로 작용하여 쓰며 누린다.

나 자체로 내가 다로 열리어
유 자법자락도 무 자법자락도 없는 내가 유 자법자락 무 자법자락을 동시에 나로 청정무구하고 순백무구하고 원만구족하게 원융무애하게 자유자재로 상주상락 상락아정 영생영락으로 작용하여 쓰며 누린다.

나 자체로 내가 다로 열리어

유 자불자락도 무 자불자락도 없는 내가 유 자불자락 무 자불자락을 동시에 나로 청정무구하고 순백무구하고 원만구족하게 원융무애하게 자유자재로 상주상락 상락아정 영생영락으로 작용하여 쓰며 누린다.

나 자체로 내가 다로 열리어
유 진여실상 무 진여실상도 없는 내가 유 진여실상 무 진여실상을 동시에 나로 청정무구하고 순백무구하고 원만구족하게 원융무애하게 자유자재로 상주상락 상락아정 영생영락으로 작용하여 쓰며 누린다.

나 자체로 내가 다로 열리어
유 삼매해탈도 무 삼매해탈도 없는 내가 유 삼매해탈 무 삼매해탈을 동시에 나로 청정무구하고 순백무구하고 원만구족하게 원융무애하게 자유자재로 상주상락 상락아정 영생영락으로 작용하여 쓰며 누린다.

나 자체로 내가 다로 열리어
유 열반묘심도 무 열반묘심도 없는 내가 유 열반

묘심 무 열반묘심을 동시에 나로 청정무구하고 순백무구하고 원만구족하게 원융무애하게 자유자재로 상주상락 상락아정 영생영락으로 작용하여 쓰며 누린다.

나 자체로 내가 다로 열리어
유 정법안장도 무 정법안장도 없는 내가 유 정법안장 무 정법안장을 동시에 나로 청정무구하고 순백무구하고 원만구족하게 원융무애하게 자유자재로 상주상락 상락아정 영생영락으로 작용하여 쓰며 누린다.

나 자체로 내가 다로 열리어
유 돈오점수도 무 돈오점수도 없는 내가 유 돈오점수 무 돈오점수를 동시에 나로 청정무구하고 순백무구하고 원만구족하게 원융무애하게 자유자재로 상주상락 상락아정 영생영락으로 작용하여 쓰며 누린다.

나 자체로 내가 다로 열리어
유 돈오돈수도 무 돈오돈수도 없는 내가 유 돈오돈수 무 돈오돈수를 동시에 나로 청정무구하고 순백무구하고 원만구족하게 원융무애하게 자유자재로 상주상락 상락아정 영생영락으로 작용하여 쓰며 누린다.

나 자체로 내가 다로 열리어
유 본오본수도 무 본오본수도 없는 내가 유 본오본수 무 본오본수를 동시에 나로 청정무구하고 순백무구하고 원만구족하게 원융무애하게 자유자재로 상주상락 상락아정 영생영락으로 작용하여 쓰며 누린다.

나 자체로 내가 다로 열리어
유 자오자수도 무 자오자수도 없는 내가 유 자오자수 무 자오자수를 동시에 나로 청정무구하고 순백무구하고 원만구족하게 원융무애하게 자유자재로 상주상락 상락아정 영생영락으로 작용하여 쓰며 누린다.

나 자체로 내가 다로 열리어
유 동정일여도 무 동정일여도 없는 내가 유 동정일여 무 동정일여를 동시에 나로 청정무구하고 순백무구하고 원만구족하게 원융무애하게 자유자재로 상주상락 상락아정 영생영락으로 작용하여 쓰며 누린다.

나 자체로 내가 다로 열리어
유 몽중일여도 무 몽중일여도 없는 내가 유 몽중일여 무 몽중일여를 동시에 나로 청정무구하고 순백무구하고 원만구족하게 원융무애하게 자유자재로 상주상락 상락아정 영생영락으로 작용하여 쓰며 누린다.

나 자체로 내가 다로 열리어
유 숙면일여도 무 숙면일여도 없는 내가 유 숙면일여 무 숙면일여를 동시에 나로 청정무구하고 순백무구하고 원만구족하게 원융무애하게 자유자재로 상주상락 상락아정 영생영락으로 작용하여 쓰며 누린다.

나 자체로 내가 다로 열리어
유 은산철벽도 무 은산철벽도 없는 내가 유 은산철벽 무 은산철벽을 동시에 나로 청정무구하고 순백무구하고 원만구족하게 원융무애하게 자유자재로 상주상락 상락아정 영생영락으로 작용하여 쓰며 누린다.

나 자체로 내가 다로 열리어
유 타성일편도 무 타성일편도 없는 내가 유 타성일편 무 타성일편을 동시에 나로 청정무구하고 순백무구하고 원만구족하게 원융무애하게 자유자재로 상주상락 상락아정 영생영락으로 작용하여 쓰며 누린다.

나 자체로 내가 다로 열리어
유 일편단심도 무 일편단심도 없는 내가 유 일편단심 무 일편단심을 동시에 나로 청정무구하고 순백무구하고 원만구족하게 원융무애하게 자유자재로 상주상락 상락아정 영생영락으로 작용하여 쓰며 누린다.

나 자체로 내가 다로 열리어
유 오매일여도 무 오매일여도 없는 내가 유 오매일여 무 오매일여를 동시에 나로 청정무구하고 순백무구하고 원만구족하게 원융무애하게 자유자재로 상주상락 상락아정 영생영락으로 작용하여 쓰며 누린다.

나 자체로 내가 다로 열리어
유 여여부동도 무 여여부동도 없는 내가 유 여여부동 무 여여부동을 동시에 나로 청정무구하고 순백무구하고 원만구족하게 원융무애하게 자유자재로 상주상락 상락아정 영생영락으로 작용하여 쓰며 누린다.

나 자체로 내가 다로 열리어
유 내외명철도 무 내외명철도 없는 내가 유 내외명철 무 내외명철을 동시에 나로 청정무구하고 순백무구하고 원만구족하게 원융무애하게 자유자재로 상주상락 상락아정 영생영락으로 작용하여 쓰며 누린다.

나 자체로 내가 다로 열리어
유 견오견수도 무 견오견수도 없는 내가 유 견오견수 무 견오견수를 동시에 나로 청정무구하고 순백무구하고 원만구족하게 원융무애하게 자유자재로 상주상락 상락아정 영생영락으로 작용하여 쓰며 누린다.

나 자체로 내가 다로 열리어

유 확철대오도 무 확철대오도 없는 내가 유 확철대오 무 확철대오를 동시에 나로 청정무구하고 순백무구하고 원만구족하게 원융무애하게 자유자재로 상주상락 상락아정 영생영락으로 작용하여 쓰며 누린다.

나 자체로 내가 다로 열리어
유 증오증수도 무 증오증수도 없는 내가 유 증오증수 무 증오증수를 동시에 나로 청정무구하고 순백무구하고 원만구족하게 원융무애하게 자유자재로 상주상락 상락아정 영생영락으로 작용하여 쓰며 누린다.

나 자체로 내가 다로 열리어
유 견성성불도 무 견성성불도 없는 내가 유 견성성불 무 견성성불을 동시에 나로 청정무구하고 순백무구하고 원만구족하게 원융무애하게 자유자재로 상주상락 상락아정 영생영락으로 작용하여 쓰며 누린다.

나 자체로 내가 다로 열리어
유 본래본불도 무 본래본불도 없는 내가 유 본래

본불 무 본래본불을 동시에 나로 청정무구하고 순백무구하고 원만구족하게 원융무애하게 자유자재로 상주상락 상락아정 영생영락으로 작용하여 쓰며 누린다.

나 자체로 내가 다로 열리어
유 처처안락도 무 처처안락도 없는 내가 유 처처안락 무 처처안락을 동시에 나로 청정무구하고 순백무구하고 원만구족하게 원융무애하게 자유자재로 상주상락 상락아정 영생영락으로 작용하여 쓰며 누린다.

나 자체로 내가 다로 열리어
유 유생도 무 유생도 없는 내가 유 유생 무 유생을 동시에 나로 청정무구하고 순백무구하고 원만구족하게 원융무애하게 자유자재로 상주상락 상락아정 영생영락으로 작용하여 쓰며 누린다.

나 자체로 내가 다로 열리어
유 유정도 무 유정도 없는 내가 유 유정 무 유정을 동시에 나로 청정무구하고 순백무구하고 원만구족하게 원융무애하게 자유자재로 상주상락 상락아정 영생영락으로 작용하여 쓰며 누린다.

나 자체로 내가 다로 열리어
유 범부성인도 무 범부성인도 없는 내가 유 범부성인 무 범부성인을 동시에 나로 청정무구하고 순백무구하고 원만구족하게 원융무애하게 자유자재로 상주상락 상락아정 영생영락으로 작용하여 쓰며 누린다.

나 자체로 내가 다로 열리어
유 중생부처도 무 중생부처도 없는 내가 유 중생부처 무 중생부처를 동시에 나로 청정무구하고 순백무구하고 원만구족하게 원융무애하게 자유자재로 상주상락 상락아정 영생영락으로 작용하여 쓰며 누린다.

나 자체로 내가 다로 열리어
유 이념사상도 무 이념사상도 없는 내가 유 이념사상 무 이념사상을 동시에 나로 청정무구하고 순백무구하고 원만구족하게 원융무애하게 자유자재로 상주상락 상락아정 영생영락으로 작용하여 쓰며 누린다.

나 자체로 내가 다로 열리어
유 진보보수도 무 진보보수도 없는 내가 유 진보보수 무 진보보수를 동시에 나로 청정무구하고 순백무구하고 원만구족하게 원융무애하게 자유자재로 상주상락 상락아정 영생영락으로 작용하여 쓰며 누린다.

나 자체로 내가 다로 열리어
유 종교 신앙도 무 종교 신앙도 없는 내가 유 종교 신앙 무 종교 신앙을 동시에 나로 청정무구하고 순백무구하고 원만구족하게 원융무애하게 자유자재로 상주상락 상락아정 영생영락으로 작용하여 쓰며 누린다.

나 자체로 내가 다로 열리어
유 문명문화도 무 문명문화도 없는 내가 유 문명문화 무 문명문화를 동시에 나로 청정무구하고 순백무구하고 원만구족하게 원융무애하게 자유자재로 상주상락 상락아정 영생영락으로 작용하여 쓰며 누린다.

나 자체로 내가 다로 열리어

유 연기도 무 연기도 없는 내가 유 연기 무 연기를
동시에 나로 청정무구하고 순백무구하고 원만구족
하게 원융무애하게 자유자재로 상주상락 상락아정
영생영락으로 작용하여 쓰며 누린다.

나 자체로 내가 다로 열리어
유 상연도 무 상연도 없는 내가 유 상연 무 상연을
동시에 나로 청정무구하고 순백무구하고 원만구족
하게 원융무애하게 자유자재로 상주상락 상락아정
영생영락으로 작용하여 쓰며 누린다.

나 자체로 내가 다로 열리어
유 상생도 무 상생도 없는 내가 유 상생 무 상생을
동시에 나로 청정무구하고 순백무구하고 원만구족
하게 원융무애하게 자유자재로 상주상락 상락아정
영생영락으로 작용하여 쓰며 누린다.

나 자체로 내가 다로 열리어
유 중도도 무 중도도 없는 내가 유 중도 무 중도를
동시에 나로 청정무구하고 순백무구하고 원만구족
하게 원융무애하게 자유자재로 상주상락 상락아정
영생영락으로 작용하여 쓰며 누린다.

나 자체로 내가 다로 열리어
유 공존도 무 공존도 없는 내가 유 공존 무 공존을
동시에 나로 청정무구하고 순백무구하고 원만구족
하게 원융무애하게 자유자재로 상주상락 상락아정
영생영락으로 작용하여 쓰며 누린다.

나 자체로 내가 다로 열리어
유 여현도 무 여현도 없는 내가 유 여현 무 여현을
동시에 나로 청정무구하고 순백무구하고 원만구족
하게 원융무애하게 자유자재로 상주상락 상락아정
영생영락으로 작용하여 쓰며 누린다.

나 자체로 내가 다로 열리어
유 인과도 무 인과도 없는 내가 유 인과 무 인과를
동시에 나로 청정무구하고 순백무구하고 원만구족
하게 원융무애하게 자유자재로 상주상락 상락아정
영생영락으로 작용하여 쓰며 누린다.

나 자체로 내가 다로 열리어
유 응보도 무 응보도 없는 내가 유 응보 무 응보를
동시에 나로 청정무구하고 순백무구하고 원만구족
하게 원융무애하게 자유자재로 상주상락 상락아정

영생영락으로 작용하여 쓰며 누린다.

나 자체로 내가 다로 열리어
유 육도도 무 육도도 없는 내가 유 육도 무 육도를
동시에 나로 청정무구하고 순백무구하고 원만구족
하게 원융무애하게 자유자재로 상주상락 상락아정
영생영락으로 작용하여 쓰며 누린다.

나 자체로 내가 다로 열리어
유 윤회도 무 윤회도 없는 내가 유 윤회 무 윤회를
동시에 나로 청정무구하고 순백무구하고 원만구족
하게 원융무애하게 자유자재로 상주상락 상락아정
영생영락으로 작용하여 쓰며 누린다.

나 자체로 내가 다로 열리어
유 삼세도 무 삼세도 없는 내가 유 삼세 무 삼세를
동시에 나로 청정무구하고 순백무구하고 원만구족
하게 원융무애하게 자유자재로 상주상락 상락아정
영생영락으로 작용하여 쓰며 누린다.

나 자체로 내가 다로 열리어
유 삼계도 무 삼계도 없는 내가 유 삼계 무 삼계를

동시에 나로 청정무구하고 순백무구하고 원만구족하게 원융무애하게 자유자재로 상주상락 상락아정 영생영락으로 작용하여 쓰며 누린다.

나 자체로 내가 다로 열리어
유 시방도 무 시방도 없는 내가 유 시방 무 시방을 동시에 나로 청정무구하고 순백무구하고 원만구족하게 원융무애하게 자유자재로 상주상락 상락아정 영생영락으로 작용하여 쓰며 누린다.

나 자체로 내가 다로 열리어
유 세상도 무 세상도 없는 내가 유 세상 무 세상을 동시에 나로 청정무구하고 순백무구하고 원만구족하게 원융무애하게 자유자재로 상주상락 상락아정 영생영락으로 작용하여 쓰며 누린다.

나 자체로 내가 다로 열리어
유 삼천대천세계도 무 삼천대천세계도 없는 내가 유 삼천대천세계 무 삼천대천세계를 동시에 나로 청정무구하고 순백무구하고 원만구족하게 원융무애하게 자유자재로 상주상락 상락아정 영생영락으로 작용하여 쓰며 누린다.

나 자체로 내가 다로 열리어
유 법계도 무 법계도 없는 내가 유 법계 무 법계를
동시에 나로 청정무구하고 순백무구하고 원만구족
하게 원융무애하게 자유자재로 상주상락 상락아정
영생영락으로 작용하여 쓰며 누린다.

나 자체로 내가 다로 열리어
유 수다원도 무 수다원도 없는 내가 유 수다원 무
수다원을 동시에 나로 청정무구하고 순백무구하고
원만구족하게 원융무애하게 자유자재로 상주상락
상락아정 영생영락으로 작용하여 쓰며 누린다.

나 자체로 내가 다로 열리어
유 사다함도 무 사다함도 없는 내가 유 사다함 무
사다함을 동시에 나로 청정무구하고 순백무구하고
원만구족하게 원융무애하게 자유자재로 상주상락
상락아정 영생영락으로 작용하여 쓰며 누린다.

나 자체로 내가 다로 열리어
유 아나함도 무 아나함도 없는 내가 유 아나함 무
아나함을 동시에 나로 청정무구하고 순백무구하고
원만구족하게 원융무애하게 자유자재로 상주상락

상락아정 영생영락으로 작용하여 쓰며 누린다.

나 자체로 내가 다로 열리어
유 아라한도 무 아라한도 없는 내가 유 아라한 무 아라한을 동시에 나로 청정무구하고 순백무구하고 원만구족하게 원융무애하게 자유자재로 상주상락 상락아정 영생영락으로 작용하여 쓰며 누린다.

나 자체로 내가 다로 열리어
유 여래도 무 여래도 없는 내가 유 여래 무 여래를 동시에 나로 청정무구하고 순백무구하고 원만구족하게 원융무애하게 자유자재로 상주상락 상락아정 영생영락으로 작용하여 쓰며 누린다.

나 자체로 내가 다로 열리어
유 신심도 무 신심도 없는 내가 유 신심 무 신심을 동시에 나로 청정무구하고 순백무구하고 원만구족하게 원융무애하게 자유자재로 상주상락 상락아정 영생영락으로 작용하여 쓰며 누린다.

나 자체로 내가 다로 열리어
유 사대도 무 사대도 없는 내가 유 사대 무 사대를

동시에 나로 청정무구하고 순백무구하고 원만구족
하게 원융무애하게 자유자재로 상주상락 상락아정
영생영락으로 작용하여 쓰며 누린다.

나 자체로 내가 다로 열리어
유 오온도 무 오온도 없는 내가 유 오온 무 오온을
동시에 나로 청정무구하고 순백무구하고 원만구족
하게 원융무애하게 자유자재로 상주상락 상락아정
영생영락으로 작용하여 쓰며 누린다.

나 자체로 내가 다로 열리어
유 육신도 무 육신도 없는 내가 유 육신 무 육신을
동시에 나로 청정무구하고 순백무구하고 원만구족
하게 원융무애하게 자유자재로 상주상락 상락아정
영생영락으로 작용하여 쓰며 누린다.

나 자체로 내가 다로 열리어
유 육근도 무 육근도 없는 내가 유 육근 무 육근을
동시에 나로 청정무구하고 순백무구하고 원만구족
하게 원융무애하게 자유자재로 상주상락 상락아정
영생영락으로 작용하여 쓰며 누린다.

나 자체로 내가 다로 열리어
유 육식도 무 육식도 없는 내가 유 육식 무 육식을 동시에 나로 청정무구하고 순백무구하고 원만구족하게 원융무애하게 자유자재로 상주상락 상락아정 영생영락으로 작용하여 쓰며 누린다.

나 자체로 내가 다로 열리어
유 의식도 무 의식도 없는 내가 유 의식 무 의식을 동시에 나로 청정무구하고 순백무구하고 원만구족하게 원융무애하게 자유자재로 상주상락 상락아정 영생영락으로 작용하여 쓰며 누린다.

나 자체로 내가 다로 열리어
유 잠재의식도 무 잠재의식도 없는 내가 유 잠재의식 무 잠재의식을 동시에 나로 청정무구하고 순백무구하고 원만구족하게 원융무애하게 자유자재로 상주상락 상락아정 영생영락으로 작용하여 쓰며 누린다.

나 자체로 내가 다로 열리어
유 무의식도 무 무의식도 없는 내가 유 무의식 무 무의식을 동시에 나로 청정무구하고 순백무구하고 원만구족하게 원융무애하게 자유자재로 상주상락 상락아정 영생영락으로 작용하여 쓰며 누린다.

나 자체로 내가 다로 열리어
유 본적영지도 무 본적영지도 없는 내가 유 본적영지 무 본적영지를 동시에 나로 청정무구하고 순백무구하고 원만구족하게 원융무애하게 자유자재로 상주상락 상락아정 영생영락으로 작용하여 쓰며 누린다.

나 자체로 내가 다로 열리어
유 영성영각도 무 영성영각도 없는 내가 유 영성영각 무 영성영각을 동시에 나로 청정무구하고 순백무구하고 원만구족하게 원융무애하게 자유자재로 상주상락 상락아정 영생영락으로 작용하여 쓰며 누린다.

나 자체로 내가 다로 열리어
유 숙명통도 무 숙명통도 없는 내가 유 숙명통 무 숙명통을 동시에 나로 청정무구하고 순백무구하고 원만구족하게 원융무애하게 자유자재로 상주상락 상락아정 영생영락으로 작용하여 쓰며 누린다.

나 자체로 내가 다로 열리어
유 타심통도 무 타심통도 없는 내가 유 타심통 무 타심통을 동시에 나로 청정무구하고 순백무구하고 원만구족하게 원융무애하게 자유자재로 상주상락 상락아정 영생영락으로 작용하여 쓰며 누린다.

나 자체로 내가 다로 열리어
유 천안통도 무 천안통도 없는 내가 유 천안통 무 천안통을 동시에 나로 청정무구하고 순백무구하고 원만구족하게 원융무애하게 자유자재로 상주상락 상락아정 영생영락으로 작용하여 쓰며 누린다.

나 자체로 내가 다로 열리어
유 천이통도 무 천이통도 없는 내가 유 천이통 무 천이통을 동시에 나로 청정무구하고 순백무구하고 원만구족하게 원융무애하게 자유자재로 상주상락 상락아정 영생영락으로 작용하여 쓰며 누린다.

나 자체로 내가 다로 열리어
유 신족통도 무 신족통도 없는 내가 유 신족통 무 신족통을 동시에 나로 청정무구하고 순백무구하고 원만구족하게 원융무애하게 자유자재로 상주상락 상락아정 영생영락으로 작용하여 쓰며 누린다.

나 자체로 내가 다로 열리어
유 누진통도 무 누진통도 없는 내가 유 누진통 무 누진통을 동시에 나로 청정무구하고 순백무구하고 원만구족하게 원융무애하게 자유자재로 상주상락 상락아정 영생영락으로 작용하여 쓰며 누린다.

나 자체로 내가 다로 열리어
유 육신통도 무 육신통도 없는 내가 유 육신통 무 육신통을 동시에 나로 청정무구하고 순백무구하고 원만구족하게 원융무애하게 자유자재로 상주상락 상락아정 영생영락으로 작용하여 쓰며 누린다.

나 자체로 내가 다로 열리어
유 천안도 무 천안도 없는 내가 유 천안 무 천안을 동시에 나로 청정무구하고 순백무구하고 원만구족하게 원융무애하게 자유자재로 상주상락 상락아정 영생영락으로 작용하여 쓰며 누린다.

나 자체로 내가 다로 열리어
유 육안도 무 육안도 없는 내가 유 육안 무 육안을

동시에 나로 청정무구하고 순백무구하고 원만구족
하게 원융무애하게 자유자재로 상주상락 상락아정
영생영락으로 작용하여 쓰며 누린다.

나 자체로 내가 다로 열리어
유 심안도 무 심안도 없는 내가 유 심안 무 심안을
동시에 나로 청정무구하고 순백무구하고 원만구족
하게 원융무애하게 자유자재로 상주상락 상락아정
영생영락으로 작용하여 쓰며 누린다.

나 자체로 내가 다로 열리어
유 혜안도 무 혜안도 없는 내가 유 혜안 무 혜안을
동시에 나로 청정무구하고 순백무구하고 원만구족
하게 원융무애하게 자유자재로 상주상락 상락아정
영생영락으로 작용하여 쓰며 누린다.

나 자체로 내가 다로 열리어
유 도안도 무 도안도 없는 내가 유 도안 무 도안을
동시에 나로 청정무구하고 순백무구하고 원만구족
하게 원융무애하게 자유자재로 상주상락 상락아정
영생영락으로 작용하여 쓰며 누린다.

나 자체로 내가 다로 열리어
유 법안도 무 법안도 없는 내가 유 법안 무 법안을
동시에 나로 청정무구하고 순백무구하고 원만구족
하게 원융무애하게 자유자재로 상주상락 상락아정
영생영락으로 작용하여 쓰며 누린다.

나 자체로 내가 다로 열리어
유 불안도 무 불안도 없는 내가 유 불안 무 불안을
동시에 나로 청정무구하고 순백무구하고 원만구족
하게 원융무애하게 자유자재로 상주상락 상락아정
영생영락으로 작용하여 쓰며 누린다.

나 자체로 내가 다로 열리어
유 십신도 무 십신도 없는 내가 유 십신 무 십신을
동시에 나로 청정무구하고 순백무구하고 원만구족
하게 원융무애하게 자유자재로 상주상락 상락아정
영생영락으로 작용하여 쓰며 누린다.

나 자체로 내가 다로 열리어
유 십주도 무 십주도 없는 내가 유 십주 무 십주를
동시에 나로 청정무구하고 순백무구하고 원만구족

하게 원융무애하게 자유자재로 상주상락 상락아정 영생영락으로 작용하여 쓰며 누린다.

나 자체로 내가 다로 열리어
유 십행도 무 십행도 없는 내가 유 십행 무 십행을 동시에 나로 청정무구하고 순백무구하고 원만구족하게 원융무애하게 자유자재로 상주상락 상락아정 영생영락으로 작용하여 쓰며 누린다.

나 자체로 내가 다로 열리어
유 십회향도 무 십회향도 없는 내가 유 십회향 무 십회향을 동시에 나로 청정무구하고 순백무구하고 원만구족하게 원융무애하게 자유자재로 상주상락 상락아정 영생영락으로 작용하여 쓰며 누린다.

나 자체로 내가 다로 열리어
유 십지도 무 십지도 없는 내가 유 십지 무 십지를 동시에 나로 청정무구하고 순백무구하고 원만구족하게 원융무애하게 자유자재로 상주상락 상락아정 영생영락으로 작용하여 쓰며 누린다.

나 자체로 내가 다로 열리어

유 심통도 무 심통도 없는 내가 유 심통 무 심통을
동시에 나로 청정무구하고 순백무구하고 원만구족
하게 원융무애하게 자유자재로 상주상락 상락아정
영생영락으로 작용하여 쓰며 누린다.

나 자체로 내가 다로 열리어
유 념통도 무 념통도 없는 내가 유 념통 무 념통을
동시에 나로 청정무구하고 순백무구하고 원만구족
하게 원융무애하게 자유자재로 상주상락 상락아정
영생영락으로 작용하여 쓰며 누린다.

나 자체로 내가 다로 열리어
유 감통도 무 감통도 없는 내가 유 감통 무 감통을
동시에 나로 청정무구하고 순백무구하고 원만구족
하게 원융무애하게 자유자재로 상주상락 상락아정
영생영락으로 작용하여 쓰며 누린다.

나 자체로 내가 다로 열리어
유 식통도 무 식통도 없는 내가 유 식통 무 식통을
동시에 나로 청정무구하고 순백무구하고 원만구족
하게 원융무애하게 자유자재로 상주상락 상락아정
영생영락으로 작용하여 쓰며 누린다.

나 자체로 내가 다로 열리어
유 의통도 무 의통도 없는 내가 유 의통 무 의통을
동시에 나로 청정무구하고 순백무구하고 원만구족
하게 원융무애하게 자유자재로 상주상락 상락아정
영생영락으로 작용하여 쓰며 누린다.

나 자체로 내가 다로 열리어
유 지통도 무 지통도 없는 내가 유 지통 무 지통을
동시에 나로 청정무구하고 순백무구하고 원만구족
하게 원융무애하게 자유자재로 상주상락 상락아정
영생영락으로 작용하여 쓰며 누린다.

나 자체로 내가 다로 열리어
유 견통도 무 견통도 없는 내가 유 견통 무 견통을
동시에 나로 청정무구하고 순백무구하고 원만구족
하게 원융무애하게 자유자재로 상주상락 상락아정
영생영락으로 작용하여 쓰며 누린다.

나 자체로 내가 다로 열리어
유 각통도 무 각통도 없는 내가 유 각통 무 각통을
동시에 나로 청정무구하고 순백무구하고 원만구족
하게 원융무애하게 자유자재로 상주상락 상락아정

영생영락으로 작용하여 쓰며 누린다.

나 자체로 내가 다로 열리어
유 증통도 무 증통도 없는 내가 유 증통 무 증통을
동시에 나로 청정무구하고 순백무구하고 원만구족
하게 원융무애하게 자유자재로 상주상락 상락아정
영생영락으로 작용하여 쓰며 누린다.

나 자체로 내가 다로 열리어
유 인통도 무 인통도 없는 내가 유 인통 무 인통을
동시에 나로 청정무구하고 순백무구하고 원만구족
하게 원융무애하게 자유자재로 상주상락 상락아정
영생영락으로 작용하여 쓰며 누린다.

나 자체로 내가 다로 열리어
유 직통도 무 직통도 없는 내가 유 직통 무 직통을
동시에 나로 청정무구하고 순백무구하고 원만구족
하게 원융무애하게 자유자재로 상주상락 상락아정
영생영락으로 작용하여 쓰며 누린다.

나 자체로 내가 다로 열리어
유 즉통도 무 즉통도 없는 내가 유 즉통 무 즉통을

동시에 나로 청정무구하고 순백무구하고 원만구족
하게 원융무애하게 자유자재로 상주상락 상락아정
영생영락으로 작용하여 쓰며 누린다.

나 자체로 내가 다로 열리어
유 작통도 무 작통도 없는 내가 유 작통 무 작통을
동시에 나로 청정무구하고 순백무구하고 원만구족
하게 원융무애하게 자유자재로 상주상락 상락아정
영생영락으로 작용하여 쓰며 누린다.

나 자체로 내가 다로 열리어
유 행통도 무 행통도 없는 내가 유 행통 무 행통을
동시에 나로 청정무구하고 순백무구하고 원만구족
하게 원융무애하게 자유자재로 상주상락 상락아정
영생영락으로 작용하여 쓰며 누린다.

나 자체로 내가 다로 열리어
유 융통도 무 융통도 없는 내가 유 융통 무 융통을
동시에 나로 청정무구하고 순백무구하고 원만구족
하게 원융무애하게 자유자재로 상주상락 상락아정
영생영락으로 작용하여 쓰며 누린다.

나 자체로 내가 다로 열리어
유 홍통도 무 홍통도 없는 내가 유 홍통 무 홍통을
동시에 나로 청정무구하고 순백무구하고 원만구족
하게 원융무애하게 자유자재로 상주상락 상락아정
영생영락으로 작용하여 쓰며 누린다.

나 자체로 내가 다로 열리어
유 현통도 무 현통도 없는 내가 유 현통 무 현통을
동시에 나로 청정무구하고 순백무구하고 원만구족
하게 원융무애하게 자유자재로 상주상락 상락아정
영생영락으로 작용하여 쓰며 누린다.

나 자체로 내가 다로 열리어
유 여통도 무 여통도 없는 내가 유 여통 무 여통을
동시에 나로 청정무구하고 순백무구하고 원만구족
하게 원융무애하게 자유자재로 상주상락 상락아정
영생영락으로 작용하여 쓰며 누린다.

나 자체로 내가 다로 열리어
유 정통도 무 정통도 없는 내가 유 정통 무 정통을
동시에 나로 청정무구하고 순백무구하고 원만구족

하게 원융무애하게 자유자재로 상주상락 상락아정
영생영락으로 작용하여 쓰며 누린다.

나 자체로 내가 다로 열리어
유 진통도 무 진통도 없는 내가 유 진통 무 진통을
동시에 나로 청정무구하고 순백무구하고 원만구족
하게 원융무애하게 자유자재로 상주상락 상락아정
영생영락으로 작용하여 쓰며 누린다.

나 자체로 내가 다로 열리어
유 명통도 무 명통도 없는 내가 유 명통 무 명통을
동시에 나로 청정무구하고 순백무구하고 원만구족
하게 원융무애하게 자유자재로 상주상락 상락아정
영생영락으로 작용하여 쓰며 누린다.

나 자체로 내가 다로 열리어
유 광통도 무 광통도 없는 내가 유 광통 무 광통을
동시에 나로 청정무구하고 순백무구하고 원만구족
하게 원융무애하게 자유자재로 상주상락 상락아정
영생영락으로 작용하여 쓰며 누린다.

나 자체로 내가 다로 열리어

유 휘통도 무 휘통도 없는 내가 유 휘통 무 휘통을 동시에 나로 청정무구하고 순백무구하고 원만구족하게 원융무애하게 자유자재로 상주상락 상락아정 영생영락으로 작용하여 쓰며 누린다.

나 자체로 내가 다로 열리어
유 처통도 무 처통도 없는 내가 유 처통 무 처통을 동시에 나로 청정무구하고 순백무구하고 원만구족하게 원융무애하게 자유자재로 상주상락 상락아정 영생영락으로 작용하여 쓰며 누린다.

나 자체로 내가 다로 열리어
유 대통도 무 대통도 없는 내가 유 대통 무 대통을 동시에 나로 청정무구하고 순백무구하고 원만구족하게 원융무애하게 자유자재로 상주상락 상락아정 영생영락으로 작용하여 쓰며 누린다.

나 자체로 내가 다로 열리어
유 도통도 무 도통도 없는 내가 유 도통 무 도통을 동시에 나로 청정무구하고 순백무구하고 원만구족하게 원융무애하게 자유자재로 상주상락 상락아정 영생영락으로 작용하여 쓰며 누린다.

나 자체로 내가 다로 열리어
유 법통도 무 법통도 없는 내가 유 법통 무 법통을
동시에 나로 청정무구하고 순백무구하고 원만구족
하게 원융무애하게 자유자재로 상주상락 상락아정
영생영락으로 작용하여 쓰며 누린다.

나 자체로 내가 다로 열리어
유 불통도 무 불통도 없는 내가 유 불통 무 불통을
동시에 나로 청정무구하고 순백무구하고 원만구족
하게 원융무애하게 자유자재로 상주상락 상락아정
영생영락으로 작용하여 쓰며 누린다.

나 자체로 내가 다로 열리어
유 자통도 무 자통도 없는 내가 유 자통 무 자통을
동시에 나로 청정무구하고 순백무구하고 원만구족
하게 원융무애하게 자유자재로 상주상락 상락아정
영생영락으로 작용하여 쓰며 누린다.

나 자체로 내가 다로 열리어
유 실통도 무 실통도 없는 내가 유 실통 무 실통을
동시에 나로 청정무구하고 순백무구하고 원만구족
하게 원융무애하게 자유자재로 상주상락 상락아정

영생영락으로 작용하여 쓰며 누린다.

나 자체로 내가 다로 열리어
유 법신불도 무 법신불도 없는 내가 유 법신불 무 법신불을 동시에 나로 청정무구하고 순백무구하고 원만구족하게 원융무애하게 자유자재로 상주상락 상락아정 영생영락으로 작용하여 쓰며 누린다.

나 자체로 내가 다로 열리어
유 보신불도 무 보신불도 없는 내가 유 보신불 무 보신불을 동시에 나로 청정무구하고 순백무구하고 원만구족하게 원융무애하게 자유자재로 상주상락 상락아정 영생영락으로 작용하여 쓰며 누린다.

나 자체로 내가 다로 열리어
유 화신불도 무 화신불도 없는 내가 유 화신불 무 화신불을 동시에 나로 청정무구하고 순백무구하고 원만구족하게 원융무애하게 자유자재로 상주상락 상락아정 영생영락으로 작용하여 쓰며 누린다.

나 자체로 내가 다로 열리어 유 삼신불도 무 삼신불도 없는 내가 유 삼신불 무 삼신불을 동시에 나로 청정무구하고 순백무구하고 원만구족하게 원융무애하게 자유자재로 상주상락 상락아정 영생영락으로 작용하여 쓰며 누린다.

나 자체로 내가 다로 열리어
유 무량수불도 무 무량수불도 없는 내가 유 무량수불 무 무량수불을 동시에 나로 청정무구하고 순백무구하고 원만구족하게 원융무애하게 자유자재로 상주상락 상락아정 영생영락으로 작용하여 쓰며 누린다.

나 자체로 내가 다로 열리어
유 삼십이 상도 무 삼십이 상도 없는 내가 유 삼십이 상 무 삼십이 상을 동시에 나로 청정무구하고 순백무구하고 원만구족하게 원융무애하게 자유자재로 상주상락 상락아정 영생영락으로 작용하여 쓰며 누린다.

나 자체로 내가 다로 열리어
유 팔십종호도 무 팔십종호도 없는 내가 유 팔십종호 무 팔십종호를 동시에 나로 청정무구하고 순백무구하고 원만구족하게 원융무애하게 자유자재로 상주상락 상락아정 영생영락으로 작용하여 쓰며 누린다.

나 자체로 내가 다로 열리어
유 심신상연도 무 심신상연도 없는 내가 유 심신상연 무 심신상연을 동시에 나로 청정무구하고 순백무구하고 원만구족하게 원융무애하게 자유자재로 상주상락 상락아정 영생영락으로 작용하여 쓰며 누린다.

나 자체로 내가 다로 열리어
유 연기상생도 무 연기상생도 없는 내가 유 연기상생 무 연기상생을 동시에 나로 청정무구하고 순백무구하고 원만구족하게 원융무애하게 자유자재로 상주상락 상락아정 영생영락으로 작용하여 쓰며 누린다.

나 자체로 내가 다로 열리어
유 중도공존도 무 중도공존도 없는 내가 유 중도공존 무 중도공존을 동시에 나로 청정무구하고 순백무구하고 원만구족하게 원융무애하게 자유자재로 상주상락 상락아정 영생영락으로 작용하여 쓰며 누린다.

나 자체로 내가 다로 열리어
유 차조동시도 무 차조동시도 없는 내가 유 차조동시 무 차조동시를 동시에 나로 청정무구하고 순백무구하고 원만구족하게 원융무애하게 자유자재로 상주상락 상락아정 영생영락으로 작용하여 쓰며 누린다.

나 자체로 내가 다로 열리어
유 쌍차쌍조도 무 쌍차쌍조도 없는 내가 유 쌍차쌍조 무 쌍차쌍조를 동시에 나로 청정무구하고 순백무구하고 원만구족하게 원융무애하게 자유자재로 상주상락 상락아정 영생영락으로 작용하여 쓰며 누린다.

나 자체로 내가 다로 열리어
유 직차직조도 무 직차직조도 없는 내가 유 직차직조 무 직차직조를 동시에 나로 청정무구하고 순백무구하고 원만구족하게 원융무애하게 자유자재로 상주상락 상락아정 영생영락으로 작용하여 쓰며 누린다.

나 자체로 내가 다로 열리어
유 즉차즉조도 무 즉차즉조도 없는 내가 유 즉차즉조 무 즉차즉조를 동시에 나로 청정무구하고 순백무구하고 원만구족하게 원융무애하게 자유자재로 상주상락 상락아정 영생영락으로 작용하여 쓰며 누린다.

나 자체로 내가 다로 열리어
유 작차작조도 무 작차작조도 없는 내가 유 작차작조 무 작차작조를 동시에 나로 청정무구하고 순백무구하고 원만구족하게 원융무애하게 자유자재로 상주상락 상락아정 영생영락으로 작용하여 쓰며 누린다.

나 자체로 내가 다로 열리어
유 행차행조도 무 행차행조도 없는 내가 유 행차행조 무 행차행조를 동시에 나로 청정무구하고 순백무구하고 원만구족하게 원융무애하게 자유자재로 상주상락 상락아정 영생영락으로 작용하여 쓰며 누린다.

나 자체로 내가 다로 열리어

유 전차전조도 무 전차전조도 없는 내가 유 전차전조 무 전차전조를 동시에 나로 청정무구하고 순백무구하고 원만구족하게 원융무애하게 자유자재로 상주상락 상락아정 영생영락으로 작용하여 쓰며 누린다.

나 자체로 내가 다로 열리어
유 본차본조도 무 본차본조도 없는 내가 유 본차본조 무 본차본조를 동시에 나로 청정무구하고 순백무구하고 원만구족하게 원융무애하게 자유자재로 상주상락 상락아정 영생영락으로 작용하여 쓰며 누린다.

나 자체로 내가 다로 열리어
유 자차자조도 무 자차자조도 없는 내가 유 자차자조 무 자차자조를 동시에 나로 청정무구하고 순백무구하고 원만구족하게 원융무애하게 자유자재로 상주상락 상락아정 영생영락으로 작용하여 쓰며 누린다.

나 자체로 내가 다로 열리어
유 현차현조도 무 현차현조도 없는 내가 유 현차현

조 무 현차현조를 동시에 나로 청정무구하고 순백
무구하고 원만구족하게 원융무애하게 자유자재로
상주상락 상락아정 영생영락으로 작용하여 쓰며
누린다.

나 자체로 내가 다로 열리어
유 여차여조도 무 여차여조도 없는 내가 유 여자여
조 무 여차여조를 동시에 나로 청정무구하고 순백
무구하고 원만구족하게 원융무애하게 자유자재로
상주상락 상락아정 영생영락으로 작용하여 쓰며
누린다.

나 자체로 내가 다로 열리어
유 여여현현도 무 여여현현도 없는 내가 유 여여현
현 무 여여현현을 동시에 나로 청정무구하고 순백
무구하고 원만구족하게 원융무애하게 자유자재로
상주상락 상락아정 영생영락으로 작용하여 쓰며
누린다.

나 자체로 내가 다로 열리어
유 열반영생도 무 열반영생도 없는 내가 유 열반영
생 무 열반영생을 동시에 나로 청정무구하고 순백

무구하고 원만구족하게 원융무애하게 자유자재로 상주상락 상락아정 영생영락으로 작용하여 쓰며 누린다.

나 자체로 내가 다로 열리어
유 자체자용도 무 자체자용도 없는 내가 유 자체자용 무 자체자용을 동시에 나로 청정무구하고 순백무구하고 원만구족하게 원융무애하게 자유자재로 상주상락 상락아정 영생영락으로 작용하여 쓰며 누린다.

나 자체로 내가 다로 열리어
유 전지전능도 무 전지전능도 없는 내가 유 전지전능 무 전지전능을 동시에 나로 청정무구하고 순백무구하고 원만구족하게 원융무애하게 자유자재로 상주상락 상락아정 영생영락으로 작용하여 쓰며 누린다.

나 자체로 내가 다로 열리어
유 본지본능도 무 본지본능도 없는 내가 유 본지본능 무 본지본능을 동시에 나로 청정무구하고 순백무구하고 원만구족하게 원융무애하게 자유자재로 상주상락 상락아정 영생영락으로 작용하여 쓰며 누린다.

나 자체로 내가 다로 열리어
유 현지현능도 무 현지현능도 없는 내가 유 현지현능 무 현지현능을 동시에 나로 청정무구하고 순백무구하고 원만구족하게 원융무애하게 자유자재로 상주상락 상락아정 영생영락으로 작용하여 쓰며 누린다.

나 자체로 내가 다로 열리어
유 영지영능도 무 영지영능도 없는 내가 유 영지영능 무 영지영능을 동시에 나로 청정무구하고 순백무구하고 원만구족하게 원융무애하게 자유자재로 상주상락 상락아정 영생영락으로 작용하여 쓰며 누린다.

나 자체로 내가 다로 열리어
유 본래면목도 무 본래면목도 없는 내가 유 본래면목 무 본래면목을 동시에 나로 청정무구하고 순백무구하고 원만구족하게 원융무애하게 자유자재로 상주상락 상락아정 영생영락으로 작용하여 쓰며 누린다.

나 자체로 내가 다로 열리어
유 본지풍광도 무 본지풍광도 없는 내가 유 본지풍광 무 본지풍광을 동시에 나로 청정무구하고 순백무구하고 원만구족하게 원융무애하게 자유자재로 상주상락 상락아정 영생영락으로 작용하여 쓰며 누린다.

나 자체로 내가 다로 열리어
유 여여일상도 무 여여일상도 없는 내가 유 여여일상 무 여여일상을 동시에 나로 청정무구하고 순백무구하고 원만구족하게 원융무애하게 자유자재로 상주상락 상락아정 영생영락으로 작용하여 쓰며 누린다.

나 자체로 내가 다로 열리어
유 현현평상도 무 현현평상도 없는 내가 유 현현평상 무 현현평상을 동시에 나로 청정무구하고 순백무구하고 원만구족하게 원융무애하게 자유자재로 상주상락 상락아정 영생영락으로 작용하여 쓰며 누린다.

나 자체로 내가 다로 열리어
유 전부도 무 전부도 없는 내가 유 전부 무 전부를
동시에 나로 청정무구하고 순백무구하고 원만구족
하게 원융무애하게 자유자재로 상주상락 상락아정
영생영락으로 작용하여 쓰며 누린다.

나 자체로 내가 다로 열리어
유 부분도 무 부분도 없는 내가 유 부분 무 부분을
동시에 나로 청정무구하고 순백무구하고 원만구족
하게 원융무애하게 자유자재로 상주상락 상락아정
영생영락으로 작용하여 쓰며 누린다.

나 자체로 내가 다로 열리어
유 온 전체도 무 온 전체도 없는 내가 유 온 전체
무 온 전체를 동시에 나로 청정무구하고 순백무구
하고 원만구족하게 원융무애하게 자유자재로 상주
상락 상락아정 영생영락으로 작용하여 쓰며 누린다.

나 자체로 내가 다로 열리어
유 낱낱이도 무 낱낱이도 없는 내가 유 낱낱이 무
낱낱이를 동시에 나로 청정무구하고 순백무구하고
원만구족하게 원융무애하게 자유자재로 상주상락

상락아정 영생영락으로 작용하여 쓰며 누린다.

나 자체로 내가 다로 열리어
유 둥금도 무 둥금도 없는 내가 유 둥금 무 둥금을 동시에 나로 청정무구하고 순백무구하고 원만구족하게 원융무애하게 자유자재로 상주상락 상락아정 영생영락으로 작용하여 쓰며 누린다.

나 자체로 내가 다로 열리어
유 모남도 무 모남도 없는 내가 유 모남 무 모남을 동시에 나로 청정무구하고 순백무구하고 원만구족하게 원융무애하게 자유자재로 상주상락 상락아정 영생영락으로 작용하여 쓰며 누린다.

나 자체로 내가 다로 열리어
유 무딤 뾰족함도 무 무딤 뾰족함도 없는 내가 유 무딤 뾰족함 무 무딤 뾰족함을 동시에 나로 청정무구하고 순백무구하고 원만구족하게 원융무애하게 자유자재로 상주상락 상락아정 영생영락으로 작용하여 쓰며 누린다.

나 자체로 내가 다로 열리어

유 달고 씀도 무 달고 씀도 없는 내가 유 달고 씀 무 달고 씀을 동시에 나로 청정무구하고 순백무구하고 원만구족하게 원융무애하게 자유자재로 상주상락 상락아정 영생영락으로 작용하여 쓰며 누린다.

나 자체로 내가 다로 열리어
유 짜고 싱거움도 무 짜고 싱거움도 없는 내가 유 짜고 싱거움 무 짜고 싱거움을 동시에 나로 청정무구하고 순백무구하고 원만구족하게 원융무애하게 자유자재로 상주상락 상락아정 영생영락으로 작용하여 쓰며 누린다.

나 자체로 내가 다로 열리어
유 붉고 푸름도 무 붉고 푸름도 없는 내가 유 붉고 푸름 무 붉고 푸름을 동시에 나로 청정무구하고 순백무구하고 원만구족하게 원융무애하게 자유자재로 상주상락 상락아정 영생영락으로 작용하여 쓰며 누린다.

나 자체로 내가 다로 열리어
유 희고 검음도 무 희고 검음도 없는 내가 유 희고 검음 무 희고 검음을 동시에 나로 청정무구하고 순백무구하고 원만구족하게 원융무애하게 자유자재로 상주상락 상락아정 영생영락으로 작용하여 쓰며 누린다.

나 자체로 내가 다로 열리어
유 크고 작음도 무 크고 작음도 없는 내가 유 크고 작음 무 크고 작음을 동시에 나로 청정무구하고 순백무구하고 원만구족하게 원융무애하게 자유자재로 상주상락 상락아정 영생영락으로 작용하여 쓰며 누린다.

나 자체로 내가 다로 열리어
유 길고 짧음도 무 길고 짧음도 없는 내가 유 길고 짧음 무 길고 짧음을 동시에 나로 청정무구하고 순백무구하고 원만구족하게 원융무애하게 자유자재로 상주상락 상락아정 영생영락으로 작용하여 쓰며 누린다.

나 자체로 내가 다로 열리어
유 굵고 가늠도 무 굵고 가늠도 없는 내가 유 굵고 가늠 무 굵고 가늠을 동시에 나로 청정무구하고 순백무구하고 원만구족하게 원융무애하게 자유자재로 상주상락 상락아정 영생영락으로 작용하여 쓰며 누린다.

나 자체로 내가 다로 열리어
유 높고 낮음도 무 높고 낮음도 없는 내가 유 높고 낮음 무 높고 낮음을 동시에 나로 청정무구하고 순백무구하고 원만구족하게 원융무애하게 자유자재로 상주상락 상락아정 영생영락으로 작용하여 쓰며 누린다.

나 자체로 내가 다로 열리어
유 깊고 얕음도 무 깊고 얕음도 없는 내가 유 깊고 얕음 무 깊고 얕음을 동시에 나로 청정무구하고 순백무구하고 원만구족하게 원융무애하게 자유자재로 상주상락 상락아정 영생영락으로 작용하여 쓰며 누린다.

나 자체로 내가 다로 열리어
유 넓고 좁음도 무 넓고 좁음도 없는 내가 유 넓고 좁음 무 넓고 좁음을 동시에 나로 청정무구하고 순백무구하고 원만구족하게 원융무애하게 자유자재로 상주상락 상락아정 영생영락으로 작용하여 쓰며 누린다.

나 자체로 내가 다로 열리어
유 곧고 구부림도 무 곧고 구부림도 없는 내가 유 곧고 구부림 무 곧고 구부림을 동시에 나로 청정무구하고 순백무구하고 원만구족하게 원융무애하게 자유자재로 상주상락 상락아정 영생영락으로 작용하여 쓰며 누린다.

나 자체로 내가 다로 열리어
유 강하고 약함도 무 강하고 약함도 없는 내가 유 강하고 약함 무 강하고 약함을 동시에 나로 청정무구하고 순백무구하고 원만구족하게 원융무애하게 자유자재로 상주상락 상락아정 영생영락으로 작용하여 쓰며 누린다.

나 자체로 내가 다로 열리어
유 울퉁불퉁도 무 울퉁불퉁도 없는 내가 유 울퉁불퉁 무 울퉁불퉁을 동시에 나로 청정무구하고 순백무구하고 원만구족하게 원융무애하게 자유자재로 상주상락 상락아정 영생영락으로 작용하여 쓰며 누린다.

나 자체로 내가 다로 열리어
유 일원상도 무 일원상도 없는 내가 유 일원상 무 일원상을 동시에 나로 청정무구하고 순백무구하고 원만구족하게 원융무애하게 자유자재로 상주상락 상락아정 영생영락으로 작용하여 쓰며 누린다.

나 자체로 내가 다로 열리어
유 성품도 무 성품도 없는 내가 유 성품 무 성품을 동시에 나로 청정무구하고 순백무구하고 원만구족하게 원융무애하게 자유자재로 상주상락 상락아정 영생영락으로 작용하여 쓰며 누린다.

나 자체로 내가 다로 열리어
유 바탕도 무 바탕도 없는 내가 유 바탕 무 바탕을 동시에 나로 청정무구하고 순백무구하고 원만구족하게 원융무애하게 자유자재로 상주상락 상락아정 영생영락으로 작용하여 쓰며 누린다.

나 자체로 내가 다로 열리어
유 자리도 무 자리도 없는 내가 유 자리 무 자리를 동시에 나로청정무구하고 순백무구하고 원만구족하게 원융무애하게 자유자재로 상주상락 상락아정 영생영락으로 작용하여 쓰며 누린다.

나 자체로 내가 다로 열리어
유 이름도 무 이름도 없는 내가 유 이름 무 이름을
동시에 나로 청정무구하고 순백무구하고 원만구족
하게 원융무애하게 자유자재로 상주상락 상락아정
영생영락으로 작용하여 쓰며 누린다.

나 자체로 내가 다로 열리어
유 모습도 무 모습도 없는 내가 유 모습 무 모습
을 동시에 나로 청정무구하고 순백무구하고 원만
구족하게 원융무애하게 자유자재로 상주상락 상락
아정 영생영락으로 작용하여 쓰며 누린다.

나 자체로 내가 다로 열리어
유 모양도 무 모양도 없는 내가 유 모양 무 모양
을 동시에 나로 청정무구하고 순백무구하고 원만
구족하게 원융무애하게 자유자재로 상주상락 상락
아정 영생영락으로 작용하여 쓰며 누린다.

나 자체로 내가 다로 열리어
유 빛깔도 무 빛깔도 없는 내가 유 빛깔 무 빛깔

을 동시에 나로 청정무구하고 순백무구하고 원만구족하게 원융무애하게 자유자재로 상주상락 상락아정 영생영락으로 작용하여 쓰며 누린다.

나 자체로 내가 다로 열리어
유 멋도 무 멋도 없는 내가 유 멋 무 멋을 동시에 나로 청정무구하고 순백무구하고 원만구족하게 원융무애하게 자유자재로 상주상락 상락아정 영생영락으로 작용하여 쓰며 누린다.

나 자체로 내가 다로 열리어
유 격도 무 격도 없는 내가 유 격 무 격을 동시에 나로 청정무구하고 순백무구하고 원만구족하게 원융무애하게 자유자재로 상주상락 상락아정 영생영락으로 작용하여 쓰며 누린다.

나 자체로 내가 다로 열리어
유 느낌도 무 느낌도 없는 내가 유 느낌 무 느낌을 동시에 나로 청정무구하고 순백무구하고 원만구족하게 원융무애하게 자유자재로 상주상락 상락아정 영생영락으로 작용하여 쓰며 누린다.

나 자체로 내가 다로 열리어
유 뜻도 무 뜻도 없는 내가 유 뜻 무 뜻을 동시에
나로 청정무구하고 순백무구하고 원만구족하게 원
융무애하게 자유자재로 상주상락 상락아정 영생영
락으로 작용하여 쓰며 누린다.

나 자체로 내가 다로 열리어
유 글자도 무 글자도 없는 내가 유 글자 무 글자를
동시에 나로 청정무구하고 순백무구하고 원만구족
하게 원융무애하게 자유자재로 상주상락 상락아정
영생영락으로 작용하여 쓰며 누린다.

나 자체로 내가 다로 열리어
유 글귀도 무 글귀도 없는 내가 유 글귀 무 글귀를
동시에 나로 청정무구하고 순백무구하고 원만구족
하게 원융무애하게 자유자재로 상주상락 상락아정
영생영락으로 작용하여 쓰며 누린다.

나 자체로 내가 다로 열리어
유 구절도 무 구절도 없는 내가 유 구절 무 구절을
동시에 나로 청정무구하고 순백무구하고 원만구족
하게 원융무애하게 자유자재로 상주상락 상락아정

영생영락으로 작용하여 쓰며 누린다.

나 자체로 내가 다로 열리어
유 자상도 무 자상도 없는 내가 유 자상 무 자상을 동시에 나로 청정무구하고 순백무구하고 원만구족하게 원융무애하게 자유자재로 상주상락 상락아정 영생영락으로 작용하여 쓰며 누린다.

나 자체로 내가 다로 열리어
유주상도 무주상도 없는 내가 유 주상 무 주상을 동시에 나로 청정무구하고 순백무구하고 원만구족하게 원융무애하게 자유자재로 상주상락 상락아정 영생영락으로 작용하여 쓰며 누린다.

나 자체로 내가 다로 열리어
유 존상도 무 존상도 없는 내가 유 존상 무 존상을 동시에 나로 청정무구하고 순백무구하고 원만구족하게 원융무애하게 자유자재로 상주상락 상락아정 영생영락으로 작용하여 쓰며 누린다.

나 자체로 내가 다로 열리어

유 본상도 무 본상도 없는 내가 유 본상 무 본상을 동시에 나로 청정무구하고 순백무구하고 원만구족하게 원융무애하게 자유자재로 상주상락 상락아정 영생영락으로 작용하여 쓰며 누린다.

나 자체로 내가 다로 열리어
유 원상도 무 원상도 없는 내가 유 원상 무 원상을 동시에 나로 청정무구하고 순백무구하고 원만구족하게 원융무애하게 자유자재로 상주상락 상락아정 영생영락으로 작용하여 쓰며 누린다.

나 자체로 내가 다로 열리어
유 성상도 무 성상도 없는 내가 유 성상 무 성상을 동시에 나로 청정무구하고 순백무구하고 원만구족하게 원융무애하게 자유자재로 상주상락 상락아정 영생영락으로 작용하여 쓰며 누린다.

나 자체로 내가 다로 열리어
유 견상도 무 견상도 없는 내가 유 견상 무 견상을 동시에 나로 청정무구하고 순백무구하고 원만구족하게 원융무애하게 자유자재로 상주상락 상락아정 영생영락으로 작용하여 쓰며 누린다.

나 자체로 내가 다로 열리어
유 각상도 무 각상도 없는 내가 유 각상 무 각상
을 동시에 나로 청정무구하고 순백무구하고 원만
구족하게 원융무애하게 자유자재로 상주상락 상락
아정 영생영락으로 작용하여 쓰며 누린다.

나 자체로 내가 다로 열리어
유 도상도 무 도상도 없는 내가 유 도상 무 도상
을 동시에 나로 청정무구하고 순백무구하고 원만
구족하게 원융무애하게 자유자재로 상주상락 상락
아정 영생영락으로 작용하여 쓰며 누린다.

나 자체로 내가 다로 열리어
유 법상도 무 법상도 없는 내가 유 법상 무 법상
을 동시에 나로 청정무구하고 순백무구하고 원만
구족하게 원융무애하게 자유자재로 상주상락 상락
아정 영생영락으로 작용하여 쓰며 누린다.

나 자체로 내가 다로 열리어
유 불상도 무 불상도 없는 내가 유 불상 무 불상
을 동시에 나로 청정무구하고 순백무구하고 원만
구족하게 원융무애하게 자유자재로 상주상락 상락

아정 영생영락으로 작용하여 쓰며 누린다.

나 자체로 내가 다로 열리어
유 유위도 무 유위도 없는 내가 유 유위 무 유위를 동시에 나로 청정무구하고 순백무구하고 원만구족하게 원융무애하게 자유자재로 상주상락 상락아정 영생영락으로 작용하여 쓰며 누린다.

나 자체로 내가 다로 열리어
유 유루도 무 유루도 없는 내가 유 유루 무 유루를 동시에 나로 청정무구하고 순백무구하고 원만구족하게 원융무애하게 자유자재로 상주상락 상락아정 영생영락으로 작용하여 쓰며 누린다.

나 자체로 내가 다로 열리어
유 유한도 무 유한도 없는 내가 유 유한 무 유한을 동시에 나로 청정무구하고 순백무구하고 원만구족하게 원융무애하게 자유자재로 상주상락 상락아정 영생영락으로 작용하여 쓰며 누린다.

나 자체로 내가 다로 열리어
유 겁도 무 겁도 없는 내가 유 겁 무 겁을 동시에

나로 청정무구하고 순백무구하고 원만구족하게 원융무애하게 자유자재로 상주상락 상락아정 영생영락으로 작용하여 쓰며 누린다.

나 자체로 내가 다로 열리어
유 창주도 무 창주도 없는 내가 유 창주 무 창주를 동시에 나로 청정무구하고 순백무구하고 원만구족하게 원융무애하게 자유자재로 상주상락 상락아정 영생영락으로 작용하여 쓰며 누린다.

나 자체로 내가 다로 열리어
유 창존도 무 창존도 없는 내가 유 창존 무 창존을 동시에 나로 청정무구하고 순백무구하고 원만구족하게 원융무애하게 자유자재로 상주상락 상락아정 영생영락으로 작용하여 쓰며 누린다.

나 자체로 내가 다로 열리어
유 창생도 무 창생도 없는 내가 유 창생 무 창생을 동시에 나로 청정무구하고 순백무구하고 원만구족하게 원융무애하게 자유자재로 상주상락 상락아정 영생영락으로 작용하여 쓰며 누린다.

나 자체로 내가 다로 열리어
유 창조도 무 창조도 없는 내가 유 창조 무 창조를
동시에 나로 청정무구하고 순백무구하고 원만구족
하게 원융무애하게 자유자재로 상주상락 상락아정
영생영락으로 작용하여 쓰며 누린다.

나 자체로 내가 다로 열리어
유 창세도 무 창세도 없는 내가 유 창세 무 창세를
동시에 나로 청정무구하고 순백무구하고 원만구족
하게 원융무애하게 자유자재로 상주상락 상락아정
영생영락으로 작용하여 쓰며 누린다.

나 자체로 내가 다로 열리어
유 창의도 무 창의도 없는 내가 유 창의 무 창의를
동시에 나로 청정무구하고 순백무구하고 원만구족
하게 원융무애하게 자유자재로 상주상락 상락아정
영생영락으로 작용하여 쓰며 누린다.

나 자체로 내가 다로 열리어
유 창락도 무 창락도 없는 내가 유 창락 무 창락을
동시에 나로 청정무구하고 순백무구하고 원만구족
하게 원융무애하게 자유자재로 상주상락 상락아정

영생영락으로 작용하여 쓰며 누린다.

나 자체로 내가 다로 열리어
유 청정도 무 청정도 없는 내가 유 청정 무 청정을 동시에 나로 청정무구하고 순백무구하고 원만구족하게 원융무애하게 자유자재로 상주상락 상락아정 영생영락으로 작용하여 쓰며 누린다.

나 자체로 내가 다로 열리어
유 순백도 무 순백도 없는 내가 유 순백 무 순백을 동시에 나로 청정무구하고 순백무구하고 원만구족하게 원융무애하게 자유자재로 상주상락 상락아정 영생영락으로 작용하여 쓰며 누린다.

나 자체로 내가 다로 열리어
유 구족도 무 구족도 없는 내가 유 구족 무 구족을 동시에 나로 청정무구하고 순백무구하고 원만구족하게 원융무애하게 자유자재로 상주상락 상락아정 영생영락으로 작용하여 쓰며 누린다.

나 자체로 내가 다로 열리어
유 원융도 무 원융도 없는 내가 유 원융 무 원융을

동시에 나로 청정무구하고 순백무구하고 원만구족하게 원융무애하게 자유자재로 상주상락 상락아정 영생영락으로 작용하여 쓰며 누린다.

나 자체로 내가 다로 열리어
유 무애도 무 무애도 없는 내가 유 무애 무 무애를 동시에 나로 청정무구하고 순백무구하고 원만구족하게 원융무애하게 자유자재로 상주상락 상락아정 영생영락으로 작용하여 쓰며 누린다.

나 자체로 내가 다로 열리어
유 자재도 무 자재도 없는 내가 유 자재 무 자재를 동시에 나로 청정무구하고 순백무구하고 원만구족하게 원융무애하게 자유자재로 상주상락 상락아정 영생영락으로 작용하여 쓰며 누린다.

나 자체로 내가 다로 열리어
유 자유도 무 자유도 없는 내가 유 자유 무 자유를 동시에 나로 청정무구하고 순백무구하고 원만구족하게 원융무애하게 자유자재로 상주상락 상락아정 영생영락으로 작용하여 쓰며 누린다.

나!

그 어떤 것도 그 무엇도 견성성불도 본불본낙도 나뿐인 나에게는 용납할 수 없으며, 동시에 나뿐이기에 나가 다로 열리어 그 어떤 것도 그 무엇도 견성성불도 본불본낙도 나뿐인 나에게는 용납될 수가 있다.
그래서 모든 것을 초월해 있는 나는 아니 초월할 것도 없는 이대로 나이기에, 그 어떤 것에도 그 무엇에도 예속되지 않아서, 속박되지 않고, 끌려가지 않고, 걸리지 않고, 막히지 않고, 때묻지 않고, 물들지 않아서, 헤매지 않고, 방황하지 않고, 무너지지 않고, 변하지 않고, 한결같이 위없이 여여부동한 절대 영원한 나로서 청정무구하고 청순무구하고 청백무구하고
청결무구하고 청천무구하고 청명무구하고
청광무구하고 청의무구하고 청홍무구하고
청활무구하고 청아무구하고 청세무구하고
청진무구하고 청다무구하고 청락무구하여
순백무구하고 순수무구하고 순결무구하고
순정무구하고 순천무구하고 순민무구하고
순명무구하고 순광무구하고 순의무구하고

순활무구하고 순아무구하고 순국무구하고
순세무구하고 순다무구하고 순락무구하고
순진무구하고 순청무구하고 천진무구로
항상 축복되고 행복된 해탈극락의 상주상락 상락아
정의 새롭고 새롭고 새로운 나인 것이다.
항상 영원한 절대 지금 나는 따로 없는 나의 저절로
남음 없는 다로써, 꼭 맞게 다함없도록 원만구족하
고 원융무애하고 무애자재하고 자유자재하게 호쾌대
활하고 호호탕탕하게 세간사 출세간사 인생사 세상
사 우주사 법계사로 열려져, 불생불멸 불구부정 부
증불감 중도실상 열반현존 정법안장 안심입명 영생
영락의 진여실상으로, 완성된 무한공덕을 지니고 이
루고 열고 드러내고 나투고 펼치고 세우고 응하고
쓰고 누리는 것이, 바로 금강반야바라밀경이며 반야
심경이며 팔만사천대장경이며 해탈극락의 본나 본불
인 일체 조불조사의 교며 가르침이며 선이며 율이며
논이며, 일상사 다 나로 회통되는 전지전능하고 본
지본능한 본면목 본지풍광의 자체 실참 실행 실락인
영원불멸의 진리요, 법이요, 도요, 정각으로 다 나인
것이다.
나 자체가 자체로서 자용이요, 자참이요, 자행이요,
자주 자존 자본 자원 자성 자각인 견성성불이요, 해

탈극락의 본나본불의 자락인 것이며,
나 자체가 자체로서 실체요, 실용이요, 실참이요, 실행이요, 실재요, 실권이요, 실세인 실각인 견성성불이요, 해탈극락의 본나본불의 실락인 것이다.
온갖 구름이 일어났다 꺼지고 되풀이 되고,
온갖 물결이 일어났다 꺼지고 되풀이 되고,
온갖 번뇌망상이 일어났다 꺼지고 되풀이 되는 것이,
온갖 경계로써 자취가 없고 실체가 없다고 할 수 있겠지만
온갖 구름이 일어났다 꺼지고 되풀이 되도 하늘은 그대로요,
온갖 물결이 일어났다 꺼지고 되풀이 되도 바다는 그대로요,
온갖 번뇌망상이 일어났다 꺼지고 되풀이 되도 나는 그대로 이듯이
하늘 자체가 실체요 실체 자체가 하늘이요.
바다 자체가 실체요 실체 자체가 바다요.
나 자체가 실체요 실체 자체가 나로서,
본래로 무시이래로 무시 이후로 언제나 현재로써도 확고부동하고 여여부동해서 활발발하게 한결같이 절대 나 자체로서 절대 나 실체로서, 생멸 없는 영원불멸의 자주, 자존, 자본, 자원, 자성, 자현, 자

각인 여여부동 명위불인 것이다.
온갖 경계가 자취 없고 실체가 없는 것이지, 경계를 일으켜 응해서 주체주로서 주인으로서 홍대로 쓰는, 나는 나 자체요, 자용이요, 나 실체 실용인 것을, 바로 보고 바로 계합해서 바로 쓰며 누릴 줄 알아야, 진정 정견 정문인 내가 팔정도요, 팔정도가 나요, 팔만사천경이 나요, 내가 팔만사천경으로써 내가 선이요 선이 나로 선문정로요,
내가 교요 교가 나로 교문정로요,
내가 율이며 율이 나로 율문정로요,
내가 론이며 론이 나로 론문정로로써
도문정로요 법문정로요 불문정로인 것이다.
나 다로 직광직조요, 현광현조요, 본광본조요, 자광자조요, 자명자조요, 자활자조요, 본활본조요, 본문본로요, 자문자로요, 정문정로요, 정법정로요, 자법자로요, 자등명이요, 법등명이요, 본등명이요, 원등명이요, 주등명이요, 현등명이요, 영등명이요, 여등명이요, 정등명이요, 각등명이요, 불등명이요, 자유자재인 것이다.
나를 펼치면 내가 온 법계 온 우주요.
나를 거두면 온 세상 천하가 나요.
나를 펼치든 거두든 다 나로 성불이요.

나를 거두든 펼치든 나 다로 본불이라.
누구나 무엇이든 다 나로 다르지 않고 한결같으니,
부처님께옵서 세상에 태어나시자마자 동서남북 일곱 걸음 걸으시며 "천상천하유아독존이다"고 사자후 하셨으며,
열반하실 때에는
"자등명 법등명 하라"며 유훈하셨으니
세월 안에서나 세월 밖에서나 항상 나 다 이러히 다르지 않아서,
나! 뿐이기에 한 티끌도 용납하지 않고
나! 뿐이기에 다로 열려 일체를 용납해서, 나 다로 나안에서 나 다로 나투었다 거두었다 생멸, 유무, 색공, 시공, 시종, 선악, 명암, 지불지, 의불의, 미오하면서 생노병사 육도윤회 성주괴공 불멸불퇴 진여실상 해탈극락 활발발하면서, 마치 바다에서 물결이 일어났다 사라져도 물이 물결이요 물결이 물로써 다 바다이듯이, 진여연기법계가 다 나로 나안에서 항상 나 그대로 나 법계요. 나 우주요, 나 세계요, 나 세상이요, 나 천하요, 나 창생으로서 창조주요, 창세로서 영생영락의 상주상락이요, 상락아정으로 영겁이전이나 영겁지금에나 영겁후나 꼼짝없이 위없는 다 나 본면목으로 진실 나 금강바라밀인 것이다.

나!

그 어떤 것도 딴 것이 없는,
그 무엇도 딴 일이 없는,
일상사 이대로 그대로 저대로 저절로 흥대로 스스로
지니고 이루고 열고 드러내고 나투고 펼치고 세우고
응하고 쓰고 누리는, 이 자체 이 작용이야말로 참으
로 더없는 누구나 성스럽고 거룩하고 존귀하고 고준
하고 지고지순한 일체 창생의 절대 나! 금강바라밀
이다.

나!

절대 근원적이고 원초적이고 본질적이고 구경적이
고, 불멸의 영원한 절대 현재인 내가 나로서 나를
나투면 내안에 유아요, 나를 거두면 내안에 무아로
서 유아무아가 다 나로 인하여 작용하는 유아 무아
이지, 유아 무아가 본바탕이 아닌데도 무아유아의
상대적인 무아로 나는 본래 없다고 오해하시는 분들
이 있는데 이는 주객을 초월되어 있는 나!
유아무아를 넘어서 있는 본나 참나 지금 이대로 나
를 모르고 전도망상 망견하는 것이다.

절대 지금 내가 내안에 유아무아를 동시에 나의 작용으로 쓰는 것이니, 나를 바로 볼 줄 알고 바로 지니고 쓰고 누릴 줄 알아야 되는 것이다.
진실인 진정한 나를 모르는데서 모든 진리, 도, 법이 오역되어 자기 자신의 정체성은 물론이거니와 세상의 정체성이 흔들리어 오늘날 자기 자신뿐 아니라 세상이 바로 서지 못하고 방황하고 있는 것이다.
중심을 잡지 못하고 자기 안에서 육도윤회하며 무명업식으로 갈애 갈망 갈등하는 것이다.
생멸, 유무, 색공도 다 나안에서 물결이 물이요, 물이 물결이요, 물과 물결이 동시에 바다이듯이 다 나안에서 나의 작용으로 펼쳐지는 나 자체로서의 본광인 자성연기요, 자성법계인 나 연기 나 법계로서 일체가 다 나로 진여실상인 것이다.
아상, 인상, 중생상, 수자상, 각상, 법상, 불상이라는 것은, 내가 내는 상, 사람이 내는 상, 중생이 내는 상, 수자가 내는 상, 깨달음으로 내는 상, 법으로 내는 상, 부처로서 내는 상을 여의라는 것이지, 나 자체로서 내가 없다, 사람으로서의 자체인 내가 없다, 중생으로서의 자체인 내가 없다, 수자로서의 자체인 내가 없다, 깨달음으로서의 자체인 내가 없다, 법으로서의 자체인 내가 없다, 부처로서의 자체인 내가 없다는 것이 아니라, 나투는 상에 끄달려 빠져 객진 번뇌의 허망에 헤어나지 못하고 있으니, 내가 나툰 상을 여의면 바로 존재 바탕인 불멸의 여여부동한 여래인 나를 바로 보고 바로 드러내고 바로 누리는 바로 여래란 것이다.
상에 걸려서 상에 집착해서 진정한 나를 본래의 나를 못보고 잘못 알아서 나를 세상을 혹세무민하는 것이다.
그래서 부처님께선 상이 상이 아니다. 그러니 상에서 상을 떠나라.
바로 상을 여의면 바로 여래를 본다.
바로 여래다, 바로 여래인 나 다라고 한 것이다.
여래인 나로 돌아오면 돌아올 것도 없이 이대로 여래인 나로 일체가 동시에 펼치고 거두고 누리는 것이니, 일체가 다 진여여래인 진여실상의 해탈극락이 되어 무한한 복덕과 지혜를 무한공덕으로 끝없는 스스로 자체의 체용으로, 무한광명 무한한 감로 무한한 보배를 자주 축복 행복으로 쓰라는 것이다.
아집, 인집, 중생집, 수자집, 각집, 법집, 불집도 또한 이러하고
아견, 인견, 중생견, 수자견, 각견, 법견, 불견도 또한 이러하니

나를 상으로 알음알이로 집을 짓지 말라는 것이니
사람을 상으로 알음알이로 집을 짓지 말라는 것이며
중생을 상으로 알음알이로 보지 말라는 것이며
수자를 상으로 알음알이로 집을 짓지 말라는 것이며
깨달음을 상으로 알음알이로 집을 짓지 말라는 것이며
법을 상으로 알음알이로 집을 짓지 말라는 것이며
부처를 상으로 알음알이로 집을 짓지 말라는 것이며
바로 나 자체의 나로 집을 지을 것이며
바로 사람 자체의 나로 집을 지을 것이며
바로 중생 자체의 나로 집을 지을 것이며
바로 수자 자체의 나로 집을 지을 것이며
바로 깨달음 자체의 나로 집을 지을 것이며
바로 법 자체의 나로 집을 지을 것이며
바로 부처 자체의 나로 집을 지을 것이며 또한
나를 상으로 알음알이로 보지 말라는 것이니
사람을 상으로 알음알이로 보지 말라는 것이며
중생을 상으로 알음알이로 보지 말라는 것이며
수자를 상으로 알음알이로 보지 말라는 것이며
깨달음을 상으로 알음알이로 보지 말라는 것이며
법을 상으로 알음알이로 보지 말라는 것이며
부처를 상으로 알음알이로 보지 말 것이며

바로 나 자체의 나로 볼 것이며
바로 사람 자체의 나로 볼 것이며
바로 중생 자체의 나로 볼 것이며
바로 수자 자체의 나로 볼 것이며
바로 깨달음 자체의 나로 볼 것이며
바로 법 자체의 나로 볼 것이며
바로 부처 자체의 나로 볼 것이며

나 안에 유아 무아도 차조동시 쌍차쌍조 본차본조 현차현조 중도실상 해탈극락이요.

나 안에 유존재 무존재도 차조동시 쌍차쌍조 본차본조 현차현조 중도실상 해탈극락이요.

나 안에 유생 무생도 차조동시 쌍차쌍조 본차본조 현차현조 중도실상 해탈극락이요.

나 안에 유자성 무자성도 차조동시 쌍차쌍조 본차본조 현차현조 중도실상 해탈극락이요.

나 안에 유불성 무불성도 차조동시 쌍차쌍조 본차본조 현차현조 중도실상 해탈극락이요.

나 안에 유심 무심도 차조동시 쌍차쌍조 본차본조
현차현조 중도실상 해탈극락이요.

나 안에 유념 무념도 차조동시 쌍차쌍조 본차본조
현차현조 중도실상 해탈극락이요.

나 안에 유정 무정도 차조동시 쌍차쌍조 본차본조
현차현조 중도실상 해탈극락이요.

나 안에 유상 무상도 차조동시 쌍차쌍조 본차본조
현차현조 중도실상 해탈극락이요.

나 안에 유색 무색도 차조동시 쌍차쌍조 본차본조
현차현조 중도실상 해탈극락이요.

나 안에 유공 무공도 차조동시 쌍차쌍조 본차본조
현차현조 중도실상 해탈극락이요.

나 안에 유지 무지도 차조동시 쌍차쌍조 본차본조
현차현조 중도실상 해탈극락이요.

나 안에 유의 무의도 차조동시 쌍차쌍조 본차본조

현차현조 중도실상 해탈극락이요.

나 안에 유명 무명도 차조동시 쌍차쌍조 본차본조 현차현조 중도실상 해탈극락이요.

나 안에 유암 무암도 차조동시 쌍차쌍조 본차본조 현차현조 중도실상 해탈극락이요.

나 안에 유시 무시도 차조동시 쌍차쌍조 본차본조 현차현조 중도실상 해탈극락이요.

나 안에 유종 무종도 차조동시 쌍차쌍조 본차본조 현차현조 중도실상 해탈극락이요.

나 안에 유선 무선도 차조동시 쌍차쌍조 본차본조 현차현조 중도실상 해탈극락이요.

나 안에 유악 무악도 차조동시 쌍차쌍조 본차본조 현차현조 중도실상 해탈극락이요.

나 안에 유염 무염도 차조동시 쌍차쌍조 본차본조 현차현조 중도실상 해탈극락이요.

나 안에 유주 무주도 차조동시 쌍차쌍조 본차본조 현차현조 중도실상 해탈극락이요.

나 안에 유오 무오도 차조동시 쌍차쌍조 본차본조 현차현조 중도실상 해탈극락이요.

나 안에 유미혹 무미혹도 차조동시 쌍차쌍조 본차본조 현차현조 중도실상 해탈극락이요.

나 안에 유도 무도도 차조동시 쌍차쌍조 본차본조 현차현조 중도실상 해탈극락이요.

나 안에 유법 무법도 차조동시 쌍차쌍조 본차본조 현차현조 중도실상 해탈극락이요.

나 안에 유 진리 무 진리도 차조동시 쌍차쌍조 본차본조 현차현조 중도실상 해탈극락이요.

나 안에 유 겁 무 겁도 차조동시 쌍차쌍조 본차본조 현차현조 중도실상 해탈극락이요.

나 안에 유 시공 무 시공도 차조동시 쌍차쌍조 본차

본조 현차현조 중도실상 해탈극락이요.

나 안에 유 법계 무 법계도 차조동시 쌍차쌍조 본차
본조 현차현조 중도실상 해탈극락이요.

나 안에 유 우주 무 우주도 차조동시 쌍차쌍조 본차
본조 현차현조 중도실상 해탈극락이요.

나 안에 유 세계 무 세계도 차조동시 쌍차쌍조 본차
본조 현차현조 중도실상 해탈극락이요.

나 안에 유 천하 무 천하도 차조동시 쌍차쌍조 본차
본조 현차현조 중도실상 해탈극락이요.

나 안에 유 이승 무 이승도 차조동시 쌍차쌍조 본차
본조 현차현조 중도실상 해탈극락이요.

나 안에 유 저승 무 저승도 차조동시 쌍차쌍조 본차
본조 현차현조 중도실상 해탈극락이요.

나 안에 유 지옥 무 지옥도 차조동시 쌍차쌍조 본차
본조 현차현조 중도실상 해탈극락이요.

나 안에 유 천국 무 천국도 차조동시 쌍차쌍조 본차본조 현차현조 중도실상 해탈극락이요.

나 안에 유 사바 무 사바도 차조동시 쌍차쌍조 본차본조 현차현조 중도실상 해탈극락이요.

나 안에 유 극락 무 극락도 차조동시 쌍차쌍조 본차본조 현차현조 중도실상 해탈극락이요.

나 안에 유 태란습화 무 태란습화도 차조동시 쌍차쌍조 본차본조 현차현조 중도실상 해탈극락이요.

나 안에 유 범부 무 범부도 차조동시 쌍차쌍조 본차본조 현차현조 중도실상 해탈극락이요.

나 안에 유 성인 무 성인도 차조동시 쌍차쌍조 본차본조 현차현조 중도실상 해탈극락이요.

나 안에 유 중생 무 중생도 차조동시 쌍차쌍조 본차본조 현차현조 중도실상 해탈극락이요.

나 안에 유 부처 무 부처도 차조동시 쌍차쌍조 본차

본조 현차현조 중도실상 해탈극락이요.

나 안에 유 연기 무 연기도 차조동시 쌍차쌍조 본차 본조 현차현조 중도실상 해탈극락이요,

나 안에 유 인과 무 인과도 차조동시 쌍차쌍조 본차 본조 현차현조 중도실상 해탈극락이요.

나 안에 유 윤회 무 윤회도 차조동시 쌍차쌍조 본차 본조 현차현조 중도실상 해탈극락이요.

나 안에 유 육도 무 육도도 차조동시 쌍차쌍조 본차 본조 현차현조 중도실상 해탈극락이요.

나 안에 유 만상 무 만상도 차조동시 쌍차쌍조 본차 본조 현차현조 중도실상 해탈극락이요.

나 안에 유 물물 무 물물도 차조동시 쌍차쌍조 본차 본조 현차현조 중도실상 해탈극락이요,

나 안에 유 정신 무 정신도 차조동시 쌍차쌍조 본차 본조 현차현조 중도실상 해탈극락이요.

나 안에 유 상 무 상도 차조동시 쌍차쌍조 본차본조 현차현조 중도실상 해탈극락이요.

나 안에 유견 무견도 차조동시 쌍차쌍조 본차본조 현차현조 중도실상 해탈극락이요.

나 안에 유각 무각도 차조동시 쌍차쌍조 본차본조 현차현조 중도실상 해탈극락이요.

나 안에 유득 무득도 차조동시 쌍차쌍조 본차본조 현차현조 중도실상 해탈극락이요.

나 안에 유증 무증도 차조동시 쌍차쌍조 본차본조 현차현조 중도실상 해탈극락이요.

나 안에 유인 무인도 차조동시 쌍차쌍조 본차본조 현차현조 중도실상 해탈극락이요.

나 안에 유직 무직도 차조동시 쌍차쌍조 본차본조 현차현조 중도실상 해탈극락이요.

나 안에 유즉 무즉도 차조동시 쌍차쌍조 본차본조

현차현조 중도실상 해탈극락이요.

나 안에 유작 무작도 차조동시 쌍차쌍조 본차본조 현차현조 중도실상 해탈극락이요.

나 안에 유행 무행도 차조동시 쌍차쌍조 본차본조 현차현조 중도실상 해탈극락이요.

나 안에 유현 무현도 차조동시 쌍차쌍조 본차본조 현차현조 중도실상 해탈극락이요.

나 안에 유 유위 무 유위도 차조동시 쌍차쌍조 본차본조 현차현조 중도실상 해탈극락이요.

나 안에 유 유루 무 유루도 차조동시 쌍차쌍조 본차본조 현차현조 중도실상 해탈극락이요.

나 안에 유 유여 무 유여도 차조동시 쌍차쌍조 본차본조 현차현조 중도실상 해탈극락이요.

나 안에 유 유심 무 유심도 차조동시 쌍차쌍조 본차본조 현차현조 중도실상 해탈극락이요.

나 안에 유 존심 무 존심도 차조동시 쌍차쌍조 본차 본조 현차현조 중도실상 해탈극락이요.

나 안에 유 본심 무 본심도 차조동시 쌍차쌍조 본차 본조 현차현조 중도실상 해탈극락이요.

나 안에 유 자심 무 자심도 차조동시 쌍차쌍조 본차 본조 현차현조 중도실상 해탈극락이요.

나 안에 유 보리심 무 보리심도 차조동시 쌍차쌍조 본차본조 현차현조 중도실상 해탈극락이요.

나 안에 유 복덕 무 복덕도 차조동시 쌍차쌍조 본차 본조 현차현조 중도실상 해탈극락이요.

나 안에 유 공덕 무 공덕도 차조동시 쌍차쌍조 본차 본조 현차현조 중도실상 해탈극락이요.

나 안에 유 견처 무 견처도 차조동시 쌍차쌍조 본차 본조 현차현조 중도실상 해탈극락이요.

나 안에 유 각처 무 각처도 차조동시 쌍차쌍조 본차

본조 현차현조 중도실상 해탈극락이요.

나 안에 유염 무염도 차조동시 쌍차쌍조 본차본조 현차현조 중도실상 해탈극락이요.

나 안에 유념 무념도 차조동시 쌍차쌍조 본차본조 현차현조 중도실상 해탈극락이요.

나 안에 유감 무감도 차조동시 쌍차쌍조 본차본조 현차현조 중도실상 해탈극락이요.

나 안에 유식 무식도 차조동시 쌍차쌍조 본차본조 현차현조 중도실상 해탈극락이요.

나 안에 유지 무지도 차조동시 쌍차쌍조 본차본조 현차현조 중도실상 해탈극락이요.

나 안에 유 유의 무 유의도 차조동시 쌍차쌍조 본차본조 현차현조 중도실상 해탈극락이요.

나 안에 유 업 무 업도 차조동시 쌍차쌍조 본차본조 현차현조 중도실상 해탈극락이요.

나 안에 유 연 무 연도 차조동시 쌍차쌍조 본차본조 현차현조 중도실상 해탈극락이요.

나 안에 유 관문 무 관문도 차조동시 쌍차쌍조 본차본조 현차현조 중도실상 해탈극락이요.

나 안에 유 타파 무 타파도 차조동시 쌍차쌍조 본차본조 현차현조 중도실상 해탈극락이요.

나 안에 유 탈 무 탈도 차조동시 쌍차쌍조 본차본조 현차현조 중도실상 해탈극락이요.

나 안에 유 멸 무 멸도 차조동시 쌍차쌍조 본차본조 현차현조 중도실상 해탈극락이요.

나 안에 유 명 무 명도 차조동시 쌍차쌍조 본차본조 현차현조 중도실상 해탈극락이요.

나 안에 유 현 무 현도 차조동시 쌍차쌍조 본차본조 현차현조 중도실상 해탈극락이요.

나 안에 유 실 무 실도 차조동시 쌍차쌍조 본차본조

현차현조 중도실상 해탈극락이요.

나 안에 유 진여 무 진여도 차조동시 쌍차쌍조 본차본조 현차현조 중도실상 해탈극락이요.

나 안에 유 실상 무 실상도 차조동시 쌍차쌍조 본차본조 현차현조 중도실상 해탈극락이요.

나 안에 유 삼매 무 삼매도 차조동시 쌍차쌍조 본차본조 현차현조 중도실상 해탈극락이요,

나 안에 유 해탈 무 해탈도 차조동시 쌍차쌍조 본차본조 현차현조 중도실상 해탈극락이요.

나 안에 유 열반 무 열반도 차조동시 쌍차쌍조 본차본조 현차현조 중도실상 해탈극락이요.

나 안에 유 중도 무 중도도 차조동시 쌍차쌍조 본차본조 현차현조 중도실상 해탈극락이요.

나 안에 온 전체로 낱낱이 나로 다르지 않고 차조동시 쌍차쌍조 본차본조 현차현조 중도실상 해탈극락이요.

나 안에 낱낱이 온 전체로 나로 꼭 맞아 한결같아서 차조동시 쌍차쌍조 본차본조 현차현조 중도실상 해탈극락이요.

나 안에 세월 안이나 세월 밖에서나
내가 다로 지니고 이루고 열리고 드러나고 나투고 펼치고 세우고 응하고 쓰고 누리면서 온 창생 나로 영생영락의 여래요, 여래불인 참나 참등명 참법등명이며 본나본등명 본법등인 천상천하유아독존의 자등명 법등명인 것이다.

나!

본 나로 본 나가 본 나로 태어나서, 본 나 세상에서 본 나 본 삶을 살다가, 본 나 본고향 본집으로 돌아와 다시 본 나 본 법계에서 영원한 해탈극락을 누리는 것이 불멸의 나의 살림살이요, 나의 금강반야밀의 영원한 인생사인 진여실상의 실락원인 것이다.
나 자체의 바탕에서 나 자체로 동시에 온 전체로 나로 나투고 낱낱이 나로 거두니 생멸도 나로 나투고 거두고 동시요 해탈이요.
유무도 나로 나투고 거두고 동시요 해탈이요.

색공도 나로 나투고 거두고 동시요 해탈이요.
온 법계도 나로 나투고 거두고 동시요 해탈이요.
온 우주도 나로 나투고 거두고 동시요 해탈이요.
온 세상도 나로 나투고 거두고 동시요 해탈이요.
온 천하도 나로 나투고 거두고 동시요 해탈이요.
온 만상도 나로 나투고 거두고 동시요 해탈이요.
온 물물도 나로 나투고 거두고 동시요 해탈이요.
온 영혼도 나로 나투고 거두고 동시요 해탈이요.
온 마음도 나로 나투고 거두고 동시요 해탈이요.
온 생각도 나로 나투고 거두고 동시요 해탈이요.
온 감정도 나로 나투고 거두고 동시요 해탈이요.
온 감성도 나로 나투고 거두고 동시요 해탈이요.
온 자성도 나로 나투고 거두고 동시요 해탈이요.
온 불성도 나로 나투고 거두고 동시요 해탈이요.
온 창생도 나로 나투고 거두고 동시요 해탈이요.
온 중생도 나로 나투고 거두고 동시요 해탈이요.
온 부처도 나로 나투고 거두고 동시요 해탈이요.
온 성불도 나로 나투고 거두고 동시요 해탈이요.
온 본불도 나로 나투고 거두고 동시요 해탈이요.
이러히 다 나로 나투고 다 나로 거둠이
다르지 않아 한 바탕이니 해탈이요.
삼신불이 나로 한 바탕이니 해탈이요.

내가 삼신불로 한 바탕이니 해탈이요.
무량수불도 나로 한 바탕이니 해탈이요.
나도 한 바탕 무량수불이니 해탈이요.
온 전체로 낱낱이 나로 이러하니 해탈이요.
나로 온 전체로 낱낱이 이러하니 해탈이요.
낱낱이 온 전체로 나로 이러하니 해탈이요.
나로 낱낱이 온 전체로 이러하니 해탈이요.
내가 한 바탕으로 연기니 해탈이요.
연기가 한 바탕으로 나니 해탈이요.
내가 한바탕으로 중도니 해탈이요.
중도가 한바탕으로 나니 해탈이요.
내가 한바탕으로 공존이니 해탈이요.
공존이 한바탕으로 나니 해탈이라.
내가 실상이요 실상이 나니 해탈이요.
내가 진여요 진여가 나니 해탈이요.
내가 삼매요 삼매가 나니 해탈이요.
내가 해탈이요 해탈이 나니 해탈이요.
내가 정도요 정도가 나니 해탈이요.
내가 정법이요 정법이 나니 해탈이요.
내가 성불이요 성불이 나니 해탈이요.
내가 본불이요 본불이 나니 해탈이요.
내가 자불이요 자불이 나니 해탈이요.

내가 여래요 여래가 나니 해탈이요.
내가 본불이요 본불이 나니 해탈이요.
내가 금강이요 금강이 나니 해탈이요.
내가 반야바라밀이요
반야바라밀이 나니 해탈이라.
마하심경이 나 자체로 열려 해탈이어서
나 다 온 전체로 중심이니 해탈이요.
나 다 낱낱이 구심점이니 해탈이라.
일체가 나 다로 발현하니 해탈이요.
일체가 나 다로 실현하니 해탈이요.
일체가 나 다로 구현하니 해탈이요.
일체가 나 다로 완성하니 해탈이요.
일체가 나 다로 구경이니 해탈이요.
일체가 나 다로 해탈이니 진여요.
일체가 나 다로 열반이니 진여요.
일체가 나 다로 영생이니 진여요.
나 다 남음 없이 축복이니 진여요.
다 나 다함없이 행복이니 진여다.
항상 나 다 하하하 불멸의 금강이요.
항상 다 나 예예예 불멸의 바라밀이요.
항상 나 다 아라리오 불멸의 진리요.
항상 다 나 라라리오 불멸의 법이요.

항상 다 나 필릴리리 불멸의 여래요.
항상 다 나 릴릴리리 불멸의 진불이구나.

나!

나 다 금강반야바라밀이요 만고광명이요
다 나 금강반야바라밀이요 만고감로로 열려
나 바탕이다. 대기대용 항사묘용 호쾌대활이다.
나 자체구나. 대기대용 항사묘용 호쾌대활이다.
나 완성이구나. 대기대용 항사묘용 호쾌대활이다.
나 실현이구나. 대기대용 항사묘용 호쾌대활이다.
나 씀이구나. 대기대용 항사묘용 호쾌대활이다.
나 누림이구나. 대기대용 항사묘용 호쾌대활이다.
언제나 나 다 불멸의 진여실상이요.
언제나 나 다 불멸의 삼매해탈이요.
언제나 나 다 불멸의 본여열반이요.
언제나 나 다 불멸의 여여상생이요.
언제나 나 다 불멸의 중도공존이요.
언제나 나 다 불멸의 자성연기이요.
언제나 나 다 불멸의 불성법계이요.
언제나 나 다 불멸의 대기대용이요.
언제나 나 다 불멸의 항사묘용이요.

언제나 나 다 불멸의 전지전능이요.
언제나 나 다 불멸의 본지본능이요.
언제나 나 다 불멸의 본지풍광이요.
언제나 나 다 불멸의 호쾌대활이요.
언제나 나 다 불멸의 호호탕탕이요.
언제나 나 다 불멸의 차조동시요.
언제나 나 다 불멸의 쌍차쌍조요.
언제나 나 다 불멸의 전차전조요.
언제나 나 다 불멸의 본차본조요.
언제나 나 다 불멸의 무한광명이요.
언제나 나 다 불멸의 무한감로요.
언제나 나 다 불멸의 무한보배요.
언제나 나 다 불멸의 무한보주요.
언제나 나 다 불멸의 무한보화요.
언제나 나 다 불멸의 무한영화요.
언제나 나 다 불멸의 무한경화요.
언제나 나 다 불멸의 무한경사요.
언제나 나 다 불멸의 무한길경이요.
언제나 나 다 불멸의 무한길상이요.
언제나 나 다 불멸의 무한광영이요.
언제나 나 다 불멸의 무한축복이요.
언제나 나 다 불멸의 무한행복이요.

언제나 나 다 불멸의 무한사랑이요.
언제나 나 다 불멸의 무한자비요.
언제나 나 다 불멸의 무한가피요.
언제나 나 다 불멸의 무한은혜요.
언제나 나 다 불멸의 무한복덕이요.
언제나 나 다 불멸의 무한공덕이요.
언제나 나 다 불멸의 무한가치요.
언제나 나 다 불멸의 무한보람이요.
언제나 나 다 불멸의 무한상락이요.
언제나 나 다 불멸의 무한성불이요.
언제나 나 다 불멸의 무한본불이요.
언제나 나 다 불멸의 무한본나요.
언제나 나 다 불멸의 무한창주요.
언제나 나 다 불멸의 무한창생이요.
언제나 나 다 불멸의 무한창조요.
언제나 나 다 불멸의 무한창세요.
언제나 나 다 불멸의 무한창의요.
언제나 나 다 불멸의 창락으로써
어디서나 다 나로 이러해서 금강이요.
어느 때나 다 나로 이러해서 반야요.
어느 것에나 다 나로 이러해서 바라밀이다.
누구나 다 나로 경이롭고 환희롭고 신령스럽고 영령스

럽고 찬란한 절대 영원 자체인 전지전능을 본지본능을 자지자능을 현지현능을 영지영능을 영성영각을 내외영각을 내외명철을 무한광휘를 무진찰찰 무진실락을 무궁무진 아름답게 성스럽게 거룩하게 지고지순하게 존귀하게 고귀하게 고준하게 찬란하게 무한 누리는 것이다.

나!

영원불변의 나 다로 상주상락하면서
영원불변의 나 다로 상락아정하면서
영원불변의 나 다로 영생영락누리니
영원불변의 다 나로 우담바라 난발하고
영원불변의 다 나로 마니보주 쏟아지니
영원불변의 다 나로 산과 물로 빚은 떡을 먹고
영원불변의 다 나로 해와 달로 우린 차를 마시며
영원불변의 다 나로 만 세상 만 봄을 보내구나.

나!

누구나 다 나로 위대함을 지니고
누구나 다 나로 존귀함을 지니고
누구나 다 나로 고귀함을 지니고

누구나 다 나로 고준함을 지니고
누구나 다 나로 거룩함을 지니고
누구나 다 나로 성스러움을 지니고
누구나 다 나로 지고지순함을 지니고
누구나 다 나로 여래지존을 지니고
누구나 다 나로 해탈극락을 지니고
누구나 다 나로 자주자락을 지니고
누구나 다 나로 본나본불을 누리구나.

나!

나 다 구족으로 해탈청정으로
다 나 완성자체로 극락순백으로
나 금강반야바라밀이구나.
나 다나.
다 나다구나.
나!.

황부 향 사르 올리고 큰절 올립니다.

나 다 금강시절

언제나 이러히 내가 참나로서
언제나 이러히 다로 열려서
언제나 이러히 세상을 살면서
언제나 이러히 낙을 누리니
언제나 이러히 진여요.
언제나 이러히 실상이요.
언제나 이러히 해탈이요.
언제나 이러히 극락이요.
언제나 이러히 영생이라.
누구나 이러히 달빛 속에 우담바라 난발하고
무엇이든 이러히 청풍 속에 마니보주 쏟아져
언제나 이러히 중생이 나 금강반야요.
언제나 이러히 여래가 나 바라밀이구나.

나!

항상 누린다.
나 다 해와 달이 되어 해와 달을 띄우며

온 뜨락마다 붉은 꽃 흰 꽃 무진장 난발하고
다 나 산과 물이 되어 산과 물을 펼치며
온 거리마다 산호열매 계수열매 끝없이 뿌리구나.
나 다 밥이 되어 온 천하 영원히 배불리고
다 나 물이 되어 온 창생 영원히 갈증 풀구나.
나 다나 청정무구하구나. 원만구족하구나.
다 나다 순백무구하구나. 원융무애하구나.
나 다나 순청무구하구나. 무애자재하구나.
다 나다 천진무구하구나. 자유자재하구나.
나 다나 상주상락하구나. 상락아정하구나.
다 나다 영생영락하구나. 성불본불하구나.

나!

참 주인이다.
참 진리다.
참 도다.
참 법이다.
참 법계다.
참 여래다.
참 부처다.
참 우리다.

참 모두다.
참 나 다 나구나!
참이다.

나!.

황부 합장.

본면목

유아는 유아 아니요.
무아는 무아 아니요.
유존은 유존 아니요.
무존은 무존 아니요.
유생은 유생 아니요.
무생은 무생 아니요.
유정은 유정 아니요.
무정은 무정 아닙니다.

필경 무엇입니까?

눈썹털을 펄럭이니 우담바라 난발하고
콧구멍을 벌렁이니 마니보주 쏟아집니다.

하!.

진면목

유심은 유심 아니요.
무심은 무심 아니요.
유념은 유념 아니요.
무념은 무념 아니요.
유견은 유견 아니요.
무견은 무견 아니요.
유각은 유각 아니요.
무각은 무각 아닙니다.

필경 무엇입니까?

산새는 지지배배 반야를 노래하고
물새는 비비배배 바라밀을 춤춥니다.

하!.

여면목

유상은 유상 아니요.
무상은 무상 아니요.
유색은 유색 아니요.
무색은 무색 아니요.
유공은 유공 아니요.
무공은 무공 아니요.
유염은 유염 아니요.
무염은 무염 아닙니다.

필경 무엇입니까?

고기 스스로 물이니 온 천하가 태평하고
새 스스로 숲이니 온 창생이 안락합니다.

하!.

의면목

유본은 유본 아니요.
무본은 무본 아니요.
유원은 유원 아니요.
무원은 무원 아니요.
유성은 유성 아니요.
무성은 무성 아니요.
유증은 유증 아니요.
무증은 무증 아닙니다.

필경 무엇입니까?

꽃은 스스로 피어 웃으며 달빛을 쏟아내고
풀은 스스로 푸르러 경건히 청풍을 떨칩니다.

하!.

정면목

유지는 유지 아니요.
무지는 무지 아니요.
유식은 유식 아니요.
무식은 무식 아니요.
유의는 유의 아니요.
무의는 무의 아니요.
유명은 유명 아니요.
무명은 무명 아닙니다.

필경 무엇입니까?

스스로 온 천하로 꽃비로 내려 진여요.
스스로 온 창생으로 마니보주로 쏟아져 실상입니다.

하!.

현면목

유통은 유통 아니요.
무통은 무통 아니요.
유도는 유도 아니요.
무도는 무도 아니요.
유법은 유법 아니요.
무법은 무법 아니요.
유불은 유불 아니요.
무불은 무불 아닙니다.

필경 무엇입니까?

청풍 속에 삼매를 즐기고
꽃비 속에 해탈을 누립니다.

하!.

온면목

유처는 유처 아니요.
무처는 무처 아니요.
유루는 유루 아니요.
무루는 무루 아니요.
유여는 유여 아니요.
무여는 무여 아니요.
유위는 유위 아니요.
무위는 무위 아닙니다.

필경 무엇입니까?

꽃을 심고 꽃을 심고 온갖 꽃 난발하고
열매 익고 열매 익고 온갖 열매 뿌립니다.

하!.

자면목

유자는 유자 아니요.
무자는 무자 아니요.
유체는 유체 아니요.
무체는 무체 아니요.
유용은 유용 아니요.
무용은 무용 아니요.
유실은 유실 아니요.
무실은 무실 아닙니다.

필경 무엇입니까?

해가 되어 온 천하가 성불로 노래하고
달이 되어 온 창생이 본불로 춤춥니다.

하!.

봉축

종이마다 우담바라 난발하고
글자마다 마니보주 굴러서
온 천하가 길이 길상 축복이요,
온 창생이 길이 길경 행복이라.
달빛 속에 청풍이 끝없이 불고
청풍 속에 달빛이 무진장 쏟아져
돌멩이마다 해와 달 토해 광명이요,
풀잎마다 산과 물 펼쳐 감로라
두꺼비는 뚜벅 뚜벅 뚜벅 진여를 펼치고
고슴도치는 고슴 고슴 고슴 실상을 굴리니
산새는 지지배배 금강반야를 노래하고
물새는 비비배배 여래바라밀을 춤추고
누구나 무엇이든 해탈극락 무진장 누립니다.

하!.

황부합장.

회향

아름다운 사람들이 진여로
아름다운 세상에서 실상으로
아름다운 삶을 살며 극락으로
아름다운 낙을 누리며 해탈로
아름다운 금강반야 길상이요
아름다운 반야바라밀 길경이라
아름다운 축복 온 천하 광명으로
아름다운 행복 온 창생 감로로
아름다운 청풍이 온 사랑으로
아름다운 달빛이 온 자비로
아름다운 꽃비가 온 경사로 내립니다.

황부합장.

다여

하하하 견성성불이요.
호호호 호쾌대활이요.
훨훨훨 원만구족이요.
활활활 전지전능이요.
둥둥둥 복혜구족이요.
징징징 해탈극락이요.
울울울 찰찰경사요.
웅웅웅 진여실상이요.
예예예 본나본불이요.
다다다 영생영락입니다.

황부합장.

누림

언제나 스스로 다 지니고
언제나 스스로 다 이루고
언제나 스스로 다 열고
언제나 스스로 다 드러내고
언제나 스스로 다 나투고
언제나 스스로 다 펼치고
언제나 스스로 다 세우고
언제나 스스로 다 응하고
언제나 스스로 다 쓰며
언제나 스스로 다 누리며
언제나 스스로 다 상주상락하며
언제나 스스로 다 상락아정하며
언제나 스스로 다 영원불멸합니다.
나다나!.

황부합장.

나 금강본여론

찬

중생의 세계가 법계요.
중생의 세상이 극락이요.
중생의 삶이 열반이요.
중생의 성품이 견성이요.
중생의 성질이 성불이요.
중생의 성격이 대각이요.
중생의 지성이 대법이요.
중생의 자체가 본불입니다.

하!.

금강본여론 1

딴 법계 없으니 스스로 해탈실상이요.
딴 우주 없으니 스스로 해탈실상이요.
딴 세계 없으니 스스로 해탈실상이요.
딴 세상 없으니 스스로 해탈실상이요.
딴 천하 없으니 스스로 해탈실상이요.
딴 만상 없으니 스스로 해탈실상이요.
딴 물물 없으니 스스로 해탈실상이요.
딴 창생 없으니 스스로 해탈실상입니다.

하!.

금강본여론 2

딴 이승 없으니 스스로 해탈실상이요.
딴 저승 없으니 스스로 해탈실상이요.
딴 지옥 없으니 스스로 해탈실상이요.
딴 천국 없으니 스스로 해탈실상이요.
딴 사바 없으니 스스로 해탈실상이요.
딴 극락 없으니 스스로 해탈실상이요.
딴 처처 없으니 스스로 해탈실상이요.
딴 주함 없으니 스스로 해탈실상입니다.

하!.

금강본여론 3

딴 연기 없으니 스스로 해탈실상이요.
딴 인연 없으니 스스로 해탈실상이요.
딴 업연 없으니 스스로 해탈실상이요.
딴 인과 없으니 스스로 해탈실상이요.
딴 응보 없으니 스스로 해탈실상이요.
딴 윤회 없으니 스스로 해탈실상이요.
딴 육도 없으니 스스로 해탈실상이요.
딴 본위 없으니 스스로 해탈실상입니다.

하!.

금강본여론 4

딴 자성 없으니 스스로 해탈실상이요.
딴 본성 없으니 스스로 해탈실상이요.
딴 존성 없으니 스스로 해탈실상이요.
딴 원성 없으니 스스로 해탈실상이요.
딴 성성 없으니 스스로 해탈실상이요.
딴 심성 없으니 스스로 해탈실상이요.
딴 각성 없으니 스스로 해탈실상이요.
딴 불성 없으니 스스로 해탈실상입니다.

하!.

금강본여론 5

딴 유생 없으니 스스로 해탈실상이요.
딴 무생 없으니 스스로 해탈실상이요.
딴 유정 없으니 스스로 해탈실상이요.
딴 무정 없으니 스스로 해탈실상이요.
딴 범부 없으니 스스로 해탈실상이요.
딴 성인 없으니 스스로 해탈실상이요.
딴 중생 없으니 스스로 해탈실상이요.
딴 부처 없으니 스스로 해탈실상입니다.

하!..

금강본여론 6

딴 생멸 없으니 스스로 해탈실상이요.
딴 유무 없으니 스스로 해탈실상이요.
딴 색공 없으니 스스로 해탈실상이요.
딴 시공 없으니 스스로 해탈실상이요.
딴 시종 없으니 스스로 해탈실상이요.
딴 지불지 없으니 스스로 해탈실상이요.
딴 명암 없으니 스스로 해탈실상이요.
딴 미오 없으니 스스로 해탈실상입니다.

하!.

금강본여론 7

딴 진여 없으니 스스로 해탈실상이요.
딴 실상 없으니 스스로 해탈실상이요.
딴 삼매 없으니 스스로 해탈실상이요.
딴 해탈 없으니 스스로 해탈실상이요.
딴 여위 없으니 스스로 해탈실상이요.
딴 열반 없으니 스스로 해탈실상이요.
딴 중도 없으니 스스로 해탈실상이요.
딴 영생 없으니 스스로 해탈실상입니다.

하!.

금강본여론 8

딴 무명 없으니 스스로 해탈실상이요.
딴 무지 없으니 스스로 해탈실상이요.
딴 번뇌 없으니 스스로 해탈실상이요.
딴 망상 없으니 스스로 해탈실상이요.
딴 업식 없으니 스스로 해탈실상이요.
딴 업행 없으니 스스로 해탈실상이요.
딴 업과 없으니 스스로 해탈실상이요.
딴 업보 없으니 스스로 해탈실상입니다.

하!.

금강본여론 9

딴 진아 없으니 스스로 해탈실상이요.
딴 진성 없으니 스스로 해탈실상이요.
딴 진오 없으니 스스로 해탈실상이요.
딴 진각 없으니 스스로 해탈실상이요.
딴 진명 없으니 스스로 해탈실상이요.
딴 진도 없으니 스스로 해탈실상이요.
딴 진법 없으니 스스로 해탈실상이요.
딴 진불 없으니 스스로 해탈실상입니다.

하!.

금강본여론 10

딴 아상 없으니 스스로 해탈실상이요.
딴 인상 없으니 스스로 해탈실상이요.
딴 중생상 없으니 스스로 해탈실상이요.
딴 수자상 없으니 스스로 해탈실상이요.
딴 라한상 없으니 스스로 해탈실상이요.
딴 보살상 없으니 스스로 해탈실상이요.
딴 조사상 없으니 스스로 해탈실상이요.
딴 부처상 없으니 스스로 해탈실상입니다.

하!.

금강본여론 11

딴 아집 없으니 스스로 해탈실상이요.
딴 인집 없으니 스스로 해탈실상이요.
딴 중생집 없으니 스스로 해탈실상이요.
딴 수자집 없으니 스스로 해탈실상이요.
딴 라한집 없으니 스스로 해탈실상이요.
딴 보살집 없으니 스스로 해탈실상이요.
딴 조사집 없으니 스스로 해탈실상이요.
딴 부처집 없으니 스스로 해탈실상입니다.

하!.

금강본여론 12

딴 아견 없으니 스스로 해탈실상이요.
딴 인견 없으니 스스로 해탈실상이요.
딴 중생견 없으니 스스로 해탈실상이요.
딴 수자견 없으니 스스로 해탈실상이요.
딴 라한견 없으니 스스로 해탈실상이요.
딴 보살견 없으니 스스로 해탈실상이요.
딴 조사견 없으니 스스로 해탈실상이요.
딴 부처견 없으니 스스로 해탈실상입니다.

하!.

금강본여론 13

딴 아쳐 없으니 스스로 해탈실상이요.
딴 인쳐 없으니 스스로 해탈실상이요.
딴 중생쳐 없으니 스스로 해탈실상이요.
딴 수자쳐 없으니 스스로 해탈실상이요.
딴 라한쳐 없으니 스스로 해탈실상이요.
딴 보살쳐 없으니 스스로 해탈실상이요.
딴 조사쳐 없으니 스스로 해탈실상이요.
딴 부처쳐 없으니 스스로 해탈실상입니다.

하!.

금강본여론 14

딴 아작 없으니 스스로 해탈실상이요.
딴 인작 없으니 스스로 해탈실상이요.
딴 중생작 없으니 스스로 해탈실상이요.
딴 수자작 없으니 스스로 해탈실상이요.
딴 라한작 없으니 스스로 해탈실상이요.
딴 보살작 없으니 스스로 해탈실상이요.
딴 조사작 없으니 스스로 해탈실상이요.
딴 부처작 없으니 스스로 해탈실상입니다.

하!.

금강본여론 15

딴 아행 없으니 스스로 해탈실상이요.
딴 인행 없으니 스스로 해탈실상이요.
딴 중생행 없으니 스스로 해탈실상이요.
딴 수자행 없으니 스스로 해탈실상이요.
딴 라한행 없으니 스스로 해탈실상이요.
딴 보살행 없으니 스스로 해탈실상이요.
딴 조사행 없으니 스스로 해탈실상이요.
딴 부처행 없으니 스스로 해탈실상입니다.

하!.

금강본여론 16

딴 아업 없으니 스스로 해탈실상이요.
딴 인업 없으니 스스로 해탈실상이요.
딴 중생업 없으니 스스로 해탈실상이요.
딴 수자업 없으니 스스로 해탈실상이요.
딴 라한업 없으니 스스로 해탈실상이요.
딴 보살업 없으니 스스로 해탈실상이요.
딴 조사업 없으니 스스로 해탈실상이요.
딴 부처업 없으니 스스로 해탈실상입니다.

하!.

금강본여론 17

딴 아과 없으니 스스로 해탈실상이요.
딴 인과 없으니 스스로 해탈실상이요.
딴 중생과 없으니 스스로 해탈실상이요.
딴 수자과 없으니 스스로 해탈실상이요.
딴 라한과 없으니 스스로 해탈실상이요.
딴 보살과 없으니 스스로 해탈실상이요.
딴 조사과 없으니 스스로 해탈실상이요.
딴 부처과 없으니 스스로 해탈실상입니다.

하!.

금강본여론 18

딴 아응보 없으니 스스로 해탈실상이요.
딴 인응보 없으니 스스로 해탈실상이요.
딴 중생응보 없으니 스스로 해탈실상이요.
딴 수자응보 없으니 스스로 해탈실상이요.
딴 라한응보 없으니 스스로 해탈실상이요.
딴 보살응보 없으니 스스로 해탈실상이요.
딴 조사응보 없으니 스스로 해탈실상이요.
딴 부처응보 없으니 스스로 해탈실상입니다.

하!.

금강본여론 19

딴 아주 없으니 스스로 해탈실상이요.
딴 인주 없으니 스스로 해탈실상이요.
딴 중생주 없으니 스스로 해탈실상이요.
딴 수자주 없으니 스스로 해탈실상이요.
딴 라한주 없으니 스스로 해탈실상이요.
딴 보살주 없으니 스스로 해탈실상이요.
딴 조사주 없으니 스스로 해탈실상이요.
딴 부처주 없으니 스스로 해탈실상입니다.

하!.

금강본여론 20

딴 아존 없으니 스스로 해탈실상이요.
딴 인존 없으니 스스로 해탈실상이요.
딴 중생존 없으니 스스로 해탈실상이요.
딴 수자존 없으니 스스로 해탈실상이요.
딴 라한존 없으니 스스로 해탈실상이요.
딴 보살존 없으니 스스로 해탈실상이요.
딴 조사존 없으니 스스로 해탈실상이요.
딴 부처존 없으니 스스로 해탈실상입니다.

하!.

금강본여론 21

딴 아재 없으니 스스로 해탈실상이요.
딴 인재 없으니 스스로 해탈실상이요.
딴 중생재 없으니 스스로 해탈실상이요.
딴 수자재 없으니 스스로 해탈실상이요.
딴 라한재 없으니 스스로 해탈실상이요.
딴 보살재 없으니 스스로 해탈실상이요.
딴 조사재 없으니 스스로 해탈실상이요.
딴 부처재 없으니 스스로 해탈실상입니다.

하!.

금강본여론 22

딴 아본 없으니 스스로 해탈실상이요.
딴 인본 없으니 스스로 해탈실상이요.
딴 중생본 없으니 스스로 해탈실상이요.
딴 수자본 없으니 스스로 해탈실상이요.
딴 라한본 없으니 스스로 해탈실상이요.
딴 보살본 없으니 스스로 해탈실상이요.
딴 조사본 없으니 스스로 해탈실상이요.
딴 부처본 없으니 스스로 해탈실상입니다.

하!.

금강본여론 23

딴 아원 없으니 스스로 해탈실상이요.
딴 인원 없으니 스스로 해탈실상이요.
딴 중생원 없으니 스스로 해탈실상이요.
딴 수자원 없으니 스스로 해탈실상이요.
딴 라한원 없으니 스스로 해탈실상이요.
딴 보살원 없으니 스스로 해탈실상이요.
딴 조사원 없으니 스스로 해탈실상이요.
딴 부처원 없으니 스스로 해탈실상입니다.

하!.

금강본여론 24

딴 아성 없으니 스스로 해탈실상이요.
딴 인성 없으니 스스로 해탈실상이요.
딴 중생성 없으니 스스로 해탈실상이요.
딴 수자성 없으니 스스로 해탈실상이요.
딴 라한성 없으니 스스로 해탈실상이요.
딴 보살성 없으니 스스로 해탈실상이요.
딴 조사성 없으니 스스로 해탈실상이요.
딴 부처성 없으니 스스로 해탈실상입니다.

하!.

금강본여론 25

딴 아생 없으니 스스로 해탈실상이요.
딴 인생 없으니 스스로 해탈실상이요.
딴 중생생 없으니 스스로 해탈실상이요.
딴 수자생 없으니 스스로 해탈실상이요.
딴 라한생 없으니 스스로 해탈실상이요.
딴 보살생 없으니 스스로 해탈실상이요.
딴 조사생 없으니 스스로 해탈실상이요.
딴 부처생 없으니 스스로 해탈실상입니다.

하!.

금강본여론 26

딴 아채 없으니 스스로 해탈실상이요.
딴 인채 없으니 스스로 해탈실상이요.
딴 중생채 없으니 스스로 해탈실상이요.
딴 수자채 없으니 스스로 해탈실상이요.
딴 라한채 없으니 스스로 해탈실상이요.
딴 보살채 없으니 스스로 해탈실상이요.
딴 조사채 없으니 스스로 해탈실상이요.
딴 부처채 없으니 스스로 해탈실상입니다.

하!.

금강본여론 27

딴 아용 없으니 스스로 해탈실상이요.
딴 인용 없으니 스스로 해탈실상이요.
딴 중생용 없으니 스스로 해탈실상이요.
딴 수자용 없으니 스스로 해탈실상이요.
딴 라한용 없으니 스스로 해탈실상이요.
딴 보살용 없으니 스스로 해탈실상이요.
딴 조사용 없으니 스스로 해탈실상이요.
딴 부처용 없으니 스스로 해탈실상입니다.

하!.

금강본여론 28

딴 아심 없으니 스스로 해탈실상이요.
딴 인심 없으니 스스로 해탈실상이요.
딴 중생심 없으니 스스로 해탈실상이요.
딴 수자심 없으니 스스로 해탈실상이요.
딴 라한심 없으니 스스로 해탈실상이요.
딴 보살심 없으니 스스로 해탈실상이요.
딴 조사심 없으니 스스로 해탈실상이요.
딴 부처심 없으니 스스로 해탈실상입니다.

하!.

금강본여론 29

딴 아념 없으니 스스로 해탈실상이요.
딴 인념 없으니 스스로 해탈실상이요.
딴 중생념 없으니 스스로 해탈실상이요.
딴 수자념 없으니 스스로 해탈실상이요.
딴 라한념 없으니 스스로 해탈실상이요.
딴 보살념 없으니 스스로 해탈실상이요.
딴 조사념 없으니 스스로 해탈실상이요.
딴 부처념 없으니 스스로 해탈실상입니다.

하!.

금강본여론 30

딴 아감 없으니 스스로 해탈실상이요.
딴 인감 없으니 스스로 해탈실상이요.
딴 중생감 없으니 스스로 해탈실상이요.
딴 수자감 없으니 스스로 해탈실상이요.
딴 라한감 없으니 스스로 해탈실상이요.
딴 보살감 없으니 스스로 해탈실상이요.
딴 조사감 없으니 스스로 해탈실상이요.
딴 부처감 없으니 스스로 해탈실상입니다.

하!.

금강본여론 31

딴 아의 없으니 스스로 해탈실상이요.
딴 인의 없으니 스스로 해탈실상이요.
딴 중생의 없으니 스스로 해탈실상이요.
딴 수자의 없으니 스스로 해탈실상이요.
딴 라한의 없으니 스스로 해탈실상이요.
딴 보살의 없으니 스스로 해탈실상이요.
딴 조사의 없으니 스스로 해탈실상이요.
딴 부처의 없으니 스스로 해탈실상입니다.

하!.

금강본여론 32

딴 아식 없으니 스스로 해탈실상이요.
딴 인식 없으니 스스로 해탈실상이요.
딴 중생식 없으니 스스로 해탈실상이요.
딴 수자식 없으니 스스로 해탈실상이요.
딴 라한식 없으니 스스로 해탈실상이요.
딴 보살식 없으니 스스로 해탈실상이요.
딴 조사식 없으니 스스로 해탈실상이요.
딴 부처식 없으니 스스로 해탈실상입니다.

하!.   :

금강본여론 33

딴 아지 없으니 스스로 해탈실상이요.
딴 인지 없으니 스스로 해탈실상이요.
딴 중생지 없으니 스스로 해탈실상이요.
딴 수자지 없으니 스스로 해탈실상이요.
딴 라한지 없으니 스스로 해탈실상이요.
딴 보살지 없으니 스스로 해탈실상이요.
딴 조사지 없으니 스스로 해탈실상이요.
딴 부처지 없으니 스스로 해탈실상입니다.

하!.

금강본여론 34

딴 아각 없으니 스스로 해탈실상이요.
딴 인각 없으니 스스로 해탈실상이요.
딴 중생각 없으니 스스로 해탈실상이요.
딴 수자각 없으니 스스로 해탈실상이요.
딴 라한각 없으니 스스로 해탈실상이요.
딴 보살각 없으니 스스로 해탈실상이요.
딴 조사각 없으니 스스로 해탈실상이요.
딴 부처각 없으니 스스로 해탈실상입니다.

하!.

금강본여론 35

딴 아염 없으니 스스로 해탈실상이요.
딴 인염 없으니 스스로 해탈실상이요.
딴 중생염 없으니 스스로 해탈실상이요.
딴 수자염 없으니 스스로 해탈실상이요.
딴 라한염 없으니 스스로 해탈실상이요.
딴 보살염 없으니 스스로 해탈실상이요.
딴 조사염 없으니 스스로 해탈실상이요.
딴 부처염 없으니 스스로 해탈실상입니다.

하!.

금강본여론 36

딴 아명 없으니 스스로 해탈실상이요.
딴 인명 없으니 스스로 해탈실상이요.
딴 중생명 없으니 스스로 해탈실상이요.
딴 수자명 없으니 스스로 해탈실상이요.
딴 라한명 없으니 스스로 해탈실상이요.
딴 보살명 없으니 스스로 해탈실상이요.
딴 조사명 없으니 스스로 해탈실상이요.
딴 부처명 없으니 스스로 해탈실상입니다.

하!.

금강본여론 37

딴 아정 없으니 스스로 해탈실상이요.
딴 인정 없으니 스스로 해탈실상이요.
딴 중생정 없으니 스스로 해탈실상이요.
딴 수자정 없으니 스스로 해탈실상이요.
딴 라한정 없으니 스스로 해탈실상이요.
딴 보살정 없으니 스스로 해탈실상이요.
딴 조사정 없으니 스스로 해탈실상이요.
딴 부처정 없으니 스스로 해탈실상입니다.

하!.

금강본여론 38

딴 아도 없으니 스스로 해탈실상이요.
딴 인도 없으니 스스로 해탈실상이요.
딴 중생도 없으니 스스로 해탈실상이요.
딴 수자도 없으니 스스로 해탈실상이요.
딴 라한도 없으니 스스로 해탈실상이요.
딴 보살도 없으니 스스로 해탈실상이요.
딴 조사도 없으니 스스로 해탈실상이요.
딴 부처도 없으니 스스로 해탈실상입니다.

하!.

금강본여론 39

딴 아법 없으니 스스로 해탈실상이요.
딴 인법 없으니 스스로 해탈실상이요.
딴 중생법 없으니 스스로 해탈실상이요.
딴 수자법 없으니 스스로 해탈실상이요.
딴 라한법 없으니 스스로 해탈실상이요.
딴 보살법 없으니 스스로 해탈실상이요.
딴 조사법 없으니 스스로 해탈실상이요.
딴 부처법 없으니 스스로 해탈실상입니다.

하!.

금강본여론 40

딴 아불 없으니 스스로 해탈실상이요.
딴 인불 없으니 스스로 해탈실상이요.
딴 중생불 없으니 스스로 해탈실상이요.
딴 수자불 없으니 스스로 해탈실상이요.
딴 라한불 없으니 스스로 해탈실상이요.
딴 보살불 없으니 스스로 해탈실상이요.
딴 조사불 없으니 스스로 해탈실상이요.
딴 부처불 없으니 스스로 해탈실상입니다.

하!.

금강본여론 41

딴 아낙 없으니 스스로 해탈실상이요.
딴 인낙 없으니 스스로 해탈실상이요.
딴 중생낙 없으니 스스로 해탈실상이요.
딴 수자낙 없으니 스스로 해탈실상이요.
딴 라한낙 없으니 스스로 해탈실상이요.
딴 보살낙 없으니 스스로 해탈실상이요.
딴 조사낙 없으니 스스로 해탈실상이요.
딴 부처낙 없으니 스스로 해탈실상입니다.

하!.

금강본여론 42

딴 아복 없으니 스스로 해탈실상이요.
딴 인복 없으니 스스로 해탈실상이요.
딴 중생복 없으니 스스로 해탈실상이요.
딴 수자복 없으니 스스로 해탈실상이요.
딴 라한복 없으니 스스로 해탈실상이요.
딴 보살복 없으니 스스로 해탈실상이요.
딴 조사복 없으니 스스로 해탈실상이요.
딴 부처복 없으니 스스로 해탈실상입니다.

하!.

금강본여론 43

딴 아 공덕 없으니 스스로 해탈실상이요.
딴 인 공덕 없으니 스스로 해탈실상이요.
딴 중생 공덕 없으니 스스로 해탈실상이요.
딴 수자 공덕 없으니 스스로 해탈실상이요.
딴 라한 공덕 없으니 스스로 해탈실상이요.
딴 보살 공덕 없으니 스스로 해탈실상이요.
딴 조사 공덕 없으니 스스로 해탈실상이요.
딴 부처 공덕 없으니 스스로 해탈실상입니다.

하!.

금강본여론 44

딴 아 이유 없으니 스스로 해탈실상이요.
딴 인 이유 없으니 스스로 해탈실상이요.
딴 중생 이유 없으니 스스로 해탈실상이요.
딴 수자 이유 없으니 스스로 해탈실상이요.
딴 라한 이유 없으니 스스로 해탈실상이요.
딴 보살 이유 없으니 스스로 해탈실상이요.
딴 조사 이유 없으니 스스로 해탈실상이요.
딴 부처 이유 없으니 스스로 해탈실상입니다.

하!.

금강본여론 45

딴 아 까닭 없으니 스스로 해탈실상이요.
딴 인 까닭 없으니 스스로 해탈실상이요.
딴 중생 까닭 없으니 스스로 해탈실상이요.
딴 수자 까닭 없으니 스스로 해탈실상이요.
딴 라한 까닭 없으니 스스로 해탈실상이요.
딴 보살 까닭 없으니 스스로 해탈실상이요.
딴 조사 까닭 없으니 스스로 해탈실상이요.
딴 부처 까닭 없으니 스스로 해탈실상입니다.

하!.

금강본여론 46

딴 아 차이 없으니 스스로 해탈실상이요.
딴 인 차이 없으니 스스로 해탈실상이요.
딴 중생차이 없으니 스스로 해탈실상이요.
딴 수자차이 없으니 스스로 해탈실상이요.
딴 라한차이 없으니 스스로 해탈실상이요.
딴 보살차이 없으니 스스로 해탈실상이요.
딴 조사차이 없으니 스스로 해탈실상이요.
딴 부처차이 없으니 스스로 해탈실상입니다.

하!.

금강본여론 47

딴 아 지님 없으니 스스로 해탈실상이요.
딴 인 지님 없으니 스스로 해탈실상이요.
딴 중생 지님 없으니 스스로 해탈실상이요.
딴 수자 지님 없으니 스스로 해탈실상이요.
딴 라한 지님 없으니 스스로 해탈실상이요.
딴 보살 지님 없으니 스스로 해탈실상이요.
딴 조사 지님 없으니 스스로 해탈실상이요.
딴 부처 지님 없으니 스스로 해탈실상입니다.

하!.

금강본여론 48

딴 아 이름 없으니 스스로 해탈실상이요.
딴 인 이름 없으니 스스로 해탈실상이요.
딴 중생 이름 없으니 스스로 해탈실상이요.
딴 수자 이름 없으니 스스로 해탈실상이요.
딴 라한 이름 없으니 스스로 해탈실상이요.
딴 보살 이름 없으니 스스로 해탈실상이요.
딴 조사 이름 없으니 스스로 해탈실상이요.
딴 부처 이름 없으니 스스로 해탈실상입니다.

하!.

금강본여론 49

딴 아 열림 없으니 스스로 해탈실상이요.
딴 인 열림 없으니 스스로 해탈실상이요.
딴 중생 열림 없으니 스스로 해탈실상이요.
딴 수자 열림 없으니 스스로 해탈실상이요.
딴 라한 열림 없으니 스스로 해탈실상이요.
딴 보살 열림 없으니 스스로 해탈실상이요.
딴 조사 열림 없으니 스스로 해탈실상이요.
딴 부처 열림 없으니 스스로 해탈실상입니다.

하!.

금강본여론 50

딴 아 드러남 없으니 스스로 해탈실상이요.
딴 인 드러남 없으니 스스로 해탈실상이요.
딴 중생 드러남 없으니 스스로 해탈실상이요.
딴 수자 드러남 없으니 스스로 해탈실상이요.
딴 라한 드러남 없으니 스스로 해탈실상이요.
딴 보살 드러남 없으니 스스로 해탈실상이요.
딴 조사 드러남 없으니 스스로 해탈실상이요.
딴 부처 드러남 없으니 스스로 해탈실상입니다.

하!.

금강본여론 51

딴 아 나툼 없으니 스스로 해탈실상이요.
딴 인 나툼 없으니 스스로 해탈실상이요.
딴 중생 나툼 없으니 스스로 해탈실상이요.
딴 수자 나툼 없으니 스스로 해탈실상이요.
딴 라한 나툼 없으니 스스로 해탈실상이요.
딴 보살 나툼 없으니 스스로 해탈실상이요.
딴 조사 나툼 없으니 스스로 해탈실상이요.
딴 부처 나툼 없으니 스스로 해탈실상입니다.

하!.

금강본여론 52

딴 아 펼침 없으니 스스로 해탈실상이요.
딴 인 펼침 없으니 스스로 해탈실상이요.
딴 중생 펼침 없으니 스스로 해탈실상이요.
딴 수자 펼침 없으니 스스로 해탈실상이요.
딴 라한 펼침 없으니 스스로 해탈실상이요.
딴 보살 펼침 없으니 스스로 해탈실상이요.
딴 조사 펼침 없으니 스스로 해탈실상이요.
딴 부처 펼침 없으니 스스로 해탈실상입니다.

하!.

금강본여론 53

딴 아 세움 없으니 스스로 해탈실상이요.
딴 인 세움 없으니 스스로 해탈실상이요.
딴 중생 세움 없으니 스스로 해탈실상이요.
딴 수자 세움 없으니 스스로 해탈실상이요.
딴 라한 세움 없으니 스스로 해탈실상이요.
딴 보살 세움 없으니 스스로 해탈실상이요.
딴 조사 세움 없으니 스스로 해탈실상이요.
딴 부처 세움 없으니 스스로 해탈실상입니다.

하!.

금강본여론 54

딴 아 응함 없으니 스스로 해탈실상이요.
딴 인 응함 없으니 스스로 해탈실상이요.
딴 중생 응함 없으니 스스로 해탈실상이요.
딴 수자 응함 없으니 스스로 해탈실상이요.
딴 라한 응함 없으니 스스로 해탈실상이요.
딴 보살 응함 없으니 스스로 해탈실상이요.
딴 조사 응함 없으니 스스로 해탈실상이요.
딴 부처 응함 없으니 스스로 해탈실상입니다.

하!.

금강본여론 55

딴 아 씀 없으니 스스로 해탈실상이요.
딴 인 씀 없으니 스스로 해탈실상이요.
딴 중생 씀 없으니 스스로 해탈실상이요.
딴 수자 씀 없으니 스스로 해탈실상이요.
딴 라한 씀 없으니 스스로 해탈실상이요.
딴 보살 씀 없으니 스스로 해탈실상이요.
딴 조사 씀 없으니 스스로 해탈실상이요.
딴 부처 씀 없으니 스스로 해탈실상입니다.

하!.

금강본여론 56

딴 아 다름없으니 스스로 해탈실상이요.
딴 인 다름없으니 스스로 해탈실상이요.
딴 중생 다름없으니 스스로 해탈실상이요.
딴 수자 다름없으니 스스로 해탈실상이요.
딴 라한 다름없으니 스스로 해탈실상이요.
딴 보살 다름없으니 스스로 해탈실상이요.
딴 조사 다름없으니 스스로 해탈실상이요.
딴 부처 다름없으니 스스로 해탈실상입니다.

하!.

금강본여론 57

딴 아 누림 없으니 스스로 해탈실상이요.
딴 인 누림 없으니 스스로 해탈실상이요.
딴 중생 누림 없으니 스스로 해탈실상이요.
딴 수자 누림 없으니 스스로 해탈실상이요.
딴 라한 누림 없으니 스스로 해탈실상이요.
딴 보살 누림 없으니 스스로 해탈실상이요.
딴 조사 누림 없으니 스스로 해탈실상이요.
딴 부처 누림 없으니 스스로 해탈실상입니다.

하!.

금강본여론 58

딴 아 진여 없으니 스스로 해탈실상이요.
딴 인 진여 없으니 스스로 해탈실상이요.
딴 중생 진여 없으니 스스로 해탈실상이요.
딴 수자 진여 없으니 스스로 해탈실상이요.
딴 라한 진여 없으니 스스로 해탈실상이요.
딴 보살 진여 없으니 스스로 해탈실상이요.
딴 조사 진여 없으니 스스로 해탈실상이요.
딴 부처 진여 없으니 스스로 해탈실상입니다.

하!.

금강본여론 59

딴 아 여여 없으니 스스로 해탈실상이요.
딴 인 여여 없으니 스스로 해탈실상이요.
딴 중생 여여 없으니 스스로 해탈실상이요.
딴 수자 여여 없으니 스스로 해탈실상이요.
딴 라한 여여 없으니 스스로 해탈실상이요.
딴 보살 여여 없으니 스스로 해탈실상이요.
딴 조사 여여 없으니 스스로 해탈실상이요.
딴 부처 여여 없으니 스스로 해탈실상입니다.

하!.

금강본여론 60

딴 아 본여 없으니 스스로 해탈실상이요.
딴 인 본여 없으니 스스로 해탈실상이요.
딴 중생 본여 없으니 스스로 해탈실상이요.
딴 수자 본여 없으니 스스로 해탈실상이요.
딴 라한 본여 없으니 스스로 해탈실상이요.
딴 보살 본여 없으니 스스로 해탈실상이요.
딴 조사 본여 없으니 스스로 해탈실상이요.
딴 부처 본여 없으니 스스로 해탈실상입니다.

하!.

금강본여론 61

딴 아 금강 없으니 스스로 해탈실상이요.
딴 인 금강 없으니 스스로 해탈실상이요.
딴 중생 금강 없으니 스스로 해탈실상이요.
딴 수자 금강 없으니 스스로 해탈실상이요.
딴 라한 금강 없으니 스스로 해탈실상이요.
딴 보살 금강 없으니 스스로 해탈실상이요.
딴 조사 금강 없으니 스스로 해탈실상이요.
딴 부처 금강 없으니 스스로 해탈실상입니다.

하!.

금강본여론 62

딴 아 반야 없으니 스스로 해탈실상이요.
딴 인 반야 없으니 스스로 해탈실상이요.
딴 중생 반야 없으니 스스로 해탈실상이요.
딴 수자 반야 없으니 스스로 해탈실상이요.
딴 라한 반야 없으니 스스로 해탈실상이요.
딴 보살 반야 없으니 스스로 해탈실상이요.
딴 조사 반야 없으니 스스로 해탈실상이요.
딴 부처 반야 없으니 스스로 해탈실상입니다.

하!.

금강본여론 63

딴 아 바라밀 없으니 스스로 해탈실상이요.
딴 인 바라밀 없으니 스스로 해탈실상이요.
딴 중생 바라밀 없으니 스스로 해탈실상이요.
딴 수자 바라밀 없으니 스스로 해탈실상이요.
딴 라한 바라밀 없으니 스스로 해탈실상이요.
딴 보살 바라밀 없으니 스스로 해탈실상이요.
딴 조사 바라밀 없으니 스스로 해탈실상이요.
딴 부처 바라밀 없으니 스스로 해탈실상입다.

하!.

금강본여론 64

딴 아 심경 없으니 스스로 해탈실상이요.
딴 인 심경 없으니 스스로 해탈실상이요.
딴 중생 심경 없으니 스스로 해탈실상이요.
딴 수자 심경 없으니 스스로 해탈실상이요.
딴 라한 심경 없으니 스스로 해탈실상이요.
딴 보살 심경 없으니 스스로 해탈실상이요.
딴 조사 심경 없으니 스스로 해탈실상이요.
딴 부처 심경 없으니 스스로 해탈실상입니다.

하!.

금강본여론 65

딴 아 연기 없으니 스스로 해탈실상이요.
딴 인 연기 없으니 스스로 해탈실상이요.
딴 중생 연기 없으니 스스로 해탈실상이요.
딴 수자 연기 없으니 스스로 해탈실상이요.
딴 라한 연기 없으니 스스로 해탈실상이요.
딴 보살 연기 없으니 스스로 해탈실상이요.
딴 조사 연기 없으니 스스로 해탈실상이요.
딴 부처 연기 없으니 스스로 해탈실상입니다.

하!..

금강본여론 66

딴 아 중도 없으니 스스로 해탈실상이요.
딴 인 중도 없으니 스스로 해탈실상이요.
딴 중생 중도 없으니 스스로 해탈실상이요.
딴 수자 중도 없으니 스스로 해탈실상이요.
딴 라한 중도 없으니 스스로 해탈실상이요.
딴 보살 중도 없으니 스스로 해탈실상이요.
딴 조사 중도 없으니 스스로 해탈실상이요.
딴 부처 중도 없으니 스스로 해탈실상입니다.

하!.

금강본여론 67

딴 아 유위 없으니 스스로 해탈실상이요.
딴 인 유위 없으니 스스로 해탈실상이요.
딴 중생 유위 없으니 스스로 해탈실상이요.
딴 수자 유위 없으니 스스로 해탈실상이요.
딴 라한 유위 없으니 스스로 해탈실상이요.
딴 보살 유위 없으니 스스로 해탈실상이요.
딴 조사 유위 없으니 스스로 해탈실상이요.
딴 부처 유위 없으니 스스로 해탈실상입니다.

하!.

금강본여론 68

딴 아 무위 없으니 스스로 해탈실상이요.
딴 인 무위 없으니 스스로 해탈실상이요.
딴 중생 무위 없으니 스스로 해탈실상이요.
딴 수자 무위 없으니 스스로 해탈실상이요.
딴 라한 무위 없으니 스스로 해탈실상이요.
딴 보살 무위 없으니 스스로 해탈실상이요.
딴 조사 무위 없으니 스스로 해탈실상이요.
딴 부처 무위 없으니 스스로 해탈실상입니다.

하!.

금강본여론 69

딴 아 자위 없으니 스스로 해탈실상이요.
딴 인 자위 없으니 스스로 해탈실상이요.
딴 중생 자위 없으니 스스로 해탈실상이요.
딴 수자 자위 없으니 스스로 해탈실상이요.
딴 라한 자위 없으니 스스로 해탈실상이요.
딴 보살 자위 없으니 스스로 해탈실상이요.
딴 조사 자위 없으니 스스로 해탈실상이요.
딴 부처 자위 없으니 스스로 해탈실상입니다.

하!.

금강본여론 70

딴 아 본위 없으니 스스로 해탈실상이요.
딴 인 본위 없으니 스스로 해탈실상이요.
딴 중생 본위 없으니 스스로 해탈실상이요.
딴 수자 본위 없으니 스스로 해탈실상이요.
딴 라한 본위 없으니 스스로 해탈실상이요.
딴 보살 본위 없으니 스스로 해탈실상이요.
딴 조사 본위 없으니 스스로 해탈실상이요.
딴 부처 본위 없으니 스스로 해탈실상입니다.

하!.

금강본여론 71

딴 아 정위 없으니 스스로 해탈실상이요.
딴 인 정위 없으니 스스로 해탈실상이요.
딴 중생 정위 없으니 스스로 해탈실상이요.
딴 수자 정위 없으니 스스로 해탈실상이요.
딴 라한 정위 없으니 스스로 해탈실상이요.
딴 보살 정위 없으니 스스로 해탈실상이요.
딴 조사 정위 없으니 스스로 해탈실상이요.
딴 부처 정위 없으니 스스로 해탈실상입니다.

하!.

금강본여론 72

딴 아 열반 없으니 스스로 해탈실상이요.
딴 인 열반 없으니 스스로 해탈실상이요.
딴 중생 열반 없으니 스스로 해탈실상이요.
딴 수자 열반 없으니 스스로 해탈실상이요.
딴 라한 열반 없으니 스스로 해탈실상이요.
딴 보살 열반 없으니 스스로 해탈실상이요.
딴 조사 열반 없으니 스스로 해탈실상이요.
딴 부처 열반 없으니 스스로 해탈실상입니다.

하!.

금강본여론 73

딴 아 영생 없으니 스스로 해탈실상이요.
딴 인 영생 없으니 스스로 해탈실상이요.
딴 중생 영생 없으니 스스로 해탈실상이요.
딴 수자 영생 없으니 스스로 해탈실상이요.
딴 라한 영생 없으니 스스로 해탈실상이요.
딴 보살 영생 없으니 스스로 해탈실상이요.
딴 조사 영생 없으니 스스로 해탈실상이요.
딴 부처 영생 없으니 스스로 해탈실상입니다.

하!.

금강본여론 74

딴 아 유연 없으니 스스로 해탈실상이요.
딴 인 유연 없으니 스스로 해탈실상이요.
딴 중생 유연 없으니 스스로 해탈실상이요.
딴 수자 유연 없으니 스스로 해탈실상이요.
딴 라한 유연 없으니 스스로 해탈실상이요.
딴 보살 유연 없으니 스스로 해탈실상이요.
딴 조사 유연 없으니 스스로 해탈실상이요.
딴 부처 유연 없으니 스스로 해탈실상입니다.

하!.

금강본여론 75

딴 아 무연 없으니 스스로 해탈실상이요.
딴 인 무연 없으니 스스로 해탈실상이요.
딴 중딴 수자 무연 없으니 스스로 해탈실상이요.
딴 라한 무연 없으니 스스로 해탈실상이요.
딴 보살 무연 없으니 스스로 해탈실상이요.
딴 조사 무연 없으니 스스로 해탈실상이요.
딴 부처 무연 없으니 스스로 해탈실상입니다.

하!.

금강본여론 76

딴 아 자연 없으니 스스로 해탈실상이요.
딴 인 자연 없으니 스스로 해탈실상이요.
딴 중생 자연 없으니 스스로 해탈실상이요.
딴 수자 자연 없으니 스스로 해탈실상이요.
딴 라한 자연 없으니 스스로 해탈실상이요.
딴 보살 자연 없으니 스스로 해탈실상이요.
딴 조사 자연 없으니 스스로 해탈실상이요.
딴 부처 자연 없으니 스스로 해탈실상입니다.

하!.

금강본여론 77

딴 아 육도 없으니 스스로 해탈실상이요.
딴 인 육도 없으니 스스로 해탈실상이요.
딴 중생 육도 없으니 스스로 해탈실상이요.
딴 수자 육도 없으니 스스로 해탈실상이요.
딴 라한 육도 없으니 스스로 해탈실상이요.
딴 보살 육도 없으니 스스로 해탈실상이요.
딴 조사 육도 없으니 스스로 해탈실상이요.
딴 부처 육도 없으니 스스로 해탈실상입니다.

하!.

금강본여론 78

딴 아 삼계 없으니 스스로 해탈실상이요.
딴 인 삼계 없으니 스스로 해탈실상이요.
딴 중생 삼계 없으니 스스로 해탈실상이요.
딴 수자 삼계 없으니 스스로 해탈실상이요.
딴 라한 삼계 없으니 스스로 해탈실상이요.
딴 보살 삼계 없으니 스스로 해탈실상이요.
딴 조사 삼계 없으니 스스로 해탈실상이요.
딴 부처 삼계 없으니 스스로 해탈실상입니다.

하!.

금강본여론 79

딴 아 삼세 없으니 스스로 해탈실상이요.
딴 인 삼세 없으니 스스로 해탈실상이요.
딴 중생 삼세 없으니 스스로 해탈실상이요.
딴 수자 삼세 없으니 스스로 해탈실상이요.
딴 라한 삼세 없으니 스스로 해탈실상이요.
딴 보살 삼세 없으니 스스로 해탈실상이요.
딴 조사 삼세 없으니 스스로 해탈실상이요.
딴 부처 삼세 없으니 스스로 해탈실상입니다.

하!.

금강본여론 80

딴 아 삼보 없으니 스스로 해탈실상이요.
딴 인 삼보 없으니 스스로 해탈실상이요.
딴 중생 삼보 없으니 스스로 해탈실상이요.
딴 수자 삼보 없으니 스스로 해탈실상이요.
딴 라한 삼보 없으니 스스로 해탈실상이요.
딴 보살 삼보 없으니 스스로 해탈실상이요.
딴 조사 삼보 없으니 스스로 해탈실상이요.
딴 부처 삼보 없으니 스스로 해탈실상입니다.

하!.

금강본여론 81

딴 아 삼신 없으니 스스로 해탈실상이요.
딴 인 삼신 없으니 스스로 해탈실상이요.
딴 중생 삼신 없으니 스스로 해탈실상이요.
딴 수자 삼신 없으니 스스로 해탈실상이요.
딴 라한 삼신 없으니 스스로 해탈실상이요.
딴 보살 삼신 없으니 스스로 해탈실상이요.
딴 조사 삼신 없으니 스스로 해탈실상이요.
딴 부처 삼신 없으니 스스로 해탈실상입니다.

하!.

금강본여론 82

딴 아 진아 없으니 스스로 해탈실상이요.
딴 인 진아 없으니 스스로 해탈실상이요.
딴 중생 진아 없으니 스스로 해탈실상이요.
딴 수자 진아 없으니 스스로 해탈실상이요.
딴 라한 진아 없으니 스스로 해탈실상이요.
딴 보살 진아 없으니 스스로 해탈실상이요.
딴 조사 진아 없으니 스스로 해탈실상이요.
딴 부처 진아 없으니 스스로 해탈실상입니다.

하!.

금강본여론 83

딴 아 없으니 스스로 해탈실상이요.
딴 인 없으니 스스로 해탈실상이요.
딴 중생 없으니 스스로 해탈실상이요.
딴 수자 없으니 스스로 해탈실상이요.
딴 라한 없으니 스스로 해탈실상이요.
딴 보살 없으니 스스로 해탈실상이요.
딴 조사 없으니 스스로 해탈실상이요.
딴 부처 없으니 스스로 해탈실상입니다.

하!.

금강본여론 84

딴 수다원 없으니 스스로 해탈실상이요.
딴 사다함 없으니 스스로 해탈실상이요.
딴 아나함 없으니 스스로 해탈실상이요.
딴 아라한 없으니 스스로 해탈실상이요.
딴 보살 없으니 스스로 해탈실상이요.
딴 선사 없으니 스스로 해탈실상이요.
딴 조사 없으니 스스로 해탈실상이요.
딴 여래 없으니 스스로 해탈실상입니다.

하!.

찬

스스로 딴 것 없어
청정무구하고
스스로 다르지 않아
원만구족하고
스스로 한결같아
원융무애하고
스스로 순수해서
무애자재하고
스스로 순정해서
자유자재하니
온 창생이 해탈이요.
온 법계 극락입니다.

하!.

금강삼매론

찬

물이 파도니 진여실상이요.
파도가 물이니 삼매해탈이요.
그대가 물이니 평상심 성불이요.
그대가 파도니 일상사 본불입니다.

하!.

금강삼매론

언제나 내가 나로 나니
어디서나 내가 나로 법계요.
어느 때나 내가 나로 세계요.
어느 것에나 내가 나로 세상으로
언제나 내가 다로 지니고
어디서나 내가 다로 이루고
어느 때나 내가 다로 드러나고
어느 것에나 내가 다로 열려서
온 전체로 낱낱이 나 다로 본질이요.
낱낱이 온 전체로 다 나로 현상이다.
본질과 현상이 나 다로 다르지 않고
현상과 본질이 다 나로 한결같으니
누구나 무엇이든 다 함께 꼭 맞아서
생멸도 나 다로 해탈삼매로 청정무애요.
유무도 나 다로 해탈삼매로 청정무애요.
색공도 나 다로 해탈삼매로 청정무애요.
시공도 나 다로 해탈삼매로 청정무애요.

시종도 나 다로 해탈삼매로 청정무애요.
선악도 나 다로 해탈삼매로 청정무애요.
지불지도 나 다로 해탈삼매로 청정무애요.
명암도 나 다로 해탈삼매로 청정무애요.
미오도 나 다로 해탈삼매로 청정무애요.
이승도 나 다로 해탈삼매로 청정무애요.
저승도 나 다로 해탈삼매로 청정무애요.
지옥도 나 다로 해탈삼매로 청정무애요.
천국도 나 다로 해탈삼매로 청정무애요.
사바도 나 다로 해탈삼매로 청정무애요.
극락도 나 다로 해탈삼매로 청정무애요.
연기도 나 다로 해탈삼매로 청정무애요.
인과도 나 다로 해탈삼매로 청정무애요.
응보도 나 다로 해탈삼매로 청정무애요.
윤회도 나 다로 해탈삼매로 청정무애요.
육도도 나 다로 해탈삼매로 청정무애요.
세상도 나 다로 해탈삼매로 청정무애요.
세계도 나 다로 해탈삼매로 청정무애요.
우주도 나 다로 해탈삼매로 청정무애요.
법계도 나 다로 해탈삼매로 청정무애요.
천하도 나 다로 해탈삼매로 청정무애요.
만상도 나 다로 해탈삼매로 청정무애요.

물물도 나 다로 해탈삼매로 청정무애요.
창생도 나 다로 해탈삼매로 청정무애요.
유생도 나 다로 해탈삼매로 청정무애요.
무생도 나 다로 해탈삼매로 청정무애요.
유정도 나 다로 해탈삼매로 청정무애요.
무정도 나 다로 해탈삼매로 청정무애요.
범부도 나 다로 해탈삼매로 청정무애요.
성인도 나 다로 해탈삼매로 청정무애요.
중생도 나 다로 해탈삼매로 청정무애요.
부처도 나 다로 해탈삼매로 청정무애요.
진여도 나 다로 해탈삼매로 청정무애요.
실상도 나 다로 해탈삼매로 청정무애요.
삼매도 나 다로 해탈삼매로 청정무애요.
해탈도 나 다로 해탈삼매로 청정무애요.
무위도 나 다로 해탈삼매로 청정무애요.
열반도 나 다로 해탈삼매로 청정무애요.
상생도 나 다로 해탈삼매로 청정무애요.
중도도 나 다로 해탈삼매로 청정무애요.
공존도 나 다로 해탈삼매로 청정무애요.
자위도 나 다로 해탈삼매로 청정무애요.
본위도 나 다로 해탈삼매로 청정무애요.
자연도 나 다로 해탈삼매로 청정무애요.

대기도 나 다로 해탈삼매로 청정무애요.
대용도 나 다로 해탈삼매로 청정무애요.
대각도 나 다로 해탈삼매로 청정무애요.
견성도 나 다로 해탈삼매로 청정무애요.
성불도 나 다로 해탈삼매로 청정무애요.
본불도 나 다로 해탈삼매로 청정무애요.
자성도 나 다로 해탈삼매로 청정무애요.
불성도 나 다로 해탈삼매로 청정무애요.
본성도 나 다로 해탈삼매로 청정무애요.
진아도 나 다로 해탈삼매로 청정무애요.
본나도 나 다로 해탈삼매로 청정무애요.
자주도 나 다로 해탈삼매로 청정무애요.
자존도 나 다로 해탈삼매로 청정무애요.
창주도 나 다로 해탈삼매로 청정무애요.
창세도 나 다로 해탈삼매로 청정무애하니
본분사 천진무구로 원만구족하고 원융무애하고 일상사 순수무구로 무애자재하고 자유자재로 상주상락으로 우담바라 무진장 난발하고 상락아정으로 마니보주 무진장 쏟아지니 해와 달로 떡 먹고 산과 물로 차 마십니다.

하!.

찬

그대가 아라리 해와 달 띄우고
그대가 라라리 산과 물 펼치고
그대가 필릴리리 꽃과 열매 난발하고
그대가 릴릴리리 학과 봉황을 날립니다.

아십니까?

하하하 견성성불입니다.
엉엉엉 본불본낙입니다.

누리십니까?

예예예 호쾌대활입니다.
다다다 영생영락입니다.

하!

금강법어

찬

스스로 딴 것이 없으니
다 함께 딴 일이 아니어서
온 법계가 진여로 청풍이 불고
온 창생이 해탈로 꽃비가 내립니다.

하!.

금강법어 1

아상은 아상으로 딴 것이 없으니
아상은 아상으로 남음이 없어서
아상은 아상으로 다해 마치니
아상은 아상으로 청정무구해서
아상은 아상으로 진여실상이요.
아상은 아상으로 삼매해탈이요.
아상은 아상으로 본여열반이요.
아상은 아상으로 여여현현이요.
아상은 아상으로 쌍차쌍조요.
아상은 아상으로 연기법계요.
아상은 아상으로 중도공존이요.
아상은 아상으로 상주상락이요.
아상은 아상으로 상락아정이요
아상은 아상으로 영생영락입니다.

하!.

금강법어 2

인상은 인상으로 딴 것이 없으니
인상은 인상으로 남음이 없어서
인상은 인상으로 다해 마치니
인상는 인상으로 청정무구해서
인상은 인상으로 진여실상이요.
인상은 인상으로 삼매해탈이요.
인상은 인상으로 본여열반이요.
인상은 인상으로 여여현현이요.
인상은 인상으로 쌍차쌍조요.
인상은 인상으로 연기법계요.
인상은 인상으로 중도공존이요.
인상은 인상으로 상주상락이요
인상은 인상으로 상락아정이요.
인상은 인상으로 영생영락입니다.

하!.

금강법어 3

중생상은 중생상으로 딴 것이 없으니
중생상은 중생상으로 남음이 없어서
중생상은 중생상으로 다해 마치니
중생상은 중생상으로 청정무구해서
중생상은 중생상으로 진여실상이요.
중생상은 중생상으로 삼매해탈이요.
중생상은 중생상으로 본여열반이요.
중생상은 중생상으로 여여현현이요.
중생상은 중생상으로 쌍차쌍조요.
중생상은 중생상으로 연기법계요.
중생상은 중생상으로 중도공존이요.
중생상은 중생상으로 상주상락이요.
중생상은 중생상으로 상락아정이요.
중생상은 중생상으로 영생영락입니다.

하!.

금강법어 4

수자상은 수자상으로 딴 것이 없으니
수자상은 수자상으로 남음이 없어서
수자상은 수자상으로 다해 마치니
수자상은 수자상으로 청정무구해서
수자상은 수자상으로 진여실상이요.
수자상은 수자상으로 삼매해탈이요.
수자상은 수자상으로 본여열반이요.
수자상은 수자상으로 여여현현이요.
수자상은 수자상으로 쌍차쌍조요.
수자상은 수자상으로 연기법계요.
수자상은 수자상으로 중도공존이요.
수자상은 수자상으로 상주상락이요.
수자상은 수자상으로 상락아정이요.
수자상은 수자상으로 영생영락입니다.

하!.

금강법어 5

아집은 아집으로 딴 것이 없으니
아집은 아집으로 남음이 없어서
아집은 아집으로 다해 마치니
아집은 아집으로 청정무구해서
아집은 아집으로 진여실상이요.
아집은 아집으로 삼매해탈이요.
아집은 아집으로 본여열반이요.
아집은 아집으로 여여현현이요.
아집은 아집으로 쌍차쌍조요.
아집은 아집으로 연기법계요.
아집은 아집으로 중도공존이요.
아집은 아집으로 상주상락이요.
아집은 아집으로 상락아정이요.
아집은 아집으로 영생영락입니다.

하!.

금강법어 6

인집은 인집으로 딴 것이 없으니
인집은 인집으로 남음이 없어서
인집은 인집으로 다해 마치니
인집은 인집으로 청정무구해서
인집은 인집으로 진여실상이요.
인집은 인집으로 삼매해탈이요.
인집은 인집으로 본여열반이요.
인집은 인집으로 여여현현이요.
인집은 인집으로 쌍차쌍조요.
인집은 인집으로 연기법계요.
인집은 인집으로 중도공존이요.
인집은 인집으로 상주상락이요.
인집은 인집으로 상락아정이요.
인집은 인집으로 영생영락입니다.

하!.

금강법어 7

중생집은 중생집으로 딴 것이 없으니
중생집은 중생집으로 남음이 없어서
중생집은 중생집으로 다해 마치니
중생집은 중생집으로 청정무구해서
중생집은 중생집으로 진여실상이요.
중생집은 중생집으로 삼매해탈이요.
중생집은 중생집으로 본여열반이요.
중생집은 중생집으로 여여현현이요.
중생집은 중생집으로 쌍차쌍조요.
중생집은 중생집으로 연기법계요.
중생집은 중생집으로 중도공존이요.
중생집은 중생집으로 상주상락이요.
중생집은 중생집으로 상락아정이요.
중생집은 중생집으로 영생영락입니다.

하!.

금강법어 8

수자집은 수자집으로 딴 것이 없으니
수자집은 수자집으로 남음이 없어서
수자집은 수자집으로 다해 마치니
수자집은 수자집으로 청정무구해서
수자집은 수자집으로 진여실상이요.
수자집은 수자집으로 삼매해탈이요.
수자집은 수자집으로 본여열반이요.
수자집은 수자집으로 여여현현이요.
수자집은 수자집으로 쌍차쌍조요.
수자집은 수자집으로 연기법계요.
수자집은 수자집으로 중도공존이요.
수자집은 수자집으로 상주상락이요.
수자집은 수자집으로 상락아정이요.
수자집은 수자집으로 영생영락입니다.

하!.

금강법어 9

아견은 아견으로 딴 것이 없으니
아견은 아견으로 남음이 없어서
아견은 아견으로 다해 마치니
아견은 아견으로 청정무구해서
아견은 아견으로 진여실상이요.
아견은 아견으로 삼매해탈이요.
아견은 아견으로 본여열반이요.
아견은 아견으로 여여현현이요.
아견은 아견으로 쌍차쌍조요.
아견은 아견으로 연기법계요.
아견은 아견으로 중도공존이요.
아견은 아견으로 상주상락이요.
아견은 아견으로 상락아정이요.
아견은 아견으로 영생영락입니다.

하!.

금강법어 10

인견은 인견으로 딴 것이 없으니
인견은 인견으로 남음이 없어서
인견은 인견으로 다해 마치니
인견은 인견으로 청정무구해서
인견은 인견으로 진여실상이요.
인견은 인견으로 삼매해탈이요.
인견은 인견으로 본여열반이요.
인견은 인견으로 여여현현이요.
인견은 인견으로 쌍차쌍조요.
인견은 인견으로 연기법계요.
인견은 인견으로 중도공존이요.
인견은 인견으로 상주상락이요.
인견은 인견으로 상락아정이요.
인견은 인견으로 영생영락입니다.

하!.

금강법어 11

중생견은 중생견으로 딴 것이 없으니
중생견은 중생견으로 남음이 없어서
중생견은 중생견으로 다해 마치니
중생견은 중생견으로 청정무구해서
중생견은 중생견으로 진여실상이요.
중생견은 중생견으로 삼매해탈이요.
중생견은 중생견으로 본여열반이요.
중생견은 중생견으로 여여현현이요
중생견은 중생견으로 쌍차쌍조요.
중생견은 중생견으로 연기법계요.
중생견은 중생견으로 중도공존이요.
중생견은 중생견으로 상주상락이요.
중생견은 중생견으로 상락아정이요.
중생견은 중생견으로 영생영락입니다.

하!.

금강법어 12

수자견은 수자견으로 딴 것이 없으니
수자견은 수자견으로 남음이 없어서
수자견은 수자견으로 다해 마치니
수자견은 수자견으로 청정무구해서
수자견은 수자견으로 진여실상이요.
수자견은 수자견으로 삼매해탈이요.
수자견은 수자견으로 본여열반이요.
수자견은 수자견으로 여여현현이요.
수자견은 수자견으로 쌍차쌍조요.
수자견은 수자견으로 연기법계요.
수자견은 수자견으로 중도공존이요.
수자견은 수자견으로 상주상락이요.
수자견은 수자견으로 상락아정이요.
수자견은 수자견으로 영생영락입니다.

하!.

금강법어 13

아각은 아각으로 딴 것이 없으니
아각은 아각으로 남음이 없어서
아각은 아각으로 다해 마치니
아각은 아각으로 청정무구해서
아각은 아각으로 진여실상이요.
아각은 아각으로 삼매해탈이요.
아각은 아각으로 본여열반이요.
아각은 아각으로 여여현현이요.
아각은 아각으로 쌍차쌍조요.
아각은 아각으로 연기법계요.
아각은 아각으로 중도공존이요.
아각은 아각으로 상주상락이요.
아각은 아각으로 상락아정이요.
아각은 아각으로 영생영락입니다.

하!.

금강법어 14

인각은 인각으로 딴 것이 없으니
인각은 인각으로 남음이 없어서
인각은 인각으로 다해 마치니
인각은 인각으로 청정무구해서
인각은 인각으로 진여실상이요.
인각은 인각으로 삼매해탈이요.
인각은 인각으로 본여열반이요.
인각은 인각으로 여여현현이요.
인각은 인각으로 쌍차쌍조요.
인각은 인각으로 연기법계요.
인각은 인각으로 중도공존이요.
인각은 인각으로 상주상락이요.
인각은 인각으로 상락아정이요.
인각은 인각으로 영생영락입니다.

하!.

금강법어 15

중생각은 중생각으로 딴 것이 없으니
중생각은 중생각으로 남음이 없어서
중생각은 중생각으로 다해 마치니
중생각은 중생각으로 청정무구해서
중생각은 중생각으로 진여실상이요.
중생각은 중생각으로 삼매해탈이요.
중생각은 중생각으로 본여열반이요.
중생각은 중생각으로 여여현현이요.
중생각은 중생각으로 쌍차쌍조요.
중생각은 중생각으로 연기법계요.
중생각은 중생각으로 중도공존이요.
중생각은 중생각으로 상주상락이요.
중생각은 중생각으로 상락아정이요.
중생각은 중생각으로 영생영락입니다.

하!.

금강법어 16

수자각은 수자각으로 딴 것이 없으니
수자각은 수자각으로 남음이 없어서
수자각은 수자각으로 다해 마치니
수자각은 수자각으로 청정무구해서
수자각은 수자각으로 진여실상이요.
수자각은 수자각으로 삼매해탈이요.
수자각은 수자각으로 본여열반이요.
수자각은 수자각으로 여여현현이요.
수자각은 수자각으로 쌍차쌍조요.
수자각은 수자각으로 연기법계요.
수자각은 수자각으로 중도공존이요.
수자각은 수자각으로 상주상락이요.
수자각은 수자각으로 상락아정이요.
수자각은 수자각으로 영생영락입니다.

하!.

금강법어 17

아도는 아도로 딴 것이 없으니
아도는 아도로 남음이 없어서
아도는 아도로 다해 마치니
아도는 아도로 청정무구해서
아도는 아도로 진여실상이요.
아도는 아도로 삼매해탈이요.
아도는 아도로 본여열반이요.
아도는 아도로 여여현현이요.
아도는 아도로 쌍차쌍조요.
아도는 아도로 연기법계요.
아도는 아도로 중도공존이요.
아도는 아도로 상주상락이요.
아도는 아도로 상락아정이요.
아도는 아도로 영생영락입니다.

하!.

금강법어 18

인도는 인도로 딴 것이 없으니
인도는 인도로 남음이 없어서
인도는 인도로 다해 마치니
인도는 인도로 청정무구해서
인도는 인도로 진여실상이요.
인도는 인도로 삼매해탈이요.
인도는 인도로 본여열반이요.
인도는 인도로 여여현현이요.
인도는 인도로 쌍차쌍조요.
인도는 인도로 연기법계요.
인도는 인도로 중도공존이요.
인도는 인도로 상주상락이요.
인도는 인도로 상락아정이요.
인도는 인도로 영생영락입니다.

하!.

금강법어 19

중생도는 중생도로 딴 것이 없으니
중생도는 중생도로 남음이 없어서
중생도는 중생도로 다해 마치니
중생도는 중생도로 청정무구해서
중생도는 중생도로 진여실상이요.
중생도는 중생도로 삼매해탈이요.
중생도는 중생도로 본여열반이요.
중생도는 중생도로 여여현현이요.
중생도는 중생도로 쌍차쌍조요.
중생도는 중생도로 연기법계요.
중생도는 중생도로 중도공존이요.
중생도는 중생도로 상주상락이요.
중생도는 중생도로 상락아정이요.
중생도는 중생도로 영생영락입니다.

하!.

금강법어 20

수자도는 수자도로 딴 것이 없으니
수자도는 수자도로 남음이 없어서
수자도는 수자도로 다해 마치니
수자도는 수자도로 청정무구해서
수자도는 수자도로 진여실상이요.
수자도는 수자도로 삼매해탈이요.
수자도는 수자도로 본여열반이요.
수자도는 수자도로 여여현현이요.
수자도는 수자도로 쌍차쌍조요.
수자도는 수자도로 연기법계요.
수자도는 수자도로 중도공존이요.
수자도는 수자도로 상주상락이요.
수자도는 수자도로 상락아정이요.
수자도는 수자도로 영생영락입니다.

하!.

금강법어 21

아법은 아법으로 딴 것이 없으니
아법은 아법으로 남음이 없어서
아법은 아법으로 다해 마치니
아법은 아법으로 청정무구해서
아법은 아법으로 진여실상이요.
아법은 아법으로 삼매해탈이요.
아법은 아법으로 본여열반이요.
아법은 아법으로 여여현현이요.
아법은 아법으로 쌍차쌍조요.
아법은 아법으로 연기법계요.
아법은 아법으로 중도공존이요.
아법은 아법으로 상주상락이요.
아법은 아법으로 상락아정이요.
아법은 아법으로 영생영락입니다.

하!.

금강법어 22

아불은 아불로 딴 것이 없으니
아불은 아불로 남음이 없어서
아불은 아불로 다해 마치니
아불은 아불로 청정무구해서
아불은 아불로 진여실상이요.
아불은 아불로 삼매해탈이요.
아불은 아불로 본여열반이요.
아불은 아불로 여여현현이요.
아불은 아불로 쌍차쌍조요.
아불은 아불로 연기법계요.
아불은 아불로 중도공존이요.
아불은 아불로 상주상락이요.
아불은 아불로 상락아정이요.
아불은 아불로 영생영락입니다.

하!.

금강법어 23

유아는 유아로 딴 것이 없으니
유아는 유아로 남음이 없어서
유아는 유아로 다해 마치니
유아는 유아로 청정무구해서
유아는 유아로 진여실상이요.
유아는 유아로 삼매해탈이요.
유아는 유아로 본여열반이요.
유아는 유아로 여여현현이요.
유아는 유아로 쌍차쌍조요.
유아는 유아로 연기법계요.
유아는 유아로 중도공존이요.
유아는 유아로 상주상락이요.
유아는 유아로 상락아정이요.
유아는 유아로 영생영락입니다.

하!.

금강법어 24

무아는 무아로 딴 것이 없으니
무아는 무아로 남음이 없어서
무아는 무아로 다해 마치니
무아는 무아로 청정무구해서
무아는 무아로 진여실상이요.
무아는 무아로 삼매해탈이요.
무아는 무아로 본여열반이요.
무아는 무아로 여여현현이요.
무아는 무아로 쌍차쌍조요.
무아는 무아로 연기법계요.
무아는 무아로 중도공존이요.
무아는 무아로 상주상락이요.
무아는 무아로 상락아정이요.
무아는 무아로 영생영락입니다.

하!.

금강법어 25

유존은 유존으로 딴 것이 없으니
유존은 유존으로 남음이 없어서
유존은 유존으로 다해 마치니
유존은 유존으로 청정무구해서
유존은 유존으로 진여실상이요.
유존은 유존으로 삼매해탈이요.
유존은 유존으로 본여열반이요.
유존은 유존으로 여여현현이요.
유존은 유존으로 쌍차쌍조요.
유존은 유존으로 연기법계요.
유존은 유존으로 중도공존이요.
유존은 유존으로 상주상락이요.
유존은 유존으로 상락아정이요.
유존은 유존으로 영생영락입니다.

하!.

금강법어 26

무존은 무존으로 딴 것이 없으니
무존은 무존으로 남음이 없어서
무존은 무존으로 다해 마치니
무존은 무존으로 청정무구해서
무존은 무존으로 진여실상이요.
무존은 무존으로 삼매해탈이요.
무존은 무존으로 본여열반이요.
무존은 무존으로 여여현현이요.
무존은 무존으로 쌍차쌍조요.
무존은 무존으로 연기법계요.
무존은 무존으로 중도공존이요.
무존은 무존으로 상주상락이요.
무존은 무존으로 상락아정이요.
무존은 무존으로 영생영락입니다.

하!.

금강법어 27

유본은 유본으로 딴 것이 없으니
유본은 유본으로 남음이 없어서
유본은 유본으로 다해 마치니
유본은 유본으로 청정무구해서
유본은 유본으로 진여실상이요.
유본은 유본으로 삼매해탈이요.
유본은 유본으로 본여열반이요.
유본은 유본으로 여여현현이요.
유본은 유본으로 쌍차쌍조요.
유본은 유본으로 연기법계요.
유본은 유본으로 중도공존이요.
유본은 유본으로 상주상락이요.
유본은 유본으로 상락아정이요.
유본은 유본으로 영생영락입니다.

하!.

금강법어 28

무본은 무본으로 딴 것이 없으니
무본은 무본으로 남음이 없어서
무본은 무본으로 다해 마치니
무본은 무본으로 청정무구해서
무본은 무본으로 진여실상이요.
무본은 무본으로 삼매해탈이요.
무본은 무본으로 본여열반이요.
무본은 무본으로 여여현현이요.
무본은 무본으로 쌍차쌍조요.
무본은 무본으로 연기법계요.
무본은 무본으로 중도공존이요.
무본은 무본으로 상주상락이요.
무본은 무본으로 상락아정이요.
무본은 무본으로 영생영락입니다.

하!.

금강법어 29

유원은 유원으로 딴 것이 없으니
유원은 유원으로 남음이 없어서
유원은 유원으로 다해 마치니
유원은 유원으로 청정무구해서
유원은 유원으로 진여실상이요.
유원은 유원으로 삼매해탈이요.
유원은 유원으로 본여열반이요.
유원은 유원으로 여여현현이요.
유원은 유원으로 쌍차쌍조요.
유원은 유원으로 연기법계요.
유원은 유원으로 중도공존이요.
유원은 유원으로 상주상락이요.
유원은 유원으로 상락아정이요.
유원은 유원으로 영생영락입니다.

하!.

금강법어 30

무원은 무원으로 딴 것이 없으니
무원은 무원으로 남음이 없어서
무원은 무원으로 다해 마치니
무원은 무원으로 청정무구해서
무원은 무원으로 진여실상이요.
무원은 무원으로 삼매해탈이요.
무원은 무원으로 본여열반이요.
무원은 무원으로 여여현현이요.
무원은 무원으로 쌍차쌍조요.
무원은 무원으로 연기법계요.
무원은 무원으로 중도공존이요.
무원은 무원으로 상주상락이요.
무원은 무원으로 상락아정이요.
무원은 무원으로 영생영락입니다.

하!.

금강법어 31

유성은 유성으로 딴 것이 없으니
유성은 유성으로 남음이 없어서
유성은 유성으로 다해 마치니
유성은 유성으로 청정무구해서
유성은 유성으로 진여실상이요.
유성은 유성으로 삼매해탈이요.
유성은 유성으로 본여열반이요.
유성은 유성으로 여여현현이요.
유성은 유성으로 쌍차쌍조요.
유성은 유성으로 연기법계요.
유성은 유성으로 중도공존이요.
유성은 유성으로 상주상락이요.
유성은 유성으로 상락아정이요.
유성은 유성으로 영생영락입니다.

하!.

금강법어 32

무성은 무성으로 딴 것이 없으니
무성은 무성으로 남음이 없어서
무성은 무성으로 다해 마치니
무성은 무성으로 청정무구해서
무성은 무성으로 진여실상이요.
무성은 무성으로 삼매해탈이요.
무성은 무성으로 본여열반이요.
무성은 무성으로 여여현현이요.
무성은 무성으로 쌍차쌍조요.
무성은 무성으로 연기법계요.
무성은 무성으로 중도공존이요.
무성은 무성으로 상주상락이요.
무성은 무성으로 상락아정이요.
무성은 무성으로 영생영락입니다.

하!.

금강법어 33

유생은 유생으로 딴 것이 없으니
유생은 유생으로 남음이 없어서
유생은 유생으로 다해 마치니
유생은 유생으로 청정무구해서
유생은 유생으로 진여실상이요.
유생은 유생으로 삼매해탈이요.
유생은 유생으로 본여열반이요.
유생은 유생으로 여여현현이요.
유생은 유생으로 쌍차쌍조요.
유생은 유생으로 연기법계요.
유생은 유생으로 중도공존이요.
유생은 유생으로 상주상락이요.
유생은 유생으로 상락아정이요.
유생은 유생으로 영생영락입니다.

하!.

금강법어 34

무생은 무생으로 딴 것이 없으니
무생은 무생으로 남음이 없어서
무생은 무생으로 다해 마치니
무생은 무생으로 청정무구해서
무생은 무생으로 진여실상이요.
무생은 무생으로 삼매해탈이요.
무생은 무생으로 본여열반이요.
무생은 무생으로 여여현현이요.
무생은 무생으로 쌍차쌍조요.
무생은 무생으로 연기법계요.
무생은 무생으로 중도공존이요.
무생은 무생으로 상주상락이요.
무생은 무생으로 상락아정이요.
무생은 무생으로 영생영락입니다.

하!.

금강법어 35

유정은 유정으로 딴 것이 없으니
유정은 유정으로 남음이 없어서
유정은 유정으로 다해 마치니
유정은 유정으로 청정무구해서
유정은 유정으로 진여실상이요.
유정은 유정으로 삼매해탈이요.
유정은 유정으로 본여열반이요.
유정은 유정으로 여여현현이요.
유정은 유정으로 쌍차쌍조요.
유정은 유정으로 연기법계요.
유정은 유정으로 중도공존이요.
유정은 유정으로 상주상락이요.
유정은 유정으로 상락아정이요.
유정은 유정으로 영생영락입니다.

하!..

금강법어 36

무정은 무정으로 딴 것이 없으니
무정은 무정으로 남음이 없어서
무정은 무정으로 다해 마치니
무정은 무정으로 청정무구해서
무정은 무정으로 진여실상이요.
무정은 무정으로 삼매해탈이요.
무정은 무정으로 본여열반이요.
무정은 무정으로 여여현현이요.
무정은 무정으로 쌍차쌍조요.
무정은 무정으로 연기법계요.
무정은 무정으로 중도공존이요.
무정은 무정으로 상주상락이요.
무정은 무정으로 상락아정이요.
무정은 무정으로 영생영락입니다.

하!.

금강법어 37

유심은 유심으로 딴 것이 없으니
유심은 유심으로 남음이 없어서
유심은 유심으로 다해 마치니
유심은 유심으로 청정무구해서
유심은 유심으로 진여실상이요.
유심은 유심으로 삼매해탈이요.
유심은 유심으로 본여열반이요.
유심은 유심으로 여여현현이요.
유심은 유심으로 쌍차쌍조요.
유심은 유심으로 연기법계요.
유심은 유심으로 중도공존이요.
유심은 유심으로 상주상락이요.
유심은 유심으로 상락아정이요.
유심은 유심으로 영생영락입니다.

하!.

금강법어 38

무심은 무심으로 딴 것이 없으니
무심은 무심으로 남음이 없어서
무심은 무심으로 다해 마치니
무심은 무심으로 청정무구해서
무심은 무심으로 진여실상이요.
무심은 무심으로 삼매해탈이요.
무심은 무심으로 본여열반이요.
무심은 무심으로 여여현현이요.
무심은 무심으로 쌍차쌍조요.
무심은 무심으로 연기법계요.
무심은 무심으로 중도공존이요.
무심은 무심으로 상주상락이요.
무심은 무심으로 상락아정이요.
무심은 무심으로 영생영락입니다.

하!.

금강법어 39

유념은 유념으로 딴 것이 없으니
유념은 유념으로 남음이 없어서
유념은 유념으로 다해 마치니
유념은 유념으로 청정무구해서
유념은 유념으로 진여실상이요.
유념은 유념으로 삼매해탈이요.
유념은 유념으로 본여열반이요.
유념은 유념으로 여여현현이요.
유념은 유념으로 쌍차쌍조요.
유념은 유념으로 연기법계요.
유념은 유념으로 중도공존이요.
유념은 유념으로 상주상락이요.
유념은 유념으로 상락아정이요.
유념은 유념으로 영생영락입니다.

하!..

금강법어 40

무념은 무념으로 딴 것이 없으니
무념은 무념으로 남음이 없어서
무념은 무념으로 다해 마치니
무념은 무념으로 청정무구해서
무념은 무념으로 진여실상이요.
무념은 무념으로 삼매해탈이요.
무념은 무념으로 본여열반이요.
무념은 무념으로 여여현현이요.
무념은 무념으로 쌍차쌍조요.
무념은 무념으로 연기법계요.
무념은 무념으로 중도공존이요.
무념은 무념으로 상주상락이요.
무념은 무념으로 상락아정이요.
무념은 무념으로 영생영락입니다.

하!.

금강법어 41

유감은 유감으로 딴 것이 없으니
유감은 유감으로 남음이 없어서
유감은 유감으로 다해 마치니
유감은 유감으로 청정무구해서
유감은 유감으로 진여실상이요.
유감은 유감으로 삼매해탈이요.
유감은 유감으로 본여열반이요.
유감은 유감으로 여여현현이요.
유감은 유감으로 쌍차쌍조요.
유감은 유감으로 연기법계요.
유감은 유감으로 중도공존이요.
유감은 유감으로 상주상락이요.
유감은 유감으로 상락아정이요.
유감은 유감으로 영생영락입니다.

하!.

금강법어 42

무감은 무감으로 딴 것이 없으니
무감은 무감으로 남음이 없어서
무감은 무감으로 다해 마치니
무감은 무감으로 청정무구해서
무감은 무감으로 진여실상이요.
무감은 무감으로 삼매해탈이요.
무감은 무감으로 본여열반이요.
무감은 무감으로 여여현현이요.
무감은 무감으로 쌍차쌍조요.
무감은 무감으로 연기법계요.
무감은 무감으로 중도공존이요.
무감은 무감으로 상주상락이요.
무감은 무감으로 상락아정이요.
무감은 무감으로 영생영락입니다.

하!.

금강법어 43

유의는 유의로 딴 것이 없으니
유의는 유의로 남음이 없어서
유의는 유의로 다해 마치니
유의는 유의로 청정무구해서
유의는 유의로 진여실상이요.
유의는 유의로 삼매해탈이요.
유의는 유의로 본여열반이요.
유의는 유의로 여여현현이요.
유의는 유의로 쌍차쌍조요.
유의는 유의로 연기법계요.
유의는 유의로 중도공존이요.
유의는 유의로 상주상락이요.
유의는 유의로 상락아정이요.
유의는 유의로 영생영락입니다.

하!.

금강법어 44

무의는 무의로 딴 것이 없으니
무의는 무의로 남음이 없어서
무의는 무의로 다해 마치니
무의는 무의로 청정무구해서
무의는 무의로 진여실상이요.
무의는 무의로 삼매해탈이요.
무의는 무의로 본여열반이요.
무의는 무의로 여여현현이요.
무의는 무의로 쌍차쌍조요.
무의는 무의로 연기법계요.
무의는 무의로 중도공존이요.
무의는 무의로 상주상락이요.
무의는 무의로 상락아정이요.
무의는 무의로 영생영락입니다.

하!.

금강법어 45

유지는 유지로 딴 것이 없으니
유지는 유지로 남음이 없어서
유지는 유지로 다해 마치니
유지는 유지로 청정무구해서
유지는 유지로 진여실상이요.
유지는 유지로 삼매해탈이요.
유지는 유지로 본여열반이요.
유지는 유지로 여여현현이요.
유지는 유지로 쌍차쌍조요.
유지는 유지로 연기법계요.
유지는 유지로 중도공존이요.
유지는 유지로 상주상락이요.
유지는 유지로 상락아정이요.
유지는 유지로 영생영락입니다.

하!.

금강법어 46

무지는 무지로 딴 것이 없으니
무지는 무지로 남음이 없어서
무지는 무지로 다해 마치니
무지는 무지로 청정무구해서
무지는 무지로 진여실상이요.
무지는 무지로 삼매해탈이요.
무지는 무지로 본여열반이요.
무지는 무지로 여여현현이요.
무지는 무지로 쌍차쌍조요.
무지는 무지로 연기법계요.
무지는 무지로 중도공존이요.
무지는 무지로 상주상락이요.
무지는 무지로 상락아정이요.
무지는 무지로 영생영락입니다.

하!.

금강법어 47

유인은 유인으로 딴 것이 없으니
유인은 유인으로 남음이 없어서
유인은 유인으로 다해 마치니
유인은 유인으로 청정무구해서
유인은 유인으로 진여실상이요.
유인은 유인으로 삼매해탈이요.
유인은 유인으로 본여열반이요.
유인은 유인으로 여여현현이요.
유인은 유인으로 쌍차쌍조요.
유인은 유인으로 연기법계요.
유인은 유인으로 중도공존이요.
유인은 유인으로 상주상락이요.
유인은 유인으로 상락아정이요.
유인은 유인으로 영생영락입니다.

하!.

금강법어 48

무인은 무인으로 딴 것이 없으니
무인은 무인으로 남음이 없어서
무인은 무인으로 다해 마치니
무인은 무인으로 청정무구해서
무인은 무인으로 진여실상이요.
무인은 무인으로 삼매해탈이요.
무인은 무인으로 본여열반이요.
무인은 무인으로 여여현현이요.
무인은 무인으로 쌍차쌍조요.
무인은 무인으로 연기법계요.
무인은 무인으로 중도공존이요.
무인은 무인으로 상주상락이요.
무인은 무인으로 상락아정이요.
무인은 무인으로 영생영락입니다.

하!.

금강법어 49

유연은 유연으로 딴 것이 없으니
유연은 유연으로 남음이 없어서
유연은 유연으로 다해 마치니
유연은 유연으로 청정무구해서
유연은 유연으로 진여실상이요.
유연은 유연으로 삼매해탈이요.
유연은 유연으로 본여열반이요.
유연은 유연으로 여여현현이요.
유연은 유연으로 쌍차쌍조요.
유연은 유연으로 연기법계요.
유연은 유연으로 중도공존이요.
유연은 유연으로 상주상락이요.
유연은 유연으로 상락아정이요.
유연은 유연으로 영생영락입니다.

하!.

금강법어 50

무연은 무연으로 딴 것이 없으니
무연은 무연으로 남음이 없어서
무연은 무연으로 다해 마치니
무연은 무연으로 청정무구해서
무연은 무연으로 진여실상이요.
무연은 무연으로 삼매해탈이요.
무연은 무연으로 본여열반이요.
무연은 무연으로 여여현현이요.
무연은 무연으로 쌍차쌍조요.
무연은 무연으로 연기법계요.
무연은 무연으로 중도공존이요.
무연은 무연으로 상주상락이요.
무연은 무연으로 상락아정이요.
무연은 무연으로 영생영락입니다.

하!.

금강법어 51

유응은 유응으로 딴 것이 없으니
유응은 유응으로 남음이 없어서
유응은 유응으로 다해 마치니
유응은 유응으로 청정무구해서
유응은 유응으로 진여실상이요.
유응은 유응으로 삼매해탈이요.
유응은 유응으로 본여열반이요.
유응은 유응으로 여여현현이요.
유응은 유응으로 쌍차쌍조요.
유응은 유응으로 연기법계요.
유응은 유응으로 중도공존이요.
유응은 유응으로 상주상락이요.
유응은 유응으로 상락아정이요.
유응은 유응으로 영생영락입니다.

하!.

금강법어 52

무웅은 무웅으로 딴 것이 없으니
무웅은 무웅으로 남음이 없어서
무웅은 무웅으로 다해 마치니
무웅은 무웅으로 청정무구해서
무웅은 무웅으로 진여실상이요.
무웅은 무웅으로 삼매해탈이요.
무웅은 무웅으로 본여열반이요.
무웅은 무웅으로 여여현현이요.
무웅은 무웅으로 쌍차쌍조요.
무웅은 무웅으로 연기법계요.
무웅은 무웅으로 중도공존이요.
무웅은 무웅으로 상주상락이요.
무웅은 무웅으로 상락아정이요.
무웅은 무웅으로 영생영락입니다.

하!.

금강법어 53

유보는 유보로 딴 것이 없으니
유보는 유보로 남음이 없어서
유보는 유보로 다해 마치니
유보는 유보로 청정무구해서
유보는 유보로 진여실상이요.
유보는 유보로 삼매해탈이요.
유보는 유보로 본여열반이요.
유보는 유보로 여여현현이요.
유보는 유보로 쌍차쌍조요.
유보는 유보로 연기법계요.
유보는 유보로 중도공존이요.
유보는 유보로 상주상락이요.
유보는 유보로 상락아정이요.
유보는 유보로 영생영락입니다.

하!.

금강법어 54

무보는 무보로 딴 것이 없으니
무보는 무보로 남음이 없어서
무보는 무보로 다해 마치니
무보는 무보로 청정무구해서
무보는 무보로 진여실상이요.
무보는 무보로 삼매해탈이요.
무보는 무보로 본여열반이요.
무보는 무보로 여여현현이요.
무보는 무보로 쌍차쌍조요.
무보는 무보로 연기법계요.
무보는 무보로 중도공존이요.
무보는 무보로 상주상락이요.
무보는 무보로 상락아정이요.
무보는 무보로 영생영락입니다.

하!.

금강법어 55

유과는 유과로 딴 것이 없으니
유과는 유과로 남음이 없어서
유과는 유과로 다해 마치니
유과는 유과로 청정무구해서
유과는 유과로 진여실상이요.
유과는 유과로 삼매해탈이요.
유과는 유과로 본여열반이요.
유과는 유과로 여여현현이요.
유과는 유과로 쌍차쌍조요.
유과는 유과로 연기법계요.
유과는 유과로 중도공존이요.
유과는 유과로 상주상락이요.
유과는 유과로 상락아정이요.
유과는 유과로 영생영락입니다.

하!.

금강법어 56

무과는 무과로 딴 것이 없으니
무과는 무과로 남음이 없어서
무과는 무과로 다해 마치니
무과는 무과로 청정무구해서
무과는 무과로 진여실상이요.
무과는 무과로 삼매해탈이요.
무과는 무과로 본여열반이요.
무과는 무과로 여여현현이요.
무과는 무과로 쌍차쌍조요.
무과는 무과로 연기법계요.
무과는 무과로 중도공존이요.
무과는 무과로 상주상락이요.
무과는 무과로 상락아정이요.
무과는 무과로 영생영락입니다.

하!.

금강법어 57

유업은 유업으로 딴 것이 없으니
유업은 유업으로 남음이 없어서
유업은 유업으로 다해 마치니
유업은 유업으로 청정무구해서
유업은 유업으로 진여실상이요.
유업은 유업으로 삼매해탈이요.
유업은 유업으로 본여열반이요.
유업은 유업으로 여여현현이요.
유업은 유업으로 쌍차쌍조요.
유업은 유업으로 연기법계요.
유업은 유업으로 중도공존이요.
유업은 유업으로 상주상락이요.
유업은 유업으로 상락아정이요.
유업은 유업으로 영생영락입니다.

하!.

금강법어 58

무업은 무업으로 딴 것이 없으니
무업은 무업으로 남음이 없어서
무업은 무업으로 다해 마치니
무업은 무업으로 청정무구해서
무업은 무업으로 진여실상이요.
무업은 무업으로 삼매해탈이요.
무업은 무업으로 본여열반이요.
무업은 무업으로 여여현현이요.
무업은 무업으로 쌍차쌍조요.
무업은 무업으로 연기법계요.
무업은 무업으로 중도공존이요.
무업은 무업으로 상주상락이요.
무업은 무업으로 상락아정이요.
무업은 무업으로 영생영락입니다.

하!.

금강법어 59

유신은 유신으로 딴 것이 없으니
유신은 유신으로 남음이 없어서
유신은 유신으로 다해 마치니
유신은 유신으로 청정무구해서
유신은 유신으로 진여실상이요.
유신은 유신으로 삼매해탈이요.
유신은 유신으로 본여열반이요.
유신은 유신으로 여여현현이요.
유신은 유신으로 쌍차쌍조요.
유신은 유신으로 연기법계요.
유신은 유신으로 중도공존이요.
유신은 유신으로 상주상락이요.
유신은 유신으로 상락아정이요.
유신은 유신으로 영생영락입니다.

하!.

금강법어 60

무신은 무신으로 딴 것이 없으니
무신은 무신으로 남음이 없어서
무신은 무신으로 다해 마치니
무신은 무신으로 청정무구해서
무신은 무신으로 진여실상이요.
무신은 무신으로 삼매해탈이요.
무신은 무신으로 본여열반이요.
무신은 무신으로 여여현현이요.
무신은 무신으로 쌍차쌍조요.
무신은 무신으로 연기법계요.
무신은 무신으로 중도공존이요.
무신은 무신으로 상주상락이요.
무신은 무신으로 상락아정이요.
무신은 무신으로 영생영락입니다.

하!.

금강법어 61

유색은 유색으로 딴 것이 없으니
유색은 유색으로 남음이 없어서
유색은 유색으로 다해 마치니
유색은 유색으로 청정무구해서
유색은 유색으로 진여실상이요.
유색은 유색으로 삼매해탈이요.
유색은 유색으로 본여열반이요.
유색은 유색으로 여여현현이요.
유색은 유색으로 쌍차쌍조요.
유색은 유색으로 연기법계요.
유색은 유색으로 중도공존이요.
유색은 유색으로 상주상락이요.
유색은 유색으로 상락아정이요.
유색은 유색으로 영생영락입니다.

하!.

금강법어 62

무색은 무색으로 딴 것이 없으니
무색은 무색으로 남음이 없어서
무색은 무색으로 다해 마치니
무색은 무색으로 청정무구해서
무색은 무색으로 진여실상이요.
무색은 무색으로 삼매해탈이요.
무색은 무색으로 본여열반이요.
무색은 무색으로 여여현현이요.
무색은 무색으로 쌍차쌍조요.
무색은 무색으로 연기법계요.
무색은 무색으로 중도공존이요.
무색은 무색으로 상주상락이요.
무색은 무색으로 상락아정이요.
무색은 무색으로 영생영락입니다.

하!.

금강법어 63

유공은 유공으로 딴 것이 없으니
유공은 유공으로 남음이 없어서
유공은 유공으로 다해 마치니
유공은 유공으로 청정무구해서
유공은 유공으로 진여실상이요.
유공은 유공으로 삼매해탈이요.
유공은 유공으로 본여열반이요.
유공은 유공으로 여여현현이요.
유공은 유공으로 쌍차쌍조요.
유공은 유공으로 연기법계요.
유공은 유공으로 중도공존이요.
유공은 유공으로 상주상락이요.
유공은 유공으로 상락아정이요.
유공은 유공으로 영생영락입니다.

하!.

금강법어 64

무공은 무공으로 딴 것이 없으니
무공은 무공으로 남음이 없어서
무공은 무공으로 다해 마치니
무공은 무공으로 청정무구해서
무공은 무공으로 진여실상이요.
무공은 무공으로 삼매해탈이요.
무공은 무공으로 본여열반이요.
무공은 무공으로 여여현현이요.
무공은 무공으로 쌍차쌍조요.
무공은 무공으로 연기법계요.
무공은 무공으로 중도공존이요.
무공은 무공으로 상주상락이요.
무공은 무공으로 상락아정이요.
무공은 무공으로 영생영락입니다.

하!.

금강법어 65

유루는 유루로 딴 것이 없으니
유루는 유루로 남음이 없어서
유루는 유루로 다해 마치니
유루는 유루로 청정무구해서
유루는 유루로 진여실상이요.
중생상은 중생상으로 삼매해탈이요.
유루는 유루로 본여열반이요.
유루는 유루로 여여현현이요.
유루는 유루로 쌍차쌍조요.
유루는 유루로 연기법계요.
유루는 유루로 중도공존이요.
유루는 유루로 상주상락이요.
유루는 유루로 상락아정이요.
유루는 유루로 영생영락입니다.

하!.

금강법어 66

무루는 무루로 딴 것이 없으니
무루는 무루로 남음이 없어서
무루는 무루로 다해 마치니
무루는 무루로 청정무구해서
무루는 무루로 진여실상이요.
무루는 무루로 삼매해탈이요.
무루는 무루로 본여열반이요.
무루는 무루로 여여현현이요.
무루는 무루로 쌍차쌍조요.
무루는 무루로 연기법계요.
무루는 무루로 중도공존이요.
무루는 무루로 상주상락이요.
무루는 무루로 상락아정이요.
무루는 무루로 영생영락입니다.

하!.

금강법어 67

유작은 유작으로 딴 것이 없으니
유작은 유작으로 남음이 없어서
유작은 유작으로 다해 마치니
유작은 유작으로 청정무구해서
유작은 유작으로 진여실상이요.
유작은 유작으로 삼매해탈이요.
유작은 유작으로 본여열반이요.
유작은 유작으로 여여현현이요.
유작은 유작으로 쌍차쌍조요.
유작은 유작으로 연기법계요.
유작은 유작으로 중도공존이요.
유작은 유작으로 상주상락이요.
유작은 유작으로 상락아정이요.
유작은 유작으로 영생영락입니다.

하!.

금강법어 68

무작은 무작으로 딴 것이 없으니
무작은 무작으로 남음이 없어서
무작은 무작으로 다해 마치니
무작은 무작으로 청정무구해서
무작은 무작으로 진여실상이요.
무작은 무작으로 삼매해탈이요.
무작은 무작으로 본여열반이요.
무작은 무작으로 여여현현이요.
무작은 무작으로 쌍차쌍조요.
무작은 무작으로 연기법계요.
무작은 무작으로 중도공존이요.
무작은 무작으로 상주상락이요.
무작은 무작으로 상락아정이요.
무작은 무작으로 영생영락입니다.

하!.

금강법어 69

유행은 유행으로 딴 것이 없으니
유행은 유행으로 남음이 없어서
유행은 유행으로 다해 마치니
유행은 유행으로 청정무구해서
유행은 유행으로 진여실상이요.
유행은 유행으로 삼매해탈이요.
유행은 유행으로 본여열반이요.
유행은 유행으로 여여현현이요.
유행은 유행으로 쌍차쌍조요.
유행은 유행으로 연기법계요.
유행은 유행으로 중도공존이요.
유행은 유행으로 상주상락이요.
유행은 유행으로 상락아정이요.
유행은 유행으로 영생영락입니다.

하!.

금강법어 70

무행은 무행으로 딴 것이 없으니
무행은 무행으로 남음이 없어서
무행은 무행으로 다해 마치니
무행은 무행으로 청정무구해서
무행은 무행으로 진여실상이요.
무행은 무행으로 삼매해탈이요.
무행은 무행으로 본여열반이요.
무행은 무행으로 여여현현이요.
무행은 무행으로 쌍차쌍조요.
무행은 무행으로 연기법계요.
무행은 무행으로 중도공존이요.
무행은 무행으로 상주상락이요.
무행은 무행으로 상락아정이요.
무행은 무행으로 영생영락입니다.

하!.

금강법어 71

유상은 유상으로 딴 것이 없으니
유상은 유상으로 남음이 없어서
유상은 유상으로 다해 마치니
유상은 유상으로 청정무구해서
유상은 유상으로 진여실상이요.
유상은 유상으로 삼매해탈이요.
유상은 유상으로 본여열반이요.
유상은 유상으로 여여현현이요.
유상은 유상으로 쌍차쌍조요.
유상은 유상으로 연기법계요.
유상은 유상으로 중도공존이요.
유상은 유상으로 상주상락이요.
유상은 유상으로 상락아정이요.
유상은 유상으로 영생영락입니다.

하!.

금강법어 72

무상은 무상으로 딴 것이 없으니
무상은 무상으로 남음이 없어서
무상은 무상으로 다해 마치니
무상은 무상으로 청정무구해서
무상은 무상으로 진여실상이요.
무상은 무상으로 삼매해탈이요.
무상은 무상으로 본여열반이요.
무상은 무상으로 여여현현이요.
무상은 무상으로 쌍차쌍조요.
무상은 무상으로 연기법계요.
무상은 무상으로 중도공존이요.
무상은 무상으로 상주상락이요.
무상은 무상으로 상락아정이요.
무상은 무상으로 영생영락입니다.

하!.

금강법어 73

유염은 유염으로 딴 것이 없으니
유염은 유염으로 남음이 없어서
유염은 유염으로 다해 마치니
유염은 유염으로 청정무구해서
유염은 유염으로 진여실상이요.
유염은 유염으로 삼매해탈이요.
유염은 유염으로 본여열반이요.
유염은 유염으로 여여현현이요.
유염은 유염으로 쌍차쌍조요.
유염은 유염으로 연기법계요.
유염은 유염으로 중도공존이요.
유염은 유염으로 상주상락이요.
유염은 유염으로 상락아정이요.
유염은 유염으로 영생영락입니다.

하!.

금강법어 74

무염은 무염으로 딴 것이 없으니
무염은 무염으로 남음이 없어서
무염은 무염으로 다해 마치니
무염은 무염으로 청정무구해서
무염은 무염으로 진여실상이요.
무염은 무염으로 삼매해탈이요.
무염은 무염으로 본여열반이요.
무염은 무염으로 여여현현이요.
무염은 무염으로 쌍차쌍조요.
무염은 무염으로 연기법계요.
무염은 무염으로 중도공존이요.
무염은 무염으로 상주상락이요.
무염은 무염으로 상락아정이요.
무염은 무염으로 영생영락입니다.

하!.

금강법어 75

유주는 유주로 딴 것이 없으니
유주는 유주로 남음이 없어서
유주는 유주로 다해 마치니
유주는 유주로 청정무구해서
유주는 유주로 진여실상이요.
유주는 유주로 삼매해탈이요.
유주는 유주로 본여열반이요.
유주는 유주로 여여현현이요.
유주는 유주로 쌍차쌍조요.
유주는 유주로 연기법계요.
유주는 유주로 중도공존이요.
유주는 유주로 상주상락이요.
유주는 유주로 상락아정이요.
유주는 유주로 영생영락입니다.

하!.

금강법어 76

무주는 무주로 딴 것이 없으니
무주는 무주로 남음이 없어서
무주는 무주로 다해 마치니
무주는 무주로 청정무구해서
무주는 무주로 진여실상이요.
무주는 무주로 삼매해탈이요.
무주는 무주로 본여열반이요.
무주는 무주로 여여현현이요.
무주는 무주로 쌍차쌍조요.
무주는 무주로 연기법계요.
무주는 무주로 중도공존이요.
무주는 무주로 상주상락이요.
무주는 무주로 상락아정이요.
무주는 무주로 영생영락입니다.

하!..

금강법어 77

유위는 유위로 딴 것이 없으니
유위는 유위로 남음이 없어서
유위는 유위로 다해 마치니
유위는 유위로 청정무구해서
유위는 유위로 진여실상이요.
유위는 유위로 삼매해탈이요.
유위는 유위로 본여열반이요.
유위는 유위로 여여현현이요.
유위는 유위로 쌍차쌍조요.
유위는 유위로 연기법계요.
유위는 유위로 중도공존이요.
유위는 유위로 상주상락이요.
유위는 유위로 상락아정이요.
유위는 유위로 영생영락입니다.

하!.

금강법어 78

무위는 무위로 딴 것이 없으니
무위는 무위로 남음이 없어서
무위는 무위로 다해 마치니
무위는 무위로 청정무구해서
무위는 무위로 진여실상이요.
무위는 무위로 삼매해탈이요.
무위는 무위로 본여열반이요.
무위는 무위로 여여현현이요.
무위는 무위로 쌍차쌍조요.
무위는 무위로 연기법계요.
무위는 무위로 중도공존이요.
무위는 무위로 상주상락이요.
무위는 무위로 상락아정이요.
무위는 무위로 영생영락입니다.

하!.

금강법어 79

유한은 유한으로 딴 것이 없으니
유한은 유한으로 남음이 없어서
유한은 유한으로 다해 마치니
유한은 유한으로 청정무구해서
유한은 유한으로 진여실상이요.
유한은 유한으로 삼매해탈이요.
유한은 유한으로 본여열반이요.
유한은 유한으로 여여현현이요.
유한은 유한으로 쌍차쌍조요.
유한은 유한으로 연기법계요.
유한은 유한으로 중도공존이요.
유한은 유한으로 상주상락이요.
유한은 유한으로 상락아정이요.
유한은 유한으로 영생영락입니다.

하!.

금강법어 80

무한은 무한으로 딴 것이 없으니
무한은 무한으로 남음이 없어서
무한은 무한으로 다해 마치니
무한은 무한으로 청정무구해서
무한은 무한으로 진여실상이요.
무한은 무한으로 삼매해탈이요.
무한은 무한으로 본여열반이요.
무한은 무한으로 여여현현이요.
무한은 무한으로 쌍차쌍조요.
무한은 무한으로 연기법계요.
무한은 무한으로 중도공존이요.
무한은 무한으로 상주상락이요.
무한은 무한으로 상락아정이요.
무한은 무한으로 영생영락입니다.

하!.

금강법어 81

유시는 유시로 딴 것이 없으니
유시는 유시로 남음이 없어서
유시는 유시로 다해 마치니
유시는 유시로 청정무구해서
유시는 유시로 진여실상이요.
유시는 유시로 삼매해탈이요.
유시는 유시로 본여열반이요.
유시는 유시로 여여현현이요.
유시는 유시로 쌍차쌍조요.
유시는 유시로 연기법계요.
유시는 유시로 중도공존이요.
유시는 유시로 상주상락이요.
유시는 유시로 상락아정이요.
유시는 유시로 영생영락입니다.

하!.

금강법어 82

무시는 무시로 딴 것이 없으니
무시는 무시로 남음이 없어서
무시는 무시로 다해 마치니
무시는 무시로 청정무구해서
무시는 무시로 진여실상이요.
무시는 무시로 삼매해탈이요.
무시는 무시로 본여열반이요.
무시는 무시로 여여현현이요.
무시는 무시로 쌍차쌍조요.
무시는 무시로 연기법계요.
무시는 무시로 중도공존이요.
무시는 무시로 상주상락이요.
무시는 무시로 상락아정이요.
무시는 무시로 영생영락입니다.

하!.

금강법어 83

유종은 유종으로 딴 것이 없으니
유종은 유종으로 남음이 없어서
유종은 유종으로 다해 마치니
유종은 유종으로 청정무구해서
유종은 유종으로 진여실상이요.
유종은 유종으로 삼매해탈이요.
유종은 유종으로 본여열반이요.
유종은 유종으로 여여현현이요.
유종은 유종으로 쌍차쌍조요.
유종은 유종으로 연기법계요.
유종은 유종으로 중도공존이요.
유종은 유종으로 상주상락이요.
유종은 유종으로 상락아정이요.
유종은 유종으로 영생영락입니다.

하!.

금강법어 84

무종은 무종으로 딴 것이 없으니
무종은 무종으로 남음이 없어서
무종은 무종으로 다해 마치니
무종은 무종으로 청정무구해서
무종은 무종으로 진여실상이요.
무종은 무종으로 삼매해탈이요.
무종은 무종으로 본여열반이요.
무종은 무종으로 여여현현이요.
무종은 무종으로 쌍차쌍조요.
무종은 무종으로 연기법계요.
무종은 무종으로 중도공존이요.
무종은 무종으로 상주상락이요.
무종은 무종으로 상락아정이요.
무종은 무종으로 영생영락입니다.

하!..

금강법어 85

유문은 유문으로 딴 것이 없으니
유문은 유문으로 남음이 없어서
유문은 유문으로 다해 마치니
유문은 유문으로 청정무구해서
유문은 유문으로 진여실상이요.
유문은 유문으로 삼매해탈이요.
유문은 유문으로 본여열반이요.
유문은 유문으로 여여현현이요.
유문은 유문으로 쌍차쌍조요.
유문은 유문으로 연기법계요.
유문은 유문으로 중도공존이요.
유문은 유문으로 상주상락이요.
유문은 유문으로 상락아정이요.
유문은 유문으로 영생영락입니다.

하!.

금강법어 86

무문은 무문으로 딴 것이 없으니
무문은 무문으로 남음이 없어서
무문은 무문으로 다해 마치니
무문은 무문으로 청정무구해서
무문은 무문으로 진여실상이요.
무문은 무문으로 삼매해탈이요.
무문은 무문으로 본여열반이요.
무문은 무문으로 여여현현이요.
무문은 무문으로 쌍차쌍조요.
무문은 무문으로 연기법계요.
무문은 무문으로 중도공존이요.
무문은 무문으로 상주상락이요.
무문은 무문으로 상락아정이요.
무문은 무문으로 영생영락입니다.

하!.

금강법어 87

유언은 유언으로 딴 것이 없으니
유언은 유언으로 남음이 없어서
유언은 유언으로 다해 마치니
유언은 유언으로 청정무구해서
유언은 유언으로 진여실상이요.
유언은 유언으로 삼매해탈이요.
유언은 유언으로 본여열반이요.
유언은 유언으로 여여현현이요.
유언은 유언으로 쌍차쌍조요.
유언은 유언으로 연기법계요.
유언은 유언으로 중도공존이요.
유언은 유언으로 상주상락이요.
유언은 유언으로 상락아정이요.
유언은 유언으로 영생영락입니다.

하!.

금강법어 88

무언은 무언으로 딴 것이 없으니
무언은 무언으로 남음이 없어서
무언은 무언으로 다해 마치니
무언은 무언으로 청정무구해서
무언은 무언으로 진여실상이요.
무언은 무언으로 삼매해탈이요.
무언은 무언으로 본여열반이요.
무언은 무언으로 여여현현이요.
무언은 무언으로 쌍차쌍조요.
무언은 무언으로 연기법계요.
무언은 무언으로 중도공존이요.
무언은 무언으로 상주상락이요.
무언은 무언으로 상락아정이요.
무언은 무언으로 영생영락입니다.

하!.

금강법어 89

유설은 유설로 딴 것이 없으니
유설은 유설로 남음이 없어서
유설은 유설로 다해 마치니
유설은 유설로 청정무구해서
유설은 유설로 진여실상이요.
유설은 유설로 삼매해탈이요.
유설은 유설로 본여열반이요.
유설은 유설로 여여현현이요.
유설은 유설로 쌍차쌍조요.
유설은 유설로 연기법계요.
유설은 유설로 중도공존이요.
유설은 유설로 상주상락이요.
유설은 유설로 상락아정이요.
유설은 유설로 영생영락입니다.

하!.

금강법어 90

무설은 무설로 딴 것이 없으니
무설은 무설로 남음이 없어서
무설은 무설로 다해 마치니
무설은 무설로 청정무구해서
무설은 무설로 진여실상이요.
무설은 무설로 삼매해탈이요.
무설은 무설로 본여열반이요.
무설은 무설로 여여현현이요.
무설은 무설로 쌍차쌍조요.
무설은 무설로 연기법계요.
무설은 무설로 중도공존이요.
무설은 무설로 상주상락이요.
무설은 무설로 상락아정이요.
무설은 무설로 영생영락입니다.

하!.

금강법어 91

유묵은 유묵으로 딴 것이 없으니
유묵은 유묵으로 남음이 없어서
유묵은 유묵으로 다해 마치니
유묵은 유묵으로 청정무구해서
유묵은 유묵으로 진여실상이요.
유묵은 유묵으로 삼매해탈이요.
유묵은 유묵으로 본여열반이요.
유묵은 유묵으로 여여현현이요.
유묵은 유묵으로 쌍차쌍조요.
유묵은 유묵으로 연기법계요.
유묵은 유묵으로 중도공존이요.
유묵은 유묵으로 상주상락이요.
유묵은 유묵으로 상락아정이요.
유묵은 유묵으로 영생영락입니다.

하!.

금강법어 92

무묵은 무묵으로 딴 것이 없으니
무묵은 무묵으로 남음이 없어서
무묵은 무묵으로 다해 마치니
무묵은 무묵으로 청정무구해서
무묵은 무묵으로 진여실상이요.
무묵은 무묵으로 삼매해탈이요.
무묵은 무묵으로 본여열반이요.
무묵은 무묵으로 여여현현이요.
무묵은 무묵으로 쌍차쌍조요.
무묵은 무묵으로 연기법계요.
무묵은 무묵으로 중도공존이요.
무묵은 무묵으로 상주상락이요.
무묵은 무묵으로 상락아정이요.
무묵은 무묵으로 영생영락입니다.

하!.

금강법어 93

유명은 유명으로 딴 것이 없으니
유명은 유명으로 남음이 없어서
유명은 유명으로 다해 마치니
유명은 유명으로 청정무구해서
유명은 유명으로 진여실상이요.
유명은 유명으로 삼매해탈이요.
유명은 유명으로 본여열반이요.
유명은 유명으로 여여현현이요.
유명은 유명으로 쌍차쌍조요.
유명은 유명으로 연기법계요.
유명은 유명으로 중도공존이요.
유명은 유명으로 상주상락이요.
유명은 유명으로 상락아정이요.
유명은 유명으로 영생영락입니다.

하!.

금강법어 94

무명은 무명으로 딴 것이 없으니
무명은 무명으로 남음이 없어서
무명은 무명으로 다해 마치니
무명은 무명으로 청정무구해서
무명은 무명으로 진여실상이요.
무명은 무명으로 삼매해탈이요.
무명은 무명으로 본여열반이요.
무명은 무명으로 여여현현이요.
무명은 무명으로 쌍차쌍조요.
무명은 무명으로 연기법계요.
무명은 무명으로 중도공존이요.
무명은 무명으로 상주상락이요.
무명은 무명으로 상락아정이요.
무명은 무명으로 영생영락입니다.

하!..

금강법어 95

유일은 유일로 딴 것이 없으니
유일은 유일로 남음이 없어서
유일은 유일로 다해 마치니
유일은 유일로 청정무구해서
유일은 유일로 진여실상이요.
유일은 유일로 삼매해탈이요.
유일은 유일로 본여열반이요.
유일은 유일로 여여현현이요.
유일은 유일로 쌍차쌍조요.
유일은 유일로 연기법계요.
유일은 유일로 중도공존이요.
유일은 유일로 상주상락이요.
유일은 유일로 상락아정이요.
유일은 유일로 영생영락입니다.

하!.

금강법어 96

무일은 무일로 딴 것이 없으니
무일은 무일로 남음이 없어서
무일은 무일로 다해 마치니
무일은 무일로 청정무구해서
무일은 무일로 진여실상이요.
무일은 무일로 삼매해탈이요.
무일은 무일로 본여열반이요.
무일은 무일로 여여현현이요.
무일은 무일로 쌍차쌍조요.
무일은 무일로 연기법계요.
무일은 무일로 중도공존이요.
무일은 무일로 상주상락이요.
무일은 무일로 상락아정이요.
무일은 무일로 영생영락입니다.

하!.

금강법어 97

유량은 유량으로 딴 것이 없으니
유량은 유량으로 남음이 없어서
유량은 유량으로 다해 마치니
유량은 유량으로 청정무구해서
유량은 유량으로 진여실상이요.
유량은 유량으로 삼매해탈이요.
유량은 유량으로 본여열반이요.
유량은 유량으로 여여현현이요.
유량은 유량으로 쌍차쌍조요.
유량은 유량으로 연기법계요.
유량은 유량으로 중도공존이요.
유량은 유량으로 상주상락이요.
유량은 유량으로 상락아정이요.
유량은 유량으로 영생영락입니다.

하!.

금강법어 98

무량은 무량으로 딴 것이 없으니
무량은 무량으로 남음이 없어서
무량은 무량으로 다해 마치니
무량은 무량으로 청정무구해서
무량은 무량으로 진여실상이요.
무량은 무량으로 삼매해탈이요.
무량은 무량으로 본여열반이요.
무량은 무량으로 여여현현이요.
무량은 무량으로 쌍차쌍조요.
무량은 무량으로 연기법계요.
무량은 무량으로 중도공존이요.
무량은 무량으로 상주상락이요.
무량은 무량으로 상락아정이요.
무량은 무량으로 영생영락입니다.

하!.

금강법어 99

유각은 유각으로 딴 것이 없으니
유각은 유각으로 남음이 없어서
유각은 유각으로 다해 마치니
유각은 유각으로 청정무구해서
유각은 유각으로 진여실상이요.
유각은 유각으로 삼매해탈이요.
유각은 유각으로 본여열반이요.
유각은 유각으로 여여현현이요.
유각은 유각으로 쌍차쌍조요.
유각은 유각으로 연기법계요.
유각은 유각으로 중도공존이요.
유각은 유각으로 상주상락이요.
유각은 유각으로 상락아정이요.
유각은 유각으로 영생영락입니다.

하!.

금강법어 100

무각은 무각으로 딴 것이 없으니
무각은 무각으로 남음이 없어서
무각은 무각으로 다해 마치니
무각은 무각으로 청정무구해서
무각은 무각으로 진여실상이요.
무각은 무각으로 삼매해탈이요.
무각은 무각으로 본여열반이요.
무각은 무각으로 여여현현이요.
무각은 무각으로 쌍차쌍조요.
무각은 무각으로 연기법계요.
무각은 무각으로 중도공존이요.
무각은 무각으로 상주상락이요.
무각은 무각으로 상락아정이요.
무각은 무각으로 영생영락입니다.

하!.

금강법어 101

유여는 유여로 딴 것이 없으니
유여는 유여로 남음이 없어서
유여는 유여로 다해 마치니
유여는 유여로 청정무구해서
유여는 유여로 진여실상이요.
유여는 유여로 삼매해탈이요.
유여는 유여로 본여열반이요.
유여는 유여로 여여현현이요.
유여는 유여로 쌍차쌍조요.
유여는 유여로 연기법계요.
유여는 유여로 중도공존이요.
유여는 유여로 상주상락이요.
유여는 유여로 상락아정이요.
유여는 유여로 영생영락입니다.

하!.

금강법어 102

무여는 무여로 딴 것이 없으니
무여는 무여로 남음이 없어서
무여는 무여로 다해 마치니
무여는 무여로 청정무구해서
무여는 무여로 진여실상이요.
무여는 무여로 삼매해탈이요.
무여는 무여로 본여열반이요.
무여는 무여로 여여현현이요.
무여는 무여로 쌍차쌍조요.
무여는 무여로 연기법계요.
무여는 무여로 중도공존이요.
무여는 무여로 상주상락이요.
무여는 무여로 상락아정이요.
무여는 무여로 영생영락입니다.

하!.

금강법어 103

유도는 유도로 남음이 없어서
유도는 유도로 다해 마치니
유도는 유도로 청정무구해서
유도는 유도로 진여실상이요.
유도는 유도로 삼매해탈이요.
유도는 유도로 본여열반이요.
유도는 유도로 여여현현이요.
유도는 유도로 쌍차쌍조요.
유도는 유도로 연기법계요.
유도는 유도로 중도공존이요.
유도는 유도로 상주상락이요.
유도는 유도로 상락아정이요.
유도는 유도로 영생영락입니다.

하!.

금강법어 104

무도는 무도로 딴 것이 없으니
무도는 무도로 남음이 없어서
무도는 무도로 다해 마치니
무도는 무도로 청정무구해서
무도는 무도로 진여실상이요.
무도는 무도로 삼매해탈이요.
무도는 무도로 본여열반이요.
무도는 무도로 여여현현이요.
무도는 무도로 쌍차쌍조요.
무도는 무도로 연기법계요.
무도는 무도로 중도공존이요.
무도는 무도로 상주상락이요.
무도는 무도로 상락아정이요.
무도는 무도로 영생영락입니다.

하!.

금강법어 105

유법은 유법으로 딴 것이 없으니
유법은 유법으로 남음이 없어서
유법은 유법으로 다해 마치니
유법은 유법으로 청정무구해서
유법은 유법으로 진여실상이요.
유법은 유법으로 삼매해탈이요.
유법은 유법으로 본여열반이요.
유법은 유법으로 여여현현이요.
유법은 유법으로 쌍차쌍조요.
유법은 유법으로 연기법계요.
유법은 유법으로 중도공존이요.
유법은 유법으로 상주상락이요.
유법은 유법으로 상락아정이요.
유법은 유법으로 영생영락입니다.

하!.

금강법어 106

무법은 무법으로 딴 것이 없으니
무법은 무법으로 남음이 없어서
무법은 무법으로 다해 마치니
무법은 무법으로 청정무구해서
무법은 무법으로 진여실상이요.
무법은 무법으로 삼매해탈이요.
무법은 무법으로 본여열반이요.
무법은 무법으로 여여현현이요.
무법은 무법으로 쌍차쌍조요.
무법은 무법으로 연기법계요.
무법은 무법으로 중도공존이요.
무법은 무법으로 상주상락이요.
무법은 무법으로 상락아정이요.
무법은 무법으로 영생영락입니다.

하!.

금강법어 107

유불은 유불로 딴 것이 없으니
유불은 유불로 남음이 없어서
유불은 유불로 다해 마치니
유불은 유불로 청정무구해서
유불은 유불로 진여실상이요.
유불은 유불로 삼매해탈이요.
유불은 유불로 본여열반이요.
유불은 유불로 여여현현이요.
유불은 유불로 쌍차쌍조요.
유불은 유불로 연기법계요.
유불은 유불로 중도공존이요.
유불은 유불로 상주상락이요.
유불은 유불로 상락아정이요.
유불은 유불로 영생영락입니다.

하!.

금강법어 108

무불은 무불로 딴 것이 없으니
무불은 무불로 남음이 없어서
무불은 무불로 다해 마치니
무불은 무불로 청정무구해서
무불은 무불로 진여실상이요.
무불은 무불로 삼매해탈이요.
무불은 무불로 본여열반이요.
무불은 무불로 여여현현이요.
무불은 무불로 쌍차쌍조요.
무불은 무불로 연기법계요.
무불은 무불로 중도공존이요.
무불은 무불로 상주상락이요.
무불은 무불로 상락아정이요.
무불은 무불로 영생영락입니다.

하!.

금강법어 109

이것은 이것으로 딴 것이 없으니
이것은 이것으로 남음이 없어서
이것은 이것으로 다해 마치니
이것은 이것으로 청정무구해서
이것은 이것으로 진여실상이요.
이것은 이것으로 삼매해탈이요.
이것은 이것으로 본여열반이요.
이것은 이것으로 여여현현이요.
이것은 이것으로 쌍차쌍조요.
이것은 이것으로 연기법계요.
이것은 이것으로 중도공존이요.
이것은 이것으로 상주상락이요.
이것은 이것으로 상락아정이요.
이것은 이것으로 영생영락입니다.

하!.

금강법어 110

이것 아닌 것은 이것 아닌 것으로 딴 것이 없으니
이것 아닌 것은 이것 아닌 것으로 남음이 없어서
이것 아닌 것은 이것 아닌 것으로 다해 마치니
이것 아닌 것은 이것 아닌 것으로 청정무구해서
이것 아닌 것은 이것 아닌 것으로 진여실상이요.
이것 아닌 것은 이것 아닌 것으로 삼매해탈이요.
이것 아닌 것은 이것 아닌 것으로 본여열반이요.
이것 아닌 것은 이것 아닌 것으로 여여현현이요.
이것 아닌 것은 이것 아닌 것으로 쌍차쌍조요.
이것 아닌 것은 이것 아닌 것으로 연기법계요.
이것 아닌 것은 이것 아닌 것으로 중도공존이요.
이것 아닌 것은 이것 아닌 것으로 상주상락이요.
이것 아닌 것은 이것 아닌 것으로 상락아정이요.
이것 아닌 것은 이것 아닌 것으로 영생영락입니다.

하!..

금강법어 111

저것은 저것으로 딴 것이 없으니
저것은 저것으로 남음이 없어서
저것은 저것으로 다해 마치니
저것은 저것으로 청정무구해서
저것은 저것으로 진여실상이요.
저것은 저것으로 삼매해탈이요.
저것은 저것으로 본여열반이요.
저것은 저것으로 여여현현이요.
저것은 저것으로 쌍차쌍조요.
저것은 저것으로 연기법계요.
저것은 저것으로 중도공존이요.
저것은 저것으로 상주상락이요.
저것은 저것으로 상락아정이요.
저것은 저것으로 영생영락입니다.

하!.

금강법어 112

저것 아닌 것은 저것 아닌 것으로 딴 것이 없으니
저것 아닌 것은 저것 아닌 것으로 남음이 없어서
저것 아닌 것은 저것 아닌 것으로 다해 마치니
저것 아닌 것은 저것 아닌 것으로 청정무구해서
저것 아닌 것은 저것 아닌 것으로 진여실상이요.
저것 아닌 것은 저것 아닌 것으로 삼매해탈이요.
저것 아닌 것은 저것 아닌 것으로 본여열반이요.
저것 아닌 것은 저것 아닌 것으로 여여현현이요.
저것 아닌 것은 저것 아닌 것으로 쌍차쌍조요.
저것 아닌 것은 저것 아닌 것으로 연기법계요.
저것 아닌 것은 저것 아닌 것으로 중도공존이요.
저것 아닌 것은 저것 아닌 것으로 상주상락이요.
저것 아닌 것은 저것 아닌 것으로 상락아정이요.
저것 아닌 것은 저것 아닌 것으로 영생영락입니다.

하!.

금강법어 113

그것은 그것으로 딴 것이 없으니
그것은 그것으로 남음이 없어서
그것은 그것으로 다해 마치니
그것은 그것으로 청정무구해서
그것은 그것으로 진여실상이요.
그것은 그것으로 삼매해탈이요.
그것은 그것으로 본여열반이요.
그것은 그것으로 여여현현이요.
그것은 그것으로 쌍차쌍조요.
그것은 그것으로 연기법계요.
그것은 그것으로 중도공존이요.
그것은 그것으로 상주상락이요.
그것은 그것으로 상락아정이요.
그것은 그것으로 영생영락입니다.

하!.

금강법어 114

그것 아닌 것은 그것 아닌 것으로 딴 것이 없으니
그것 아닌 것은 그것 아닌 것으로 남음이 없어서
그것 아닌 것은 그것 아닌 것으로 다해 마치니
그것 아닌 것은 그것 아닌 것으로 청정무구해서
그것 아닌 것은 그것 아닌 것으로 진여실상이요.
그것 아닌 것은 그것 아닌 것으로 삼매해탈이요.
그것 아닌 것은 그것 아닌 것으로 본여열반이요.
그것 아닌 것은 그것 아닌 것으로 여여현현이요.
그것 아닌 것은 그것 아닌 것으로 쌍차쌍조요.
그것 아닌 것은 그것 아닌 것으로 연기법계요.
그것 아닌 것은 그것 아닌 것으로 중도공존이요.
그것 아닌 것은 그것 아닌 것으로 상주상락이요.
그것 아닌 것은 그것 아닌 것으로 상락아정이요.
그것 아닌 것은 그것 아닌 것으로 영생영락입니다.

하!.

금강법어 115

이대로는 이대로 딴 것이 없으니
이대로는 이로 남음이 없어서
이대로는 이로 다해 마치니
이대로는 이로 청정무구해서
이대로는 이로 진여실상이요.
이대로는 이로 삼매해탈이요.
이대로는 이로 본여열반이요.
이대로는 이로 여여현현이요.
이대로는 이로 쌍차쌍조요.
이대로는 이로 연기법계요.
이대로는 이로 중도공존이요.
이대로는 이로 상주상락이요.
이대로는 이로 상락아정이요.
이대로는 이로 영생영락입니다.

하!.

금강법어 116

이대로 아닌 것은 이대로 아닌 것으로 딴 것이 없으니
이대로 아닌 것은 이대로 아닌 것으로 남음이 없어서
이대로 아닌 것은 이대로 아닌 것으로 다해 마치니
이대로 아닌 것은 이대로 아닌 것으로 청정무구해서
이대로 아닌 것은 이대로 아닌 것으로 진여실상이요
이대로 아닌 것은 이대로 아닌 것으로 삼매해탈이요
이대로 아닌 것은 이대로 아닌 것으로 본여열반이요
이대로 아닌 것은 이대로 아닌 것으로 여여현현이요
이대로 아닌 것은 이대로 아닌 것으로 쌍차쌍조요
이대로 아닌 것은 이대로 아닌 것으로 연기법계요
이대로 아닌 것은 이대로 아닌 것으로 중도공존이요
이대로 아닌 것은 이대로 아닌 것으로 상주상락이요
이대로 아닌 것은 이대로 아닌 것으로 상락아정이요
이대로 아닌 것은 이대로 아닌 것으로 영생영락입니다.

하!.

금강법어 117

저대로는 저대로 딴 것이 없으니
저대로는 저대로 남음이 없어서
저대로는 저대로 다해 마치니
저대로는 저대로 청정무구해서
저대로는 저대로 진여실상이요.
저대로는 저대로 삼매해탈이요.
저대로는 저대로 본여열반이요.
저대로는 저대로 여여현현이요.
저대로는 저대로 쌍차쌍조요.
저대로는 저대로 연기법계요.
저대로는 저대로 중도공존이요.
저로는 저대로 상주상락이요.
저대로는 저대로 상락아정이요.
저대로는 저대로 영생영락입니다.

하!.

금강법어 118

저대로 아닌 것은 저대로 아닌 것으로 딴 것이 없으니
저대로 아닌 것은 저대로 아닌 것으로 남음이 없어서
저대로 아닌 것은 저대로 아닌 것으로 다해 마치니
저대로 아닌 것은 저대로 아닌 것으로 청정무구해서
저대로 아닌 것은 저대로 아닌 것으로 진여실상이요
저대로 아닌 것은 저대로 아닌 것으로 삼매해탈이요
저대로 아닌 것은 저대로 아닌 것으로 본여열반이요
저대로 아닌 것은 저대로 아닌 것으로 여여현현이요
저대로 아닌 것은 저대로 아닌 것으로 쌍차쌍조요
저대로 아닌 것은 저대로 아닌 것으로 연기법계요
저대로 아닌 것은 저대로 아닌 것으로 중도공존이요
저대로 아닌 것은 저대로 아닌 것으로 상주상락이요
저대로 아닌 것은 저대로 아닌 것으로 상락아정이요
저대로 아닌 것은 저대로 아닌 것으로 영생영락입니다.

하!.

금강법어 119

그대로는 그대로 딴 것이 없으니
그대로는 그대로 남음이 없어서
그대로는 그대로 다해 마치니
그대로는 그대로 청정무구해서
그대로는 그대로 진여실상이요.
그대로는 그대로 삼매해탈이요.
그대로는 그대로 본여열반이요.
그대로는 그대로 여여현현이요.
그대로는 그대로 쌍차쌍조요.
그대로는 그대로 연기법계요.
그대로는 그대로 중도공존이요.
그대로는 그대로 상주상락이요.
그대로는 그대로 상락아정이요.
그대로는 그대로 영생영락입니다.

하!.

금강법어 120

그대로 아닌 것은 그대로 아닌 것으로 딴 것이 없으니
그대로 아닌 것은 그대로 아닌 것으로 남음이 없어서
그대로 아닌 것은 그대로 아닌 것으로 다해 마치니
그대로 아닌 것은 그대로 아닌 것으로 청정무구해서
그대로 아닌 것은 그대로 아닌 것으로 진여실상이요
그대로 아닌 것은 그대로 아닌 것으로 삼매해탈이요
그대로 아닌 것은 그대로 아닌 것으로 본여열반이요
그대로 아닌 것은 그대로 아닌 것으로 여여현현이요
그대로 아닌 것은 그대로 아닌 것으로 쌍차쌍조요
그대로 아닌 것은 그대로 아닌 것으로 연기법계요
그대로 아닌 것은 그대로 아닌 것으로 중도공존이요
그대로 아닌 것은 그대로 아닌 것으로 상주상락이요
그대로 아닌 것은 그대로 아닌 것으로 상락아정이요
그대로 아닌 것은 그대로 아닌 것으로 영생영락입니다.

하!.

금강법어 121

흥대로는 흥대로 딴 것이 없으니
흥대로는 흥대로 남음이 없어서
흥대로는 흥대로 다해 마치니
흥대로는 흥대로 청정무구해서
흥대로는 흥대로 진여실상이요.
흥대로는 흥대로 삼매해탈이요.
흥대로는 흥대로 본여열반이요.
흥대로는 흥대로 여여현현이요.
흥대로는 흥대로 쌍차쌍조요.
흥대로는 흥대로 연기법계요.
흥대로는 흥대로 중도공존이요.
흥대로는 흥대로 상주상락이요.
흥대로는 흥대로 상락아정이요.
흥대로는 흥대로 영생영락입니다.

하!.

금강법어 122

홍대로 아닌 것은 홍대로 아닌 것으로 딴 것이 없으니
홍대로 아닌 것은 홍대로 아닌 것으로 남음이 없어서
홍대로 아닌 것은 홍대로 아닌 것으로 다해 마치니
홍대로 아닌 것은 홍대로 아닌 것으로 청정무구해서
홍대로 아닌 것은 홍대로 아닌 것으로 진여실상이요
홍대로 아닌 것은 홍대로 아닌 것으로 삼매해탈이요
홍대로 아닌 것은 홍대로 아닌 것으로 본여열반이요
홍대로 아닌 것은 홍대로 아닌 것으로 여여현현이요
홍대로 아닌 것은 홍대로 아닌 것으로 쌍차쌍조요
홍대로 아닌 것은 홍대로 아닌 것으로 연기법계요
홍대로 아닌 것은 홍대로 아닌 것으로 중도공존이요
홍대로 아닌 것은 홍대로 아닌 것으로 상주상락이요
홍대로 아닌 것은 홍대로 아닌 것으로 상락아정이요
홍대로 아닌 것은 홍대로 아닌 것으로 영생영락입니다.

하!.

금강법어 123

저절로는 저절로 딴 것이 없으니
저절로는 저절로 남음이 없어서
저절로는 저절로 다해 마치니
저절로는 저절로 청정무구해서
저절로는 저절로 진여실상이요.
저절로는 저절로 삼매해탈이요.
저절로는 저절로 본여열반이요.
저절로는 저절로 여여현현이요.
저절로는 저절로 쌍차쌍조요.
저절로는 저절로 연기법계요.
저절로는 저절로 중도공존이요.
저절로는 저절로 상주상락이요.
저절로는 저절로 상락아정이요.
저절로는 저절로 영생영락입니다.

하!.

금강법어 124

저절로 아닌 것은 저절로 아닌 것으로 딴 것이 없으니
저절로 아닌 것은 저절로 아닌 것으로 남음이 없어서
저절로 아닌 것은 저절로 아닌 것으로 다해 마치니
저절로 아닌 것은 저절로 아닌 것으로 청정무구해서
저절로 아닌 것은 저절로 아닌 것으로 진여실상이요
저절로 아닌 것은 저절로 아닌 것으로 삼매해탈이요
저절로 아닌 것은 저절로 아닌 것으로 본여열반이요
저절로 아닌 것은 저절로 아닌 것으로 여여현현이요
저절로 아닌 것은 저절로 아닌 것으로 쌍차쌍조요
저절로 아닌 것은 저절로 아닌 것으로 연기법계요
저절로 아닌 것은 저절로 아닌 것으로 중도공존이요
저절로 아닌 것은 저절로 아닌 것으로 상주상락이요
저절로 아닌 것은 저절로 아닌 것으로 상락아정이요
저절로 아닌 것은 저절로 아닌 것으로 영생영락입니다.

하!.

금강법어 125

스스로는 스스로 딴 것이 없으니
스스로는 스스로 남음이 없어서
스스로는 스스로 다해 마치니
스스로는 스스로 청정무구해서
스스로는 스스로 진여실상이요.
스스로는 스스로 삼매해탈이요.
스스로는 스스로 본여열반이요.
스스로는 스스로 여여현현이요.
스스로는 스스로 쌍차쌍조요.
스스로는 스스로 연기법계요.
스스로는 스스로 중도공존이요.
스스로는 스스로 상주상락이요.
스스로는 스스로 상락아정이요.
스스로는 스스로 영생영락입니다.

하!.

금강법어 126

스스로 아닌 것은 스스로 아닌 것으로 딴 것이 없으니
스스로 아닌 것은 스스로 아닌 것으로 남음이 없어서
스스로 아닌 것은 스스로 아닌 것으로 다해 마치니
스스로 아닌 것은 스스로 아닌 것으로 청정무구해서
스스로 아닌 것은 스스로 아닌 것으로 진여실상이요
스스로 아닌 것은 스스로 아닌 것으로 삼매해탈이요
스스로 아닌 것은 스스로 아닌 것으로 본여열반이요
스스로 아닌 것은 스스로 아닌 것으로 여여현현이요
스스로 아닌 것은 스스로 아닌 것으로 쌍차쌍조요
스스로 아닌 것은 스스로 아닌 것으로 연기법계요
스스로 아닌 것은 스스로 아닌 것으로 중도공존이요
스스로 아닌 것은 스스로 아닌 것으로 상주상락이요
스스로 아닌 것은 스스로 아닌 것으로 상락아정이요
스스로 아닌 것은 스스로 아닌 것으로 영생영락입니다.

하!.

금강법어 127

누구는 누구로 딴 것이 없으니
누구는 누구로 남음이 없어서
스스로는 스스로 다해 마치니
스스로는 스스로 청정무구해서
누구는 누구로 진여실상이요.
누구는 누구로 삼매해탈이요.
누구는 누구로 본여열반이요.
누구는 누구로 여여현현이요.
누구는 누구로 쌍차쌍조요.
누구는 누구로 연기법계요.
누구는 누구로 중도공존이요.
누구는 누구로 상주상락이요.
누구는 누구로 상락아정이요.
누구는 누구로 영생영락입니다.

하!.

금강법어 128

누구 아닌 것은 누구 아닌 것으로 딴 것이 없으니
누구 아닌 것은 누구 아닌 것으로 남음이 없어서
누구 아닌 것은 누구 아닌 것으로 다해 마치니
누구 아닌 것은 누구 아닌 것으로 청정무구해서
누구 아닌 것은 누구 아닌 것으로 진여실상이요
누구 아닌 것은 누구 아닌 것으로 삼매해탈이요
누구 아닌 것은 누구 아닌 것으로 본여열반이요
누구 아닌 것은 누구 아닌 것으로 여여현현이요
누구 아닌 것은 누구 아닌 것으로 쌍차쌍조요
누구 아닌 것은 누구 아닌 것으로 연기법계요
누구 아닌 것은 누구 아닌 것으로 중도공존이요
누구 아닌 것은 누구 아닌 것으로 상주상락이요
누구 아닌 것은 누구 아닌 것으로 상락아정이요
누구 아닌 것은 누구 아닌 것으로 영생영락입니다.

하!.

금강법어 129

무엇은 무엇으로 딴 것이 없으니
무엇은 무엇으로 남음이 없어서
무엇은 무엇으로 다해 마치니
무엇은 무엇으로 청정무구해서
무엇은 무엇으로 진여실상이요.
무엇은 무엇으로 삼매해탈이요.
무엇은 무엇으로 본여열반이요.
무엇은 무엇으로 여여현현이요.
무엇은 무엇으로 쌍차쌍조요.
무엇은 무엇으로 연기법계요.
무엇은 무엇으로 중도공존이요.
무엇은 무엇으로 상주상락이요.
무엇은 무엇으로 상락아정이요.
무엇은 무엇으로 영생영락입니다.

하!.

금강법어 130

무엇 아닌 것은 무엇 아닌 것으로 딴 것이 없으니
무엇 아닌 것은 무엇 아닌 것으로 남음이 없어서
무엇 아닌 것은 무엇 아닌 것으로 다해 마치니
무엇 아닌 것은 무엇 아닌 것으로 청정무구해서
무엇 아닌 것은 무엇 아닌 것으로 진여실상이요
무엇 아닌 것은 무엇 아닌 것으로 삼매해탈이요
무엇 아닌 것은 무엇 아닌 것으로 본여열반이요
무엇 아닌 것은 무엇 아닌 것으로 여여현현이요
무엇 아닌 것은 무엇 아닌 것으로 쌍차쌍조요
무엇 아닌 것은 무엇 아닌 것으로 연기법계요
무엇 아닌 것은 무엇 아닌 것으로 중도공존이요
무엇 아닌 것은 무엇 아닌 것으로 상주상락이요
무엇 아닌 것은 무엇 아닌 것으로 상락아정이요
무엇 아닌 것은 무엇 아닌 것으로 영생영락입니다.

하!.

금강법어 131

연기는 연기로 딴 것이 없으니
연기는 연기로 남음이 없어서
연기는 연기로 다해 마치니
연기는 연기로 청정무구해서
연기는 연기로 진여실상이요.
연기는 연기로 삼매해탈이요.
연기는 연기로 본여열반이요.
연기는 연기로 여여현현이요.
연기는 연기로 쌍차쌍조요.
연기는 연기로 연기법계요.
연기는 연기로 중도공존이요.
연기는 연기로 상주상락이요.
연기는 연기로 상락아정이요.
연기는 연기로 영생영락입니다.

하!.

금강법어 132

연기 아닌 것은 연기 아닌 것으로 딴 것이 없으니
연기 아닌 것은 연기 아닌 것으로 남음이 없어서
연기 아닌 것은 연기 아닌 것으로 다해 마치니
연기 아닌 것은 연기 아닌 것으로 청정무구해서
연기 아닌 것은 연기 아닌 것으로 진여실상이요
연기 아닌 것은 연기 아닌 것으로 삼매해탈이요
연기 아닌 것은 연기 아닌 것으로 본여열반이요
연기 아닌 것은 연기 아닌 것으로 여여현현이요
연기 아닌 것은 연기 아닌 것으로 쌍차쌍조요
연기 아닌 것은 연기 아닌 것으로 연기법계요
연기 아닌 것은 연기 아닌 것으로 중도공존이요
연기 아닌 것은 연기 아닌 것으로 상주상락이요
연기 아닌 것은 연기 아닌 것으로 상락아정이요
연기 아닌 것은 연기 아닌 것으로 영생영락입니다.

하!.

금강법어 133

인과는 인과로 딴 것이 없으니
인과는 인과로 남음이 없어서
인과는 인과로 다해 마치니
인과는 인과로 청정무구해서
인과는 인과로 진여실상이요.
인과는 인과로 삼매해탈이요.
인과는 인과로 본여열반이요.
인과는 인과로 여여현현이요.
인과는 인과로 쌍차쌍조요.
인과는 인과로 연기법계요.
인과는 인과로 중도공존이요.
인과는 인과로 상주상락이요.
인과는 인과로 상락아정이요.
인과는 인과로 영생영락입니다.

하!.

금강법어 134

인과 아닌 것은 인과 아닌 것으로 딴 것이 없으니
인과 아닌 것은 인과 아닌 것으로 남음이 없어서
인과 아닌 것은 인과 아닌 것으로 다해 마치니
인과 아닌 것은 인과 아닌 것으로 청정무구해서
인과 아닌 것은 인과 아닌 것으로 진여실상이요
인과 아닌 것은 인과 아닌 것으로 삼매해탈이요
인과 아닌 것은 인과 아닌 것으로 본여열반이요
인과 아닌 것은 인과 아닌 것으로 여여현현이요
인과 아닌 것은 인과 아닌 것으로 쌍차쌍조요
인과 아닌 것은 인과 아닌 것으로 연기법계요
인과 아닌 것은 인과 아닌 것으로 중도공존이요
인과 아닌 것은 인과 아닌 것으로 상주상락이요
인과 아닌 것은 인과 아닌 것으로 상락아정이요
인과 아닌 것은 인과 아닌 것으로 영생영락입니다.

하!.

금강법어 135

법계는 법계로 딴 것이 없으니
법계는 법계로 남음이 없어서
법계는 법계로 다해 마치니
법계는 법계로 청정무구해서
법계는 법계로 진여실상이요.
법계는 법계로 삼매해탈이요.
법계는 법계로 본여열반이요.
법계는 법계로 여여현현이요.
법계는 법계로 쌍차쌍조요.
법계는 법계로 연기법계요.
법계는 법계로 중도공존이요.
법계는 법계로 상주상락이요.
법계는 법계로 상락아정이요.
법계는 법계로 영생영락입니다.

하!.

금강법어 136

법계 아닌 것은 법계 아닌 것으로 딴 것이 없으니
법계 아닌 것은 법계 아닌 것으로 남음이 없어서
법계 아닌 것은 법계 아닌 것으로 다해 마치니
법계 아닌 것은 법계 아닌 것으로 청정무구해서
법계 아닌 것은 법계 아닌 것으로 진여실상이요
법계 아닌 것은 법계 아닌 것으로 삼매해탈이요
법계 아닌 것은 법계 아닌 것으로 본여열반이요
법계 아닌 것은 법계 아닌 것으로 여여현현이요
법계 아닌 것은 법계 아닌 것으로 쌍차쌍조요
법계 아닌 것은 법계 아닌 것으로 연기법계요
법계 아닌 것은 법계 아닌 것으로 중도공존이요
법계 아닌 것은 법계 아닌 것으로 상주상락이요
법계 아닌 것은 법계 아닌 것으로 상락아정이요
법계 아닌 것은 법계 아닌 것으로 영생영락입니다.

하!.

금강법어 137

세계는 세계로 딴 것이 없으니
세계는 세계로 남음이 없어서
세계는 세계로 다해 마치니
세계는 세계로 청정무구해서
세계는 세계로 진여실상이요.
세계는 세계로 삼매해탈이요.
세계는 세계로 본여열반이요.
세계는 세계로 여여현현이요.
세계는 세계로 쌍차쌍조요.
세계는 세계로 연기법계요.
세계는 세계로 중도공존이요.
세계는 세계로 상주상락이요.
세계는 세계로 상락아정이요.
세계는 세계로 영생영락입니다.

하!.

금강법어 138

세계 아닌 것은 세계 아닌 것으로 딴 것이 없으니
세계 아닌 것은 세계 아닌 것으로 남음이 없어서
세계 아닌 것은 세계 아닌 것으로 다해 마치니
세계 아닌 것은 세계 아닌 것으로 청정무구해서
세계 아닌 것은 세계 아닌 것으로 진여실상이요
세계 아닌 것은 세계 아닌 것으로 삼매해탈이요
세계 아닌 것은 세계 아닌 것으로 본여열반이요
세계 아닌 것은 세계 아닌 것으로 여여현현이요
세계 아닌 것은 세계 아닌 것으로 쌍차쌍조요
세계 아닌 것은 세계 아닌 것으로 연기법계요
세계 아닌 것은 세계 아닌 것으로 중도공존이요
세계 아닌 것은 세계 아닌 것으로 상주상락이요
세계 아닌 것은 세계 아닌 것으로 상락아정이요
세계 아닌 것은 세계 아닌 것으로 영생영락입니다.

하!.

금강법어 139

세상은 세상으로 딴 것이 없으니
세상은 세상으로 남음이 없어서
세상은 세상으로 다해 마치니
세상은 세상으로 청정무구해서
세상은 세상으로 진여실상이요.
세상은 세상으로 삼매해탈이요.
세상은 세상으로 본여열반이요.
세상은 세상으로 여여현현이요.
세상은 세상으로 쌍차쌍조요.
세상은 세상으로 연기법계요.
세상은 세상으로 중도공존이요.
세상은 세상으로 상주상락이요.
세상은 세상으로 상락아정이요.
세상은 세상으로 영생영락입니다.

하!.

금강법어 140

세상 아닌 것은 세상 아닌 것으로 딴 것이 없으니
세상 아닌 것은 세상 아닌 것으로 남음이 없어서
세상 아닌 것은 세상 아닌 것으로 다해 마치니
세상 아닌 것은 세상 아닌 것으로 청정무구해서
세상 아닌 것은 세상 아닌 것으로 진여실상이요
세상 아닌 것은 세상 아닌 것으로 삼매해탈이요
세상 아닌 것은 세상 아닌 것으로 본여열반이요
세상 아닌 것은 세상 아닌 것으로 여여현현이요
세상 아닌 것은 세상 아닌 것으로 쌍차쌍조요
세상 아닌 것은 세상 아닌 것으로 연기법계요
세상 아닌 것은 세상 아닌 것으로 중도공존이요
세상 아닌 것은 세상 아닌 것으로 상주상락이요
세상 아닌 것은 세상 아닌 것으로 상락아정이요
세상 아닌 것은 세상 아닌 것으로 영생영락입니다.

하!.

금강법어 141

만물은 만물로 딴 것이 없으니
만물은 만물로 남음이 없어서
만물은 만물로 다해 마치니
만물은 만물로 청정무구해서
만물은 만물로 진여실상이요.
만물은 만물로 삼매해탈이요.
만물은 만물로 본여열반이요.
만물은 만물로 여여현현이요.
만물은 만물로 쌍차쌍조요.
만물은 만물로 연기법계요.
만물은 만물로 중도공존이요.
만물은 만물로 상주상락이요.
만물은 만물로 상락아정이요.
만물은 만물로 영생영락입니다.

하!.

금강법어 142

만물 아닌 것은 만물 아닌 것으로 딴 것이 없으니
만물 아닌 것은 만물 아닌 것으로 남음이 없어서
만물 아닌 것은 만물 아닌 것으로 다해 마치니
만물 아닌 것은 만물 아닌 것으로 청정무구해서
만물 아닌 것은 만물 아닌 것으로 진여실상이요
만물 아닌 것은 만물 아닌 것으로 삼매해탈이요
만물 아닌 것은 만물 아닌 것으로 본여열반이요
만물 아닌 것은 만물 아닌 것으로 여여현현이요
만물 아닌 것은 만물 아닌 것으로 쌍차쌍조요
만물 아닌 것은 만물 아닌 것으로 연기법계요
만물 아닌 것은 만물 아닌 것으로 중도공존이요
만물 아닌 것은 만물 아닌 것으로 상주상락이요
만물 아닌 것은 만물 아닌 것으로 상락아정이요
만물 아닌 것은 만물 아닌 것으로 영생영락입니다.

하!

금강법어 143

만상은 만상으로 딴 것이 없으니
만상은 만상으로 남음이 없어서
만상은 만상으로 다해 마치니
만상은 만상으로 청정무구해서
만상은 만상으로 진여실상이요.
만상은 만상으로 삼매해탈이요.
만상은 만상으로 본여열반이요.
만상은 만상으로 여여현현이요.
만상은 만상으로 쌍차쌍조요.
만상은 만상으로 연기법계요.
만상은 만상으로 중도공존이요.
만상은 만상으로 상주상락이요.
만상은 만상으로 상락아정이요.
만상은 만상으로 영생영락입니다.

하!.

금강법어 144

만상 아닌 것은 만상 아닌 것으로 딴 것이 없으니
만상 아닌 것은 만상 아닌 것으로 남음이 없어서
만상 아닌 것은 만상 아닌 것으로 다해 마치니
만상 아닌 것은 만상 아닌 것으로 청정무구해서
만상 아닌 것은 만상 아닌 것으로 진여실상이요
만상 아닌 것은 만상 아닌 것으로 삼매해탈이요
만상 아닌 것은 만상 아닌 것으로 본여열반이요
만상 아닌 것은 만상 아닌 것으로 여여현현이요
만상 아닌 것은 만상 아닌 것으로 쌍차쌍조요
만상 아닌 것은 만상 아닌 것으로 연기법계요
 만상 아닌 것은 만상아닌 것으로 중도공존이요
만상 아닌 것은 만상 아닌 것으로 상주상락이요
만상 아닌 것은 만상 아닌 것으로 상락아정이요
만상 아닌 것은 만상 아닌 것으로 영생영락입니다.

하!

금강법어 145

삼세는 삼세로 딴 것이 없으니
삼세는 삼세로 남음이 없어서
삼세는 삼세로 다해 마치니
삼세는 삼세로 청정무구해서
삼세는 삼세로 진여실상이요.
삼세는 삼세로 삼매해탈이요.
삼세는 삼세로 본여열반이요.
삼세는 삼세로 여여현현이요.
삼세는 삼세로 쌍차쌍조요.
삼세는 삼세로 연기법계요.
삼세는 삼세로 중도공존이요.
삼세는 삼세로 상주상락이요.
삼세는 삼세로 상락아정이요.
삼세는 삼세로 영생영락입니다.

하!.

금강법어 146

삼세 아닌 것은 삼세 아닌 것으로 딴 것이 없으니
삼세 아닌 것은 삼세 아닌 것으로 남음이 없어서
삼세 아닌 것은 삼세 아닌 것으로 다해 마치니
삼세 아닌 것은 삼세 아닌 것으로 청정무구해서
삼세 아닌 것은 삼세 아닌 것으로 진여실상이요
삼세 아닌 것은 삼세 아닌 것으로 삼매해탈이요
삼세 아닌 것은 삼세 아닌 것으로 본여열반이요
삼세 아닌 것은 삼세 아닌 것으로 여여현현이요
삼세 아닌 것은 삼세 아닌 것으로 쌍차쌍조요
삼세 아닌 것은 삼세 아닌 것으로 연기법계요
삼세 아닌 것은 삼세 아닌 것으로 중도공존이요
삼세 아닌 것은 삼세 아닌 것으로 상주상락이요
삼세 아닌 것은 삼세 아닌 것으로 상락아정이요
삼세 아닌 것은 삼세 아닌 것으로 영생영락입니다.

하!

금강법어 147

삼계는 삼계로 딴 것이 없으니
삼계는 삼계로 남음이 없어서
삼계는 삼계로 다해 마치니
삼계는 삼계로 청정무구해서
삼계는 삼계로 진여실상이요.
삼계는 삼계로 삼매해탈이요.
삼계는 삼계로 본여열반이요.
삼계는 삼계로 여여현현이요.
삼계는 삼계로 쌍차쌍조요.
삼계는 삼계로 연기법계요.
삼계는 삼계로 중도공존이요.
삼계는 삼계로 상주상락이요.
삼계는 삼계로 상락아정이요.
삼계는 삼계로 영생영락입니다.

하!.

금강법어 148

삼계 아닌 것은 삼계 아닌 것으로 딴 것이 없으니
삼계 아닌 것은 삼계 아닌 것으로 남음이 없어서
삼계 아닌 것은 삼계 아닌 것으로 다해 마치니
삼계 아닌 것은 삼계 아닌 것으로 청정무구해서
삼계 아닌 것은 삼계 아닌 것으로 진여실상이요
삼계 아닌 것은 삼계 아닌 것으로 삼매해탈이요
삼계 아닌 것은 삼계 아닌 것으로 본여열반이요
삼계 아닌 것은 삼계 아닌 것으로 여여현현이요
삼계 아닌 것은 삼계 아닌 것으로 쌍차쌍조요
삼계 아닌 것은 삼계 아닌 것으로 연기법계요
삼계 아닌 것은 삼계 아닌 것으로 중도공존이요
삼계 아닌 것은 삼계 아닌 것으로 상주상락이요
삼계 아닌 것은 삼계 아닌 것으로 상락아정이요
삼계 아닌 것은 삼계 아닌 것으로 영생영락입니다.

하!

금강법어 149

육도는 육도로 딴 것이 없으니
육도는 육도로 남음이 없어서
육도는 육도로 다해 마치니
육도는 육도로 청정무구해서
육도는 육도로 진여실상이요.
육도는 육도로 삼매해탈이요.
육도는 육도로 본여열반이요.
육도는 육도로 여여현현이요.
육도는 육도로 쌍차쌍조요.
육도는 육도로 연기법계요.
육도는 육도로 중도공존이요.
육도는 육도로 상주상락이요.
육도는 육도로 상락아정이요.
육도는 육도로 영생영락입니다.

하!.

금강법어 150

육도 아닌 것은 육도 아닌 것으로 딴 것이 없으니
육도 아닌 것은 육도 아닌 것으로 남음이 없어서
육도 아닌 것은 육도 아닌 것으로 다해 마치니
육도 아닌 것은 육도 아닌 것으로 청정무구해서
육도 아닌 것은 육도 아닌 것으로 진여실상이요
육도 아닌 것은 육도 아닌 것으로 삼매해탈이요
육도 아닌 것은 육도 아닌 것으로 본여열반이요
육도 아닌 것은 육도 아닌 것으로 여여현현이요
육도 아닌 것은 육도 아닌 것으로 쌍차쌍조요
육도 아닌 것은 육도 아닌 것으로 연기법계요
육도 아닌 것은 육도 아닌 것으로 중도공존이요
육도 아닌 것은 육도 아닌 것으로 상주상락이요
육도 아닌 것은 육도 아닌 것으로 상락아정이요
육도 아닌 것은 육도 아닌 것으로 영생영락입니다.

하!

금강법어 151

윤회는 윤회로 딴 것이 없으니
윤회는 윤회로 남음이 없어서
윤회는 윤회로 다해 마치니
윤회는 윤회로 청정무구해서
윤회는 윤회로 진여실상이요.
윤회는 윤회로 삼매해탈이요.
윤회는 윤회로 본여열반이요.
윤회는 윤회로 여여현현이요.
윤회는 윤회로 쌍차쌍조요.
윤회는 윤회로 연기법계요.
윤회는 윤회로 중도공존이요.
윤회는 윤회로 상주상락이요.
윤회는 윤회로 상락아정이요.
윤회는 윤회로 영생영락입니다.

하!.

금강법어 152

윤회 아닌 것은 윤회 아닌 것으로 딴 것이 없으니
윤회 아닌 것은 윤회 아닌 것으로 남음이 없어서
윤회 아닌 것은 윤회 아닌 것으로 다해 마치니
윤회 아닌 것은 윤회 아닌 것으로 청정무구해서
윤회 아닌 것은 윤회 아닌 것으로 진여실상이요
윤회 아닌 것은 윤회 아닌 것으로 삼매해탈이요
윤회 아닌 것은 윤회 아닌 것으로 본여열반이요
윤회 아닌 것은 윤회 아닌 것으로 여여현현이요
윤회 아닌 것은 윤회 아닌 것으로 쌍차쌍조요
윤회 아닌 것은 윤회 아닌 것으로 연기법계요
윤회 아닌 것은 윤회 아닌 것으로 중도공존이요
윤회 아닌 것은 윤회 아닌 것으로 상주상락이요
윤회 아닌 것은 윤회 아닌 것으로 상락아정이요
윤회 아닌 것은 윤회 아닌 것으로 영생영락입니다.

하!

금강법어 153

자체는 자체로 딴 것이 없으니
자체는 자체로 남음이 없어서
자체는 자체로 다해 마치니
자체는 자체로 청정무구해서
자체는 자체로 진여실상이요
자체는 자체로 삼매해탈이요
자체는 자체로 본여열반이요
자체는 자체로 여여현현이요
자체는 자체로 쌍차쌍조요
자체는 자체로 연기법계요
자체는 자체로 중도공존이요
자체는 자체로 상주상락이요
자체는 자체로 상락아정이요
자체는 자체로 영생영락입니다.

하!

금강법어 154

자체 아닌 것은 자체 아닌 것으로 딴 것이 없으니
자체 아닌 것은 자체 아닌 것으로 남음이 없어서
자체 아닌 것은 자체 아닌 것으로 다해 마치니
자체 아닌 것은 자체 아닌 것으로 청정무구해서
자체 아닌 것은 자체 아닌 것으로 진여실상이요
자체 아닌 것은 자체 아닌 것으로 삼매해탈이요
자체 아닌 것은 자체 아닌 것으로 본여열반이요
자체 아닌 것은 자체 아닌 것으로 여여현현이요
자체 아닌 것은 자체 아닌 것으로 쌍차쌍조요
자체 아닌 것은 자체 아닌 것으로 연기법계요
자체 아닌 것은 자체 아닌 것으로 중도공존이요
자체 아닌 것은 자체 아닌 것으로 상주상락이요
자체 아닌 것은 자체 아닌 것으로 상락아정이요
자체 아닌 것은 자체 아닌 것으로 영생영락입니다.

하!

금강법어 155

자용은 자용으로 딴 것이 없으니
자용은 자용으로 남음이 없어서
자용은 자용으로 다해 마치니
자용은 자용으로 청정무구해서
자용은 자용으로 진여실상이요
자용은 자용으로 삼매해탈이요
자용은 자용으로 본여열반이요
자용은 자용으로 여여현현이요
자용은 자용으로 쌍차쌍조요
자용은 자용으로 연기법계요
자용은 자용으로 중도공존이요
자용은 자용으로 상주상락이요
자용은 자용으로 상락아정이요
자용은 자용으로 영생영락입니다.

하!

금강법어 156

자용 아닌 것은 자용 아닌 것으로 딴 것이 없으니
자용 아닌 것은 자용 아닌 것으로 남음이 없어서
자용 아닌 것은 자용 아닌 것으로 다해 마치니
자용 아닌 것은 자용 아닌 것으로 청정무구해서
자용 아닌 것은 자용 아닌 것으로 진여실상이요
자용 아닌 것은 자용 아닌 것으로 삼매해탈이요
자용 아닌 것은 자용 아닌 것으로 본여열반이요
자용 아닌 것은 자용 아닌 것으로 여여현현이요
자용 아닌 것은 자용 아닌 것으로 쌍차쌍조요
자용 아닌 것은 자용 아닌 것으로 연기법계요
자용 아닌 것은 자용 아닌 것으로 중도공존이요
자용 아닌 것은 자용 아닌 것으로 상주상락이요
자용 아닌 것은 자용 아닌 것으로 상락아정이요
자용 아닌 것은 자용 아닌 것으로 영생영락입니다.

하!

금강법어 157

자주는 자주로 딴 것이 없으니
자주는 자주로 남음이 없어서
자주는 자주로 다해 마치니
자주는 자주로 청정무구해서
자주는 자주로 진여실상이요
자주는 자주로 삼매해탈이요
자주는 자주로 본여열반이요
자주는 자주로 여여현현이요
자주는 자주로 쌍차쌍조요
자주는 자주로 연기법계요
자주는 자주로 중도공존이요
자주는 자주로 상주상락이요
자주는 자주로 상락아정이요
자주는 자주로 영생영락입니다.

하!

금강법어 158

자주 아닌 것은 자주 아닌 것으로 딴 것이 없으니
자주 아닌 것은 자주 아닌 것으로 남음이 없어서
자주 아닌 것은 자주 아닌 것으로 다해 마치니
자주 아닌 것은 자주 아닌 것으로 청정무구해서
자주 아닌 것은 자주 아닌 것으로 진여실상이요
자주 아닌 것은 자주 아닌 것으로 삼매해탈이요
자주 아닌 것은 자주 아닌 것으로 본여열반이요
자주 아닌 것은 자주 아닌 것으로 여여현현이요
자주 아닌 것은 자주 아닌 것으로 쌍차쌍조요
자주 아닌 것은 자주 아닌 것으로 연기법계요
자주 아닌 것은 자주 아닌 것으로 중도공존이요
자주 아닌 것은 자주 아닌 것으로 상주상락이요
자주 아닌 것은 자주 아닌 것으로 상락아정이요
자주 아닌 것은 자주 아닌 것으로 영생영락입니다.

하!

금강법어 159

자존은 자존으로 딴 것이 없으니
자존은 자존으로 남음이 없어서
자존은 자존으로 다해 마치니
자존은 자존으로 청정무구해서
자존은 자존으로 진여실상이요
자존은 자존으로 삼매해탈이요
자존은 자존으로 본여열반이요
자존은 자존으로 여여현현이요
자존은 자존으로 쌍차쌍조요
자존은 자존으로 연기법계요
자존은 자존으로 중도공존이요
자존은 자존으로 상주상락이요
자존은 자존으로 상락아정이요
자존은 자존으로 영생영락입니다.

하!

금강법어 160

자존 아니 것은 자존 아닌 것으로 딴 것이 없으니
자존 아니 것은 자존 아닌 것으로 남음이 없어서
자존 아니 것은 자존 아닌 것으로 다해 마치니
자존 아니 것은 자존 아닌 것으로 청정무구해서
자존 아니 것은 자존 아닌 것으로 진여실상이요
자존 아니 것은 자존 아닌 것으로 삼매해탈이요
자존 아니 것은 자존 아닌 것으로 본여열반이요
자존 아니 것은 자존 아닌 것으로 여여현현이요
자존 아니 것은 자존 아닌 것으로 쌍차쌍조요
자존 아니 것은 자존 아닌 것으로 연기법계요
자존 아니 것은 자존 아닌 것으로 중도공존이요
자존 아니 것은 자존 아닌 것으로 상주상락이요
자존 아니 것은 자존 아닌 것으로 상락아정이요
자존 아니 것은 자존 아닌 것으로 영생영락입니다.

하!

금강법어 161

자위는 자위로 딴 것이 없으니
자위는 자위로 남음이 없어서
자위는 자위로 다해 마치니
자위는 자위로 청정무구해서
자위는 자위로 진여실상이요
자위는 자위로 삼매해탈이요
자위는 자위로 본여열반이요
자위는 자위로 여여현현이요
자위는 자위로 쌍차쌍조요
자위는 자위로 연기법계요
자위는 자위로 중도공존이요
자위는 자위로 상주상락이요
자위는 자위로 상락아정이요
자위는 자위로 영생영락입니다.

하!

금강법어 162

자위 아닌 것은 자위 아닌 것으로 딴 것이 없으니
자위 아닌 것은 자위 아닌 것으로 남음이 없어서
자위 아닌 것은 자위 아닌 것으로 다해 마치니
자위 아닌 것은 자위 아닌 것으로 청정무구해서
자위 아닌 것은 자위 아닌 것으로 진여실상이요
자위 아닌 것은 자위 아닌 것으로 삼매해탈이요
자위 아닌 것은 자위 아닌 것으로 본여열반이요
자위 아닌 것은 자위 아닌 것으로 여여현현이요
자위 아닌 것은 자위 아닌 것으로 쌍차쌍조요
자위 아닌 것은 자위 아닌 것으로 연기법계요
자위 아닌 것은 자위 아닌 것으로 중도공존이요
자위 아닌 것은 자위 아닌 것으로 상주상락이요
자위 아닌 것은 자위 아닌 것으로 상락아정이요
자위 아닌 것은 자위 아닌 것으로 영생영락입니다.

하!

금강법어 163

자실은 자실로 딴 것이 없으니
자실은 자실로 남음이 없어서
자실은 자실로 다해 마치니
자실은 자실로 청정무구해서
자실은 자실로 진여실상이요
자실은 자실로 삼매해탈이요
자실은 자실로 본여열반이요
자실은 자실로 여여현현이요
자실은 자실로 쌍차쌍조요
자실은 자실로 연기법계요
자실은 자실로 중도공존이요
자실은 자실로 상주상락이요
자실은 자실로 상락아정이요
자실은 자실로 영생영락입니다.

하!

금강법어 164

자실 아닌 것은 자실 아닌 것으로 딴 것이 없으니
자실 아닌 것은 자실 아닌 것으로 남음이 없어서
자실 아닌 것은 자실 아닌 것으로 다해 마치니
자실 아닌 것은 자실 아닌 것으로 청정무구해서
자실 아닌 것은 자실 아닌 것으로 진여실상이요
자실 아닌 것은 자실 아닌 것으로 삼매해탈이요
자실 아닌 것은 자실 아닌 것으로 본여열반이요
자실 아닌 것은 자실 아닌 것으로 여여현현이요
자실 아닌 것은 자실 아닌 것으로 쌍차쌍조요
자실 아닌 것은 자실 아닌 것으로 연기법계요
자실 아닌 것은 자실 아닌 것으로 중도공존이요
자실 아닌 것은 자실 아닌 것으로 상주상락이요
자실 아닌 것은 자실 아닌 것으로 상락아정이요
자실 아닌 것은 자실 아닌 것으로 영생영락입니다.

하!

금강법어 165

실체는 실체로 딴 것이 없으니
실체는 실체로 남음이 없어서
실체는 실체로 다해 마치니
실체는 실체로 청정무구해서
실체는 실체로 진여실상이요.
실체는 실체로 삼매해탈이요.
실체는 실체로 본여열반이요.
실체는 실체로 여여현현이요.
실체는 실체로 쌍차쌍조요.
실체는 실체로 연기법계요.
실체는 실체로 중도공존이요.
실체는 실체로 상주상락이요.
실체는 실체로 상락아정이요.
실체는 실체로 영생영락입니다.

하!..

금강법어 166

실체 아닌 것은 실체 아닌 것으로 딴 것이 없으니
실체 아닌 것은 실체 아닌 것으로 남음이 없어서
실체 아닌 것은 실체 아닌 것으로 다해 마치니
실체 아닌 것은 실체 아닌 것으로 청정무구해서
실체 아닌 것은 실체 아닌 것으로 진여실상이요
실체 아닌 것은 실체 아닌 것으로 삼매해탈이요
실체 아닌 것은 실체 아닌 것으로 본여열반이요
실체 아닌 것은 실체 아닌 것으로 여여현현이요
실체 아닌 것은 실체 아닌 것으로 쌍차쌍조요
실체 아닌 것은 실체 아닌 것으로 연기법계요
실체 아닌 것은 실체 아닌 것으로 중도공존이요
실체 아닌 것은 실체 아닌 것으로 상주상락이요
실체 아닌 것은 실체 아닌 것으로 상락아정이요
실체 아닌 것은 실체 아닌 것으로 영생영락입니다.

하!

금강법어 167

실용은 실용으로 딴 것이 없으니
실용은 실용으로 남음이 없어서
실용은 실용으로 다해 마치니
실용은 실용으로 청정무구해서
실용은 실용으로 진여실상이요.
실용은 실용으로 삼매해탈이요.
실용은 실용으로 본여열반이요.
실용은 실용으로 여여현현이요.
실용은 실용으로 쌍차쌍조요.
실용은 실용으로 연기법계요.
실용은 실용으로 중도공존이요.
실용은 실용으로 상주상락이요.
실용은 실용으로 상락아정이요.
실용은 실용으로 영생영락입니다.

하!.

금강법어 168

실용 아닌 것은 실용 아닌 것으로 딴 것이 없으니
실용 아닌 것은 실용 아닌 것으로 남음이 없어서
실용 아닌 것은 실용 아닌 것으로 다해 마치니
실용 아닌 것은 실용 아닌 것으로 청정무구해서
실용 아닌 것은 실용 아닌 것으로 진여실상이요
실용 아닌 것은 실용 아닌 것으로 삼매해탈이요
실용 아닌 것은 실용 아닌 것으로 본여열반이요
실용 아닌 것은 실용 아닌 것으로 여여현현이요
실용 아닌 것은 실용 아닌 것으로 쌍차쌍조요
실용 아닌 것은 실용 아닌 것으로 연기법계요
실용 아닌 것은 실용 아닌 것으로 중도공존이요
실용 아닌 것은 실용 아닌 것으로 상주상락이요
실용 아닌 것은 실용 아닌 것으로 상락아정이요
실용 아닌 것은 실용 아닌 것으로 영생영락입니다.

하!

금강법어 169

실재는 실재로 딴 것이 없으니
실재는 실재로 남음이 없어서
실재는 실재로 다해 마치니
실재는 실재로 청정무구해서
실재는 실재로 진여실상이요.
실재는 실재로 삼매해탈이요.
실재는 실재로 본여열반이요.
실재는 실재로 여여현현이요.
실재는 실재로 쌍차쌍조요.
실재는 실재로 연기법계요.
실재는 실재로 중도공존이요.
실재는 실재로 상주상락이요.
실재는 실재로 상락아정이요.
실재는 실재로 영생영락입니다.

하!.

금강법어 170

실재 아닌 것은 실재 아닌 것으로 딴 것이 없으니
실재 아닌 것은 실재 아닌 것으로 남음이 없어서
실재 아닌 것은 실재 아닌 것으로 다해 마치니
실재 아닌 것은 실재 아닌 것으로 청정무구해서
실재 아닌 것은 실재 아닌 것으로 진여실상이요
실재 아닌 것은 실재 아닌 것으로 삼매해탈이요
실재 아닌 것은 실재 아닌 것으로 본여열반이요
실재 아닌 것은 실재 아닌 것으로 여여현현이요
실재 아닌 것은 실재 아닌 것으로 쌍차쌍조요
실재 아닌 것은 실재 아닌 것으로 연기법계요
실재 아닌 것은 실재 아닌 것으로 중도공존이요
실재 아닌 것은 실재 아닌 것으로 상주상락이요
실재 아닌 것은 실재 아닌 것으로 상락아정이요
실재 아닌 것은 실재 아닌 것으로 영생영락입니다.

하!

금강법어 171

진여는 진여로 딴 것이 없으니
진여는 진여로 남음이 없어서
진여는 진여로 다해 마치니
진여는 진여로 청정무구해서
진여는 진여로 진여실상이요.
진여는 진여로 삼매해탈이요.
진여는 진여로 본여열반이요.
진여는 진여로 여여현현이요.
진여는 진여로 쌍차쌍조요.
진여는 진여로 연기법계요.
진여는 진여로 중도공존이요.
진여는 진여로 상주상락이요.
진여는 진여로 상락아정이요.
진여는 진여로 영생영락입니다.

하!.

금강법어 172

진여 아닌 것은 진여 아닌 것으로 딴 것이 없으니
진여 아닌 것은 진여 아닌 것으로 남음이 없어서
진여 아닌 것은 진여 아닌 것으로 다해 마치니
진여 아닌 것은 진여 아닌 것으로 청정무구해서
진여 아닌 것은 진여 아닌 것으로 진여실상이요
진여 아닌 것은 진여 아닌 것으로 삼매해탈이요
진여 아닌 것은 진여 아닌 것으로 본여열반이요
진여 아닌 것은 진여 아닌 것으로 여여현현이요
진여 아닌 것은 진여 아닌 것으로 쌍차쌍조요
진여 아닌 것은 진여 아닌 것으로 연기법계요
진여 아닌 것은 진여 아닌 것으로 중도공존이요
진여 아닌 것은 진여 아닌 것으로 상주상락이요
진여 아닌 것은 진여 아닌 것으로 상락아정이요
진여 아닌 것은 진여 아닌 것으로 영생영락입니다.

하!

금강법어 173

무지는 무지로 딴 것이 없으니
무지는 무지로 남음이 없어서
무지는 무지로 다해 마치니
무지는 무지로 청정무구해서
무지는 무지로 진여실상이요.
무지는 무지로 삼매해탈이요.
무지는 무지로 본여열반이요.
무지는 무지로 여여현현이요.
무지는 무지로 쌍차쌍조요.
무지는 무지로 연기법계요.
무지는 무지로 중도공존이요.
무지는 무지로 상주상락이요.
무지는 무지로 상락아정이요.
무지는 무지로 영생영락입니다.

하!.

금강법어 174

무지 아닌 것은 무지 아닌 것으로 딴 것이 없으니
무지 아닌 것은 무지 아닌 것으로 남음이 없어서
무지 아닌 것은 무지 아닌 것으로 다해 마치니
무지 아닌 것은 무지 아닌 것으로 청정무구해서
무지 아닌 것은 무지 아닌 것으로 진여실상이요
무지 아닌 것은 무지 아닌 것으로 삼매해탈이요
무지 아닌 것은 무지 아닌 것으로 본여열반이요
무지 아닌 것은 무지 아닌 것으로 여여현현이요
무지 아닌 것은 무지 아닌 것으로 쌍차쌍조요
무지 아닌 것은 무지 아닌 것으로 연기법계요
무지 아닌 것은 무지 아닌 것으로 중도공존이요
무지 아닌 것은 무지 아닌 것으로 상주상락이요
무지 아닌 것은 무지 아닌 것으로 상락아정이요
무지 아닌 것은 무지 아닌 것으로 영생영락입니다.

하!

금강법어 175

진재는 진재로 딴 것이 없으니
진재는 진재로 남음이 없어서
진재는 진재로 다해 마치니
진재는 진재로 청정무구해서
진재는 진재로 진여실상이요.
진재는 진재로 삼매해탈이요.
진재는 진재로 본여열반이요.
진재는 진재로 여여현현이요.
진재는 진재로 쌍차쌍조요.
진재는 진재로 연기법계요.
진재는 진재로 중도공존이요.
진재는 진재로 상주상락이요.
진재는 진재로 상락아정이요.
진재는 진재로 영생영락입니다.

하!.

금강법어 176

진재 아닌 것은 진재 아닌 것으로 딴 것이 없으니
진재 아닌 것은 진재 아닌 것으로 남음이 없어서
진재 아닌 것은 진재 아닌 것으로 다해 마치니
진재 아닌 것은 진재 아닌 것으로 청정무구해서
진재 아닌 것은 진재 아닌 것으로 진여실상이요
진재 아닌 것은 진재 아닌 것으로 삼매해탈이요
진재 아닌 것은 진재 아닌 것으로 본여열반이요
진재 아닌 것은 진재 아닌 것으로 여여현현이요
진재 아닌 것은 진재 아닌 것으로 쌍차쌍조요
진재 아닌 것은 진재 아닌 것으로 연기법계요
진재 아닌 것은 진재 아닌 것으로 중도공존이요
진재 아닌 것은 진재 아닌 것으로 상주상락이요
진재 아닌 것은 진재 아닌 것으로 상락아정이요
진재 아닌 것은 진재 아닌 것으로 영생영락입니다.

하!

금강법어 177

속재는 속재로 딴 것이 없으니
속재는 속재로 남음이 없어서
속재는 속재로 다해 마치니
속재는 속재로 청정무구해서
속재는 속재로 진여실상이요.
속재는 속재로 삼매해탈이요.
속재는 속재로 본여열반이요.
속재는 속재로 여여현현이요.
속재는 속재로 쌍차쌍조요.
속재는 속재로 연기법계요.
속재는 속재로 중도공존이요.
속재는 속재로 상주상락이요.
속재는 속재로 상락아정이요.
속재는 속재로 영생영락입니다.

하!.

금강법어 178

속재 아닌 것은 속재 아닌 것으로 딴 것이 없으니
속재 아닌 것은 속재 아닌 것으로 남음이 없어서
속재 아닌 것은 속재 아닌 것으로 다해 마치니
속재 아닌 것은 속재 아닌 것으로 청정무구해서
속재 아닌 것은 속재 아닌 것으로 진여실상이요
속재 아닌 것은 속재 아닌 것으로 삼매해탈이요
속재 아닌 것은 속재 아닌 것으로 본여열반이요
속재 아닌 것은 속재 아닌 것으로 여여현현이요
속재 아닌 것은 속재 아닌 것으로 쌍차쌍조요
속재 아닌 것은 속재 아닌 것으로 연기법계요
속재 아닌 것은 속재 아닌 것으로 중도공존이요
속재 아닌 것은 속재 아닌 것으로 상주상락이요
속재 아닌 것은 속재 아닌 것으로 상락아정이요
속재 아닌 것은 속재 아닌 것으로 영생영락입니다.

하!

금강법어 179

성인은 성인으로 딴 것이 없으니
성인은 성인으로 남음이 없어서
성인은 성인으로 다해 마치니
성인은 성인으로 청정무구해서
성인은 성인으로 진여실상이요.
성인은 성인으로 삼매해탈이요.
성인은 성인으로 본여열반이요.
성인은 성인으로 여여현현이요.
성인은 성인으로 쌍차쌍조요.
성인은 성인으로 연기법계요.
성인은 성인으로 중도공존이요.
성인은 성인으로 상주상락이요.
성인은 성인으로 상락아정이요.
성인은 성인으로 영생영락입니다.

하!.

금강법어 180

성인 아닌 것은 성인 아닌 것으로 딴 것이 없으니
성인 아닌 것은 성인 아닌 것으로 남음이 없어서
성인 아닌 것은 성인 아닌 것으로 다해 마치니
성인 아닌 것은 성인 아닌 것으로 청정무구해서
성인 아닌 것은 성인 아닌 것으로 진여실상이요
성인 아닌 것은 성인 아닌 것으로 삼매해탈이요
성인 아닌 것은 성인 아닌 것으로 본여열반이요
성인 아닌 것은 성인 아닌 것으로 여여현현이요
성인 아닌 것은 성인 아닌 것으로 쌍차쌍조요
성인 아닌 것은 성인 아닌 것으로 연기법계요
성인 아닌 것은 성인 아닌 것으로 중도공존이요
성인 아닌 것은 성인 아닌 것으로 상주상락이요
성인 아닌 것은 성인 아닌 것으로 상락아정이요
성인 아닌 것은 성인 아닌 것으로 영생영락입니다.

하!

금강법어 181

범부는 범부로 딴 것이 없으니
범부는 범부로 남음이 없어서
범부는 범부로 다해 마치니
범부는 범부로 청정무구해서
범부는 범부로 진여실상이요.
범부는 범부로 삼매해탈이요.
범부는 범부로 본여열반이요.
범부는 범부로 여여현현이요.
범부는 범부로 쌍차쌍조요.
범부는 범부로 연기법계요.
범부는 범부로 중도공존이요.
범부는 범부로 상주상락이요.
범부는 범부로 상락아정이요.
범부는 범부로 영생영락입니다.

하!.

금강법어 182

범부 아닌 것은 범부 아닌 것으로 딴 것이 없으니
범부 아닌 것은 범부 아닌 것으로 남음이 없어서
범부 아닌 것은 범부 아닌 것으로 다해 마치니
범부 아닌 것은 범부 아닌 것으로 청정무구해서
범부 아닌 것은 범부 아닌 것으로 진여실상이요
범부 아닌 것은 범부 아닌 것으로 삼매해탈이요
범부 아닌 것은 범부 아닌 것으로 본여열반이요
범부 아닌 것은 범부 아닌 것으로 여여현현이요
범부 아닌 것은 범부 아닌 것으로 쌍차쌍조요
범부 아닌 것은 범부 아닌 것으로 연기법계요
범부 아닌 것은 범부 아닌 것으로 중도공존이요
범부 아닌 것은 범부 아닌 것으로 상주상락이요
범부 아닌 것은 범부 아닌 것으로 상락아정이요
범부 아닌 것은 범부 아닌 것으로 영생영락입니다.

하!

금강법어 183

이름은 이름으로 딴 것이 없으니
이름은 이름으로 남음이 없어서
이름은 이름으로 다해 마치니
이름은 이름으로 청정무구해서
이름은 이름으로 진여실상이요.
이름은 이름으로 삼매해탈이요.
이름은 이름으로 본여열반이요.
이름은 이름으로 여여현현이요.
이름은 이름으로 쌍차쌍조요.
이름은 이름으로 연기법계요.
이름은 이름으로 중도공존이요.
이름은 이름으로 상주상락이요.
이름은 이름으로 상락아정이요.
이름은 이름으로 영생영락입니다.

하!.

금강법어 184

이름 아닌 것은 이름 아닌 것으로 딴 것이 없으니
이름 아닌 것은 이름 아닌 것으로 남음이 없어서
이름 아닌 것은 이름 아닌 것으로 다해 마치니
이름 아닌 것은 이름 아닌 것으로 청정무구해서
이름 아닌 것은 이름 아닌 것으로 진여실상이요
이름 아닌 것은 이름 아닌 것으로 삼매해탈이요
이름 아닌 것은 이름 아닌 것으로 본여열반이요
이름 아닌 것은 이름 아닌 것으로 여여현현이요
이름 아닌 것은 이름 아닌 것으로 쌍차쌍조요
이름 아닌 것은 이름 아닌 것으로 연기법계요
이름 아닌 것은 이름 아닌 것으로 중도공존이요
이름 아닌 것은 이름 아닌 것으로 상주상락이요
이름 아닌 것은 이름 아닌 것으로 상락아정이요
이름 아닌 것은 이름 아닌 것으로 영생영락입니다.

하!

금강법어 185

모양은 모양으로 딴 것이 없으니
모양은 모양으로 남음이 없어서
모양은 모양으로 다해 마치니
모양은 모양으로 청정무구해서
모양은 모양으로 진여실상이요.
모양은 모양으로 삼매해탈이요.
모양은 모양으로 본여열반이요.
모양은 모양으로 여여현현이요.
모양은 모양으로 쌍차쌍조요.
모양은 모양으로 연기법계요.
모양은 모양으로 중도공존이요.
모양은 모양으로 상주상락이요.
모양은 모양으로 상락아정이요.
모양은 모양으로 영생영락입니다.

하!.

금강법어 186

모양 아닌 것은 모양 아닌 것으로 딴 것이 없으니
모양 아닌 것은 모양 아닌 것으로 남음이 없어서
모양 아닌 것은 모양 아닌 것으로 다해 마치니
모양 아닌 것은 모양 아닌 것으로 청정무구해서
모양 아닌 것은 모양 아닌 것으로 진여실상이요
모양 아닌 것은 모양 아닌 것으로 삼매해탈이요
모양 아닌 것은 모양 아닌 것으로 본여열반이요
모양 아닌 것은 모양 아닌 것으로 여여현현이요
모양 아닌 것은 모양 아닌 것으로 쌍차쌍조요
모양 아닌 것은 모양 아닌 것으로 연기법계요
모양 아닌 것은 모양 아닌 것으로 중도공존이요
모양 아닌 것은 모양 아닌 것으로 상주상락이요
모양 아닌 것은 모양 아닌 것으로 상락아정이요
모양 아닌 것은 모양 아닌 것으로 영생영락입니다.

하!

금강법어 187

모습은 모습으로 딴 것이 없으니
모습은 모습으로 남음이 없어서
모습은 모습으로 다해 마치니
모습은 모습으로 청정무구해서
모습은 모습으로 진여실상이요.
모습은 모습으로 삼매해탈이요.
모습은 모습으로 본여열반이요.
모습은 모습으로 여여현현이요.
모습은 모습으로 쌍차쌍조요.
모습은 모습으로 연기법계요.
모습은 모습으로 중도공존이요.
모습은 모습으로 상주상락이요.
모습은 모습으로 상락아정이요.
모습은 모습으로 영생영락입니다.

하!.

금강법어 188

모습 아닌 것은 모습 아닌 것으로 딴 것이 없으니
모습 아닌 것은 모습 아닌 것으로 남음이 없어서
모습 아닌 것은 모습 아닌 것으로 다해 마치니
모습 아닌 것은 모습 아닌 것으로 청정무구해서
모습 아닌 것은 모습 아닌 것으로 진여실상이요
모습 아닌 것은 모습 아닌 것으로 삼매해탈이요
모습 아닌 것은 모습 아닌 것으로 본여열반이요
모습 아닌 것은 모습 아닌 것으로 여여현현이요
모습 아닌 것은 모습 아닌 것으로 쌍차쌍조요
모습 아닌 것은 모습 아닌 것으로 연기법계요
모습 아닌 것은 모습 아닌 것으로 중도공존이요
모습 아닌 것은 모습 아닌 것으로 상주상락이요
모습 아닌 것은 모습 아닌 것으로 상락아정이요
모습 아닌 것은 모습 아닌 것으로 영생영락입니다.

하!

금강법어 189

빛깔은 빛깔로 딴 것이 없으니
빛깔은 빛깔로 남음이 없어서
빛깔은 빛깔로 다해 마치니
빛깔은 빛깔로 청정무구해서
만물은 만물로 진여실상이요.
빛깔은 빛깔로 삼매해탈이요.
빛깔은 빛깔로 본여열반이요.
빛깔은 빛깔로 여여현현이요.
빛깔은 빛깔로 쌍차쌍조요.
빛깔은 빛깔로 연기법계요.
빛깔은 빛깔로 중도공존이요.
빛깔은 빛깔로 상주상락이요.
빛깔은 빛깔로 상락아정이요.
빛깔은 빛깔로 영생영락입니다.

하!.

금강법어 190

빛깔 아닌 것은 빛깔 아닌 것으로 딴 것이 없으니
빛깔 아닌 것은 빛깔 아닌 것으로 남음이 없어서
빛깔 아닌 것은 빛깔 아닌 것으로 다해 마치니
빛깔 아닌 것은 빛깔 아닌 것으로 청정무구해서
빛깔 아닌 것은 빛깔 아닌 것으로 진여실상이요
빛깔 아닌 것은 빛깔 아닌 것으로 삼매해탈이요
빛깔 아닌 것은 빛깔 아닌 것으로 본여열반이요
빛깔 아닌 것은 빛깔 아닌 것으로 여여현현이요
빛깔 아닌 것은 빛깔 아닌 것으로 쌍차쌍조요
빛깔 아닌 것은 빛깔 아닌 것으로 연기법계요
빛깔 아닌 것은 빛깔물 아닌 것으로 중도공존이요
빛깔 아닌 것은 빛깔 아닌 것으로 상주상락이요
빛깔 아닌 것은 빛깔 아닌 것으로 상락아정이요
빛깔 아닌 것은 빛깔 아닌 것으로 영생영락입니다.

하!

금강법어 191

소리는 소리로 딴 것이 없으니
소리는 소리로 남음이 없어서
소리는 소리로 다해 마치니
소리는 소리로 청정무구해서
소리는 소리로 진여실상이요.
소리는 소리로 삼매해탈이요.
소리는 소리로 본여열반이요.
소리는 소리로 여여현현이요.
소리는 소리로 쌍차쌍조요.
소리는 소리로 연기법계요.
소리는 소리로 중도공존이요.
소리는 소리로 상주상락이요.
소리는 소리로 상락아정이요.
소리는 소리로 영생영락입니다.

하!.

금강법어 192

소리 아닌 것은 소리 아닌 것으로 딴 것이 없으니
소리 아닌 것은 소리 아닌 것으로 남음이 없어서
소리 아닌 것은 소리 아닌 것으로 다해 마치니
소리 아닌 것은 소리 아닌 것으로 청정무구해서
소리 아닌 것은 소리 아닌 것으로 진여실상이요
소리 아닌 것은 소리 아닌 것으로 삼매해탈이요
소리 아닌 것은 소리 아닌 것으로 본여열반이요
소리 아닌 것은 소리 아닌 것으로 여여현현이요
소리 아닌 것은 소리 아닌 것으로 쌍차쌍조요
소리 아닌 것은 소리 아닌 것으로 연기법계요
소리 아닌 것은 소리 아닌 것으로 중도공존이요
소리 아닌 것은 소리 아닌 것으로 상주상락이요
소리 아닌 것은 소리 아닌 것으로 상락아정이요
소리 아닌 것은 소리 아닌 것으로 영생영락입니다.

하!

금강법어 193

숨 쉼은 숨 쉼으로 딴 것이 없으니
숨 쉼은 숨 쉼으로 남음이 없어서
숨 쉼은 숨 쉼으로 다해 마치니
숨 쉼은 숨 쉼으로 청정무구해서
숨 쉼은 숨 쉼으로 진여실상이요.
숨 쉼은 숨 쉼으로 삼매해탈이요.
숨 쉼은 숨 쉼으로 본여열반이요.
숨 쉼은 숨 쉼으로 여여현현이요.
숨 쉼은 숨 쉼으로 쌍차쌍조요.
숨 쉼은 숨 쉼으로 연기법계요.
숨 쉼은 숨 쉼으로 중도공존이요.
숨 쉼은 숨 쉼으로 상주상락이요.
숨 쉼은 숨 쉼으로 상락아정이요.
숨 쉼은 숨 쉼으로 영생영락입니다.

하!.

금강법어 194

숨 쉼 아닌 것은 숨 쉼 아닌 것으로 딴 것이 없으니
숨 쉼 아닌 것은 숨 쉼 아닌 것으로 남음이 없어서
숨 쉼 아닌 것은 숨 쉼 아닌 것으로 다해 마치니
숨 쉼 아닌 것은 숨 쉼 아닌 것으로 청정무구해서
숨 쉼 아닌 것은 숨 쉼 아닌 것으로 진여실상이요
숨 쉼 아닌 것은 숨 쉼 아닌 것으로 삼매해탈이요
숨 쉼 아닌 것은 숨 쉼 아닌 것으로 본여열반이요
숨 쉼 아닌 것은 숨 쉼 아닌 것으로 여여현현이요
숨 쉼 아닌 것은 숨 쉼 아닌 것으로 쌍차쌍조요
숨 쉼 아닌 것은 숨 쉼 아닌 것으로 연기법계요
숨 쉼 아닌 것은 숨 쉼 아닌 것으로 중도공존이요
숨 쉼 아닌 것은 숨 쉼 아닌 것으로 상주상락이요
숨 쉼 아닌 것은 숨 쉼 아닌 것으로 상락아정이요
숨 쉼 아닌 것은 숨 쉼 아닌 것으로 영생영락입니다.

하!

금강법어 195

맛은 맛으로 딴 것이 없으니
맛은 맛으로 남음이 없어서
맛은 맛으로 다해 마치니
맛은 맛으로 청정무구해서
맛은 맛으로 진여실상이요.
맛은 맛으로 삼매해탈이요.
맛은 맛으로 본여열반이요.
맛은 맛으로 여여현현이요.
맛은 맛으로 쌍차쌍조요.
맛은 맛으로 연기법계요.
맛은 맛으로 중도공존이요.
맛은 맛으로 상주상락이요.
맛은 맛으로 상락아정이요.
맛은 맛으로 영생영락입니다.

하!.

금강법어 196

맛 아닌 것은 맛 아닌 것으로 딴 것이 없으니
맛 아닌 것은 맛 아닌 것으로 남음이 없어서
맛 아닌 것은 맛 아닌 것으로 다해 마치니
맛 아닌 것은 맛 아닌 것으로 청정무구해서
맛 아닌 것은 맛 아닌 것으로 진여실상이요
맛 아닌 것은 맛 아닌 것으로 삼매해탈이요
맛 아닌 것은 맛 아닌 것으로 본여열반이요
맛 아닌 것은 맛 아닌 것으로 여여현현이요
맛 아닌 것은 맛 아닌 것으로 쌍차쌍조요
맛 아닌 것은 맛 아닌 것으로 연기법계요
맛 아닌 것은 맛 아닌 것으로 중도공존이요
맛 아닌 것은 맛 아닌 것으로 상주상락이요
맛 아닌 것은 맛 아닌 것으로 상락아정이요
맛 아닌 것은 맛 아닌 것으로 영생영락입니다.

하!

금강법어 197

느낌은 느낌으로 딴 것이 없으니
느낌은 느낌으로 남음이 없어서
느낌은 느낌으로 다해 마치니
느낌은 느낌으로 청정무구해서
느낌은 느낌으로 진여실상이요.
느낌은 느낌으로 삼매해탈이요.
느낌은 느낌으로 본여열반이요.
느낌은 느낌으로 여여현현이요.
느낌은 느낌으로 쌍차쌍조요.
느낌은 느낌으로 연기법계요.
느낌은 느낌으로 중도공존이요.
느낌은 느낌으로 상주상락이요.
느낌은 느낌으로 상락아정이요.
느낌은 느낌으로 영생영락입니다.

하!.

금강법어 198

느낌 아닌 것은 느낌 아닌 것으로 딴 것이 없으니
느낌 아닌 것은 느낌 아닌 것으로 남음이 없어서
느낌 아닌 것은 느낌 아닌 것으로 다해 마치니
느낌 아닌 것은 느낌 아닌 것으로 청정무구해서
느낌 아닌 것은 느낌 아닌 것으로 진여실상이요
느낌 아닌 것은 느낌 아닌 것으로 삼매해탈이요
느낌 아닌 것은 느낌 아닌 것으로 본여열반이요
느낌 아닌 것은 느낌 아닌 것으로 여여현현이요
느낌 아닌 것은 느낌 아닌 것으로 쌍차쌍조요
느낌 아닌 것은 느낌 아닌 것으로 연기법계요
느낌 아닌 것은 느낌 아닌 것으로 중도공존이요
느낌 아닌 것은 느낌 아닌 것으로 상주상락이요
느낌 아닌 것은 느낌 아닌 것으로 상락아정이요
느낌 아닌 것은 느낌 아닌 것으로 영생영락입니다.

하!

금강법어 199

인식은 인식으로 딴 것이 없으니
인식은 인식으로 남음이 없어서
인식은 인식으로 다해 마치니
인식은 인식으로 청정무구해서
인식은 인식으로 진여실상이요.
인식은 인식으로 삼매해탈이요.
인식은 인식으로 본여열반이요.
인식은 인식으로 여여현현이요.
인식은 인식으로 쌍차쌍조요.
인식은 인식으로 연기법계요.
인식은 인식으로 중도공존이요.
인식은 인식으로 상주상락이요.
인식은 인식으로 상락아정이요.
인식은 인식으로 영생영락입니다.

하!.

금강법어 200

인식 아닌 것은 인식 아닌 것으로 딴 것이 없으니
인식 아닌 것은 인식 아닌 것으로 남음이 없어서
인식 아닌 것은 인식 아닌 것으로 다해 마치니
인식 아닌 것은 인식 아닌 것으로 청정무구해서
인식 아닌 것은 인식 아닌 것으로 진여실상이요
인식 아닌 것은 인식 아닌 것으로 삼매해탈이요
인식 아닌 것은 인식 아닌 것으로 본여열반이요
인식 아닌 것은 인식 아닌 것으로 여여현현이요
인식 아닌 것은 인식 아닌 것으로 쌍차쌍조요
인식 아닌 것은 인식 아닌 것으로 연기법계요
인식 아닌 것은 인식 아닌 것으로 중도공존이요
인식 아닌 것은 인식 아닌 것으로 상주상락이요
인식 아닌 것은 인식 아닌 것으로 상락아정이요
인식 아닌 것은 인식 아닌 것으로 영생영락입니다.

하!

금강법어 201

지각은 지각으로 딴 것이 없으니
지각은 지각으로 남음이 없어서
지각은 지각으로 다해 마치니
지각은 지각으로 청정무구해서
지각은 지각으로 진여실상이요.
지각은 지각으로 삼매해탈이요.
지각은 지각으로 본여열반이요.
지각은 지각으로 여여현현이요.
지각은 지각으로 쌍차쌍조요.
지각은 지각으로 연기법계요.
지각은 지각으로 중도공존이요.
지각은 지각으로 상주상락이요.
지각은 지각으로 상락아정이요.
지각은 지각으로 영생영락입니다.

하!.

금강법어 202

지각 아닌 것은 지각 아닌 것으로 딴 것이 없으니
지각 아닌 것은 지각 아닌 것으로 남음이 없어서
지각 아닌 것은 지각 아닌 것으로 다해 마치니
지각 아닌 것은 지각 아닌 것으로 청정무구해서
지각 아닌 것은 지각 아닌 것으로 진여실상이요
지각 아닌 것은 지각 아닌 것으로 삼매해탈이요
지각 아닌 것은 지각 아닌 것으로 본여열반이요
지각 아닌 것은 지각 아닌 것으로 여여현현이요
지각 아닌 것은 지각 아닌 것으로 쌍차쌍조요
지각 아닌 것은 지각 아닌 것으로 연기법계요
지각 아닌 것은 지각 아닌 것으로 중도공존이요
지각 아닌 것은 지각 아닌 것으로 상주상락이요
지각 아닌 것은 지각 아닌 것으로 상락아정이요
지각 아닌 것은 지각 아닌 것으로 영생영락입니다.

하!

금강법어 203

삼보리는 삼보리로 딴 것이 없으니
삼보리는 삼보리로 남음이 없어서
삼보리는 삼보리로 다해 마치니
삼보리는 삼보리로 청정무구해서
삼보리는 삼보리로 진여실상이요.
삼보리는 삼보리로 삼매해탈이요.
삼보리는 삼보리로 본여열반이요.
삼보리는 삼보리로 여여현현이요.
삼보리는 삼보리로 쌍차쌍조요.
삼보리는 삼보리로 연기법계요.
삼보리는 삼보리로 중도공존이요.
삼보리는 삼보리로 상주상락이요.
삼보리는 삼보리로 상락아정이요.
삼보리는 삼보리로 영생영락입니다.

하!.

금강법어 204

삼보리 아닌 것은 삼보리 아닌 것으로 딴 것이 없으니
삼보리 아닌 것은 삼보리 아닌 것으로 남음이 없어서
삼보리 아닌 것은 삼보리 아닌 것으로 다해 마치니
삼보리 아닌 것은 삼보리 아닌 것으로 청정무구해서
삼보리 아닌 것은 삼보리 아닌 것으로 진여실상이요
삼보리 아닌 것은 삼보리 아닌 것으로 삼매해탈이요
삼보리 아닌 것은 삼보리 아닌 것으로 본여열반이요
삼보리 아닌 것은 삼보리 아닌 것으로 여여현현이요
삼보리 아닌 것은 삼보리 아닌 것으로 쌍차쌍조요
삼보리 아닌 것은 삼보리 아닌 것으로 연기법계요
삼보리 아닌 것은 삼보리 아닌 것으로 중도공존이요
삼보리 아닌 것은 삼보리 아닌 것으로 상주상락이요
삼보리 아닌 것은 삼보리 아닌 것으로 상락아정이요
삼보리 아닌 것은 삼보리 아닌 것으로 영생영락입니다.

하!

금강법어 205

수다원은 수다원으로 딴 것이 없으니
수다원은 수다원으로 남음이 없어서
수다원은 수다원으로 다해 마치니
수다원은 수다원으로 청정무구해서
수다원은 수다원으로 진여실상이요.
수다원은 수다원으로 삼매해탈이요.
수다원은 수다원으로 본여열반이요.
수다원은 수다원으로 여여현현이요.
수다원은 수다원으로 쌍차쌍조요.
수다원은 수다원으로 연기법계요.
수다원은 수다원으로 중도공존이요.
수다원은 수다원으로 상주상락이요.
수다원은 수다원으로 상락아정이요.
수다원은 수다원으로 영생영락입니다.

하!.

금강법어 206

수다원 아닌 것은 수다원 아닌 것으로 딴 것이 없으니
수다원 아닌 것은 수다원 아닌 것으로 남음이 없어서
수다원 아닌 것은 수다원 아닌 것으로 다해 마치니
수다원 아닌 것은 수다원 아닌 것으로 청정무구해서
수다원 아닌 것은 수다원 아닌 것으로 진여실상이요
수다원 아닌 것은 수다원 아닌 것으로 삼매해탈이요
수다원 아닌 것은 수다원 아닌 것으로 본여열반이요
수다원 아닌 것은 수다원 아닌 것으로 여여현현이요
수다원 아닌 것은 수다원 아닌 것으로 쌍차쌍조요
수다원 아닌 것은 수다원 아닌 것으로 연기법계요
수다원 아닌 것은 수다원 아닌 것으로 중도공존이요
수다원 아닌 것은 수다원 아닌 것으로 상주상락이요
수다원 아닌 것은 수다원 아닌 것으로 상락아정이요
수다원 아닌 것은 수다원 아닌 것으로 영생영락입니다.

하!

금강법어 207

사다함은 사다함으로 딴 것이 없으니
사다함은 사다함으로 남음이 없어서
사다함은 사다함으로 다해 마치니
사다함은 사다함으로 청정무구해서
사다함은 사다함으로 진여실상이요.
사다함은 사다함으로 삼매해탈이요.
사다함은 사다함으로 본여열반이요.
사다함은 사다함으로 여여현현이요.
사다함은 사다함으로 쌍차쌍조요.
사다함은 사다함으로 연기법계요.
사다함은 사다함으로 중도공존이요.
사다함은 사다함으로 상주상락이요.
사다함은 사다함으로 상락아정이요.
사다함은 사다함으로 영생영락입니다.

하!.

금강법어 208

사다함 아닌 것은 사다함 아닌 것으로 딴 것이 없으니
사다함 아닌 것은 사다함 아닌 것으로 남음이 없어서
사다함 아닌 것은 사다함 아닌 것으로 다해 마치니
사다함 아닌 것은 사다함 아닌 것으로 청정무구해서
사다함 아닌 것은 사다함 아닌 것으로 진여실상이요
사다함 아닌 것은 사다함 아닌 것으로 삼매해탈이요
사다함 아닌 것은 사다함 아닌 것으로 본여열반이요
사다함 아닌 것은 사다함 아닌 것으로 여여현현이요
사다함 아닌 것은 사다함 아닌 것으로 쌍차쌍조요
사다함 아닌 것은 사다함 아닌 것으로 연기법계요
사다함 아닌 것은 사다함 아닌 것으로 중도공존이요
사다함 아닌 것은 사다함 아닌 것으로 상주상락이요
사다함 아닌 것은 사다함 아닌 것으로 상락아정이요
사다함 아닌 것은 사다함 아닌 것으로 영생영락입니다.

하!

금강법어 209

아나함은 아나함으로 딴 것이 없으니
아나함은 아나함으로 남음이 없어서
아나함은 아나함으로 다해 마치니
아나함은 아나함으로 청정무구해서
아나함은 아나함으로 진여실상이요.
아나함은 아나함으로 삼매해탈이요.
아나함은 아나함으로 본여열반이요.
아나함은 아나함으로 여여현현이요.
아나함은 아나함으로 쌍차쌍조요.
아나함은 아나함으로 연기법계요.
아나함은 아나함으로 중도공존이요.
아나함은 아나함으로 상주상락이요.
아나함은 아나함으로 상락아정이요.
아나함은 아나함으로 영생영락입니다.

하!.

금강법어 210

아나함 아닌 것은 아나함 아닌 것으로 딴 것이 없으니
아나함 아닌 것은 아나함 아닌 것으로 남음이 없어서
아나함 아닌 것은 아나함 아닌 것으로 다해 마치니
아나함 아닌 것은 아나함 아닌 것으로 청정무구해서
아나함 아닌 것은 아나함 아닌 것으로 진여실상이요
아나함 아닌 것은 아나함 아닌 것으로 삼매해탈이요
아나함 아닌 것은 아나함 아닌 것으로 본여열반이요
아나함 아닌 것은 아나함 아닌 것으로 여여현현이요
아나함 아닌 것은 아나함 아닌 것으로 쌍차쌍조요
아나함 아닌 것은 아나함 아닌 것으로 연기법계요
아나함 아닌 것은 아나함 아닌 것으로 중도공존이요
아나함 아닌 것은 아나함 아닌 것으로 상주상락이요
아나함 아닌 것은 아나함 아닌 것으로 상락아정이요
아나함 아닌 것은 아나함 아닌 것으로 영생영락입니다.

하!

금강법어 211

아라한은 아라한으로 딴 것이 없으니
아라한은 아라한으로 남음이 없어서
아라한은 아라한으로 다해 마치니
아라한은 아라한으로 청정무구해서
아라한은 아라한으로 진여실상이요.
아라한은 아라한으로 삼매해탈이요.
아라한은 아라한으로 본여열반이요.
아라한은 아라한으로 여여현현이요.
아라한은 아라한으로 쌍차쌍조요.
아라한은 아라한으로 연기법계요.
아라한은 아라한으로 중도공존이요.
아라한은 아라한으로 상주상락이요.
아라한은 아라한으로 상락아정이요.
아라한은 아라한으로 영생영락입니다.

하!.

금강법어 212

아라한 아닌 것은 아라한 아닌 것으로 딴 것이 없으니
아라한 아닌 것은 아라한 아닌 것으로 남음이 없어서
아라한 아닌 것은 아라한 아닌 것으로 다해 마치니
아라한 아닌 것은 아라한 아닌 것으로 청정무구해서
아라한 아닌 것은 아라한 아닌 것으로 진여실상이요
아라한 아닌 것은 아라한 아닌 것으로 삼매해탈이요
아라한 아닌 것은 아라한 아닌 것으로 본여열반이요
아라한 아닌 것은 아라한 아닌 것으로 여여현현이요
아라한 아닌 것은 아라한 아닌 것으로 쌍차쌍조요
아라한 아닌 것은 아라한 아닌 것으로 연기법계요
아라한 아닌 것은 아라한 아닌 것으로 중도공존이요
아라한 아닌 것은 아라한 아닌 것으로 상주상락이요
아라한 아닌 것은 아라한 아닌 것으로 상락아정이요
아라한 아닌 것은 아라한 아닌 것으로 영생영락입니다.

하!

금강법어 213

실상은 실상으로 딴 것이 없으니
실상은 실상으로 남음이 없어서
실상은 실상으로 다해 마치니
실상은 실상으로 청정무구해서
실상은 실상으로 진여실상이요.
실상은 실상으로 삼매해탈이요.
실상은 실상으로 본여열반이요.
실상은 실상으로 여여현현이요.
실상은 실상으로 쌍차쌍조요.
실상은 실상으로 연기법계요.
실상은 실상으로 중도공존이요.
실상은 실상으로 상주상락이요.
실상은 실상으로 상락아정이요.
실상은 실상으로 영생영락입니다.

하!.

금강법어 214

실상 아닌 것은 실상 아닌 것으로 딴 것이 없으니
실상 아닌 것은 실상 아닌 것으로 남음이 없어서
실상 아닌 것은 실상 아닌 것으로 다해 마치니
실상 아닌 것은 실상 아닌 것으로 청정무구해서
실상 아닌 것은 실상 아닌 것으로 진여실상이요
실상 아닌 것은 실상 아닌 것으로 삼매해탈이요
실상 아닌 것은 실상 아닌 것으로 본여열반이요
실상 아닌 것은 실상 아닌 것으로 여여현현이요
실상 아닌 것은 실상 아닌 것으로 쌍차쌍조요
실상 아닌 것은 실상 아닌 것으로 연기법계요
실상 아닌 것은 실상 아닌 것으로 중도공존이요
실상 아닌 것은 실상 아닌 것으로 상주상락이요
실상 아닌 것은 실상 아닌 것으로 상락아정이요
실상 아닌 것은 실상 아닌 것으로 영생영락입니다.

하!

금강법어 215

우상은 우상으로 딴 것이 없으니
우상은 우상으로 남음이 없어서
우상은 우상으로 다해 마치니
우상은 우상으로 청정무구해서
우상은 우상으로 진여실상이요.
우상은 우상으로 삼매해탈이요.
우상은 우상으로 본여열반이요.
우상은 우상으로 여여현현이요.
우상은 우상으로 쌍차쌍조요.
우상은 우상으로 연기법계요.
우상은 우상으로 중도공존이요.
우상은 우상으로 상주상락이요.
우상은 우상으로 상락아정이요.
우상은 우상으로 영생영락입니다.

하!.

금강법어 216

우상 아닌 것은 우상 아닌 것으로 딴 것이 없으니
우상 아닌 것은 우상 아닌 것으로 남음이 없어서
우상 아닌 것은 우상 아닌 것으로 다해 마치니
우상 아닌 것은 우상 아닌 것으로 청정무구해서
우상 아닌 것은 우상 아닌 것으로 진여실상이요
우상 아닌 것은 우상 아닌 것으로 삼매해탈이요
우상 아닌 것은 우상 아닌 것으로 본여열반이요
우상 아닌 것은 우상 아닌 것으로 여여현현이요
우상 아닌 것은 우상 아닌 것으로 쌍차쌍조요
우상 아닌 것은 우상 아닌 것으로 연기법계요
우상 아닌 것은 우상 아닌 것으로 중도공존이요
우상 아닌 것은 우상 아닌 것으로 상주상락이요
우상 아닌 것은 우상 아닌 것으로 상락아정이요
우상 아닌 것은 우상 아닌 것으로 영생영락입니다.

하!

금강법어 217

망상은 망상으로 딴 것이 없으니
망상은 망상으로 남음이 없어서
망상은 망상으로 다해 마치니
망상은 망상으로 청정무구해서
망상은 망상으로 진여실상이요.
망상은 망상으로 삼매해탈이요.
망상은 망상으로 본여열반이요.
망상은 망상으로 여여현현이요.
망상은 망상으로 쌍차쌍조요.
망상은 망상으로 연기법계요.
망상은 망상으로 중도공존이요.
망상은 망상으로 상주상락이요.
망상은 망상으로 상락아정이요.
망상은 망상으로 영생영락입니다.

하!.

금강법어 218

망상 아닌 것은 망상 아닌 것으로 딴 것이 없으니
망상 아닌 것은 망상 아닌 것으로 남음이 없어서
망상 아닌 것은 망상 아닌 것으로 다해 마치니
망상 아닌 것은 망상 아닌 것으로 청정무구해서
망상 아닌 것은 망상 아닌 것으로 진여실상이요
망상 아닌 것은 망상 아닌 것으로 삼매해탈이요
망상 아닌 것은 망상 아닌 것으로 본여열반이요
망상 아닌 것은 망상 아닌 것으로 여여현현이요
망상 아닌 것은 망상 아닌 것으로 쌍차쌍조요
망상 아닌 것은 망상 아닌 것으로 연기법계요
망상 아닌 것은 망상 아닌 것으로 중도공존이요
망상 아닌 것은 망상 아닌 것으로 상주상락이요
망상 아닌 것은 망상 아닌 것으로 상락아정이요
망상 아닌 것은 망상 아닌 것으로 영생영락입니다.

하!

금강법어 219

명상은 명상으로 딴 것이 없으니
명상은 명상으로 남음이 없어서
명상은 명상으로 다해 마치니
명상은 명상으로 청정무구해서
명상은 명상으로 진여실상이요.
명상은 명상으로 삼매해탈이요.
명상은 명상으로 본여열반이요.
명상은 명상으로 여여현현이요.
명상은 명상으로 쌍차쌍조요.
명상은 명상으로 연기법계요.
명상은 명상으로 중도공존이요.
명상은 명상으로 상주상락이요.
명상은 명상으로 상락아정이요.
명상은 명상으로 영생영락입니다.

하!.

금강법어 220

명상 아닌 것은 명상 아닌 것으로 딴 것이 없으니
명상 아닌 것은 명상 아닌 것으로 남음이 없어서
명상 아닌 것은 명상 아닌 것으로 다해 마치니
명상 아닌 것은 명상 아닌 것으로 청정무구해서
명상 아닌 것은 명상 아닌 것으로 진여실상이요
명상 아닌 것은 명상 아닌 것으로 삼매해탈이요
명상 아닌 것은 명상 아닌 것으로 본여열반이요
명상 아닌 것은 명상 아닌 것으로 여여현현이요
명상 아닌 것은 명상 아닌 것으로 쌍차쌍조요
명상 아닌 것은 명상 아닌 것으로 연기법계요
명상 아닌 것은 명상 아닌 것으로 중도공존이요
명상 아닌 것은 명상 아닌 것으로 상주상락이요
명상 아닌 것은 명상 아닌 것으로 상락아정이요
명상 아닌 것은 명상 아닌 것으로 영생영락입니다.

하!

금강법어 221

일상은 일상으로 딴 것이 없으니
일상은 일상으로 남음이 없어서
일상은 일상으로 다해 마치니
일상은 일상으로 청정무구해서
일상은 일상으로 진여실상이요.
일상은 일상으로 삼매해탈이요.
일상은 일상으로 본여열반이요.
일상은 일상으로 여여현현이요.
일상은 일상으로 쌍차쌍조요.
일상은 일상으로 연기법계요.
일상은 일상으로 중도공존이요.
일상은 일상으로 상주상락이요.
일상은 일상으로 상락아정이요.
일상은 일상으로 영생영락입니다.

하!.

금강법어 222

일상 아닌 것은 일상 아닌 것으로 딴 것이 없으니
일상 아닌 것은 일상 아닌 것으로 남음이 없어서
일상 아닌 것은 일상 아닌 것으로 다해 마치니
일상 아닌 것은 일상 아닌 것으로 청정무구해서
일상 아닌 것은 일상 아닌 것으로 진여실상이요
일상 아닌 것은 일상 아닌 것으로 삼매해탈이요
일상 아닌 것은 일상 아닌 것으로 본여열반이요
일상 아닌 것은 일상 아닌 것으로 여여현현이요
일상 아닌 것은 일상 아닌 것으로 쌍차쌍조요
일상 아닌 것은 일상 아닌 것으로 연기법계요
일상 아닌 것은 일상 아닌 것으로 중도공존이요
일상 아닌 것은 일상 아닌 것으로 상주상락이요
일상 아닌 것은 일상 아닌 것으로 상락아정이요
일상 아닌 것은 일상 아닌 것으로 영생영락입니다.

하!

금강법어 223

원상은 원상으로 딴 것이 없으니
원상은 원상으로 남음이 없어서
원상은 원상으로 다해 마치니
원상은 원상으로 청정무구해서
원상은 원상으로 진여실상이요.
원상은 원상으로 삼매해탈이요.
원상은 원상으로 본여열반이요.
원상은 원상으로 여여현현이요.
원상은 원상으로 쌍차쌍조요.
원상은 원상으로 연기법계요.
원상은 원상으로 중도공존이요.
원상은 원상으로 상주상락이요.
원상은 원상으로 상락아정이요.
원상은 원상으로 영생영락입니다.

하!.

금강법어 224

원상 아닌 것은 원상 아닌 것으로 딴 것이 없으니
원상 아닌 것은 원상 아닌 것으로 남음이 없어서
원상 아닌 것은 원상 아닌 것으로 다해 마치니
원상 아닌 것은 원상 아닌 것으로 청정무구해서
원상 아닌 것은 원상 아닌 것으로 진여실상이요
원상 아닌 것은 원상 아닌 것으로 삼매해탈이요
원상 아닌 것은 원상 아닌 것으로 본여열반이요
원상 아닌 것은 원상 아닌 것으로 여여현현이요
원상 아닌 것은 원상 아닌 것으로 쌍차쌍조요
원상 아닌 것은 원상 아닌 것으로 연기법계요
원상 아닌 것은 원상 아닌 것으로 중도공존이요
원상 아닌 것은 원상 아닌 것으로 상주상락이요
원상 아닌 것은 원상 아닌 것으로 상락아정이요
원상 아닌 것은 원상 아닌 것으로 영생영락입니다.

하!

금강법어 225

32상은 32상으로 딴 것이 없으니
32상은 32상으로 남음이 없어서
32상은 32상으로 다해 마치니
32상은 32상으로 청정무구해서
32상은 32상으로 진여실상이요.
32상은 32상으로 삼매해탈이요.
32상은 32상으로 본여열반이요.
32상은 32상으로 여여현현이요.
32상은 32상으로 쌍차쌍조요.
32상은 32상으로 연기법계요.
32상은 32상으로 중도공존이요.
32상은 32상으로 상주상락이요.
32상은 32상으로 상락아정이요.
32상은 32상으로 영생영락입니다.

하!.

금강법어 226

32상 아닌 것은 32상 아닌 것으로 딴 것이 없으니
32상 아닌 것은 32상 아닌 것으로 남음이 없어서
32상 아닌 것은 32상 아닌 것으로 다해 마치니
32상 아닌 것은 32상 아닌 것으로 청정무구해서
32상 아닌 것은 32상 아닌 것으로 진여실상이요
32상 아닌 것은 32상 아닌 것으로 삼매해탈이요
32상 아닌 것은 32상 아닌 것으로 본여열반이요
32상 아닌 것은 32상 아닌 것으로 여여현현이요
32상 아닌 것은 32상 아닌 것으로 쌍차쌍조요
32상 아닌 것은 32상 아닌 것으로 연기법계요
32상 아닌 것은 32상 아닌 것으로 중도공존이요
32상 아닌 것은 32상 아닌 것으로 상주상락이요
32상 아닌 것은 32상 아닌 것으로 상락아정이요
32상 아닌 것은 32상 아닌 것으로 영생영락입니다.

하!

금강법어 227

번뇌는 번뇌로 딴 것이 없으니
번뇌는 번뇌로 남음이 없어서
번뇌는 번뇌로 다해 마치니
번뇌는 번뇌로 청정무구해서
번뇌는 번뇌로 진여실상이요.
번뇌는 번뇌로 삼매해탈이요.
번뇌는 번뇌로 본여열반이요.
번뇌는 번뇌로 여여현현이요.
번뇌는 번뇌로 쌍차쌍조요.
번뇌는 번뇌로 연기법계요.
번뇌는 번뇌로 중도공존이요.
번뇌는 번뇌로 상주상락이요.
번뇌는 번뇌로 상락아정이요.
번뇌는 번뇌로 영생영락입니다.

하!.

금강법어 228

번뇌 아닌 것은 번뇌 아닌 것으로 딴 것이 없으니
번뇌 아닌 것은 번뇌 아닌 것으로 남음이 없어서
번뇌 아닌 것은 번뇌 아닌 것으로 다해 마치니
번뇌 아닌 것은 번뇌 아닌 것으로 청정무구해서
번뇌 아닌 것은 번뇌 아닌 것으로 진여실상이요
번뇌 아닌 것은 번뇌 아닌 것으로 삼매해탈이요
번뇌 아닌 것은 번뇌 아닌 것으로 본여열반이요
번뇌 아닌 것은 번뇌 아닌 것으로 여여현현이요
번뇌 아닌 것은 번뇌 아닌 것으로 쌍차쌍조요
번뇌 아닌 것은 번뇌 아닌 것으로 연기법계요
번뇌 아닌 것은 번뇌 아닌 것으로 중도공존이요
번뇌 아닌 것은 번뇌 아닌 것으로 상주상락이요
번뇌 아닌 것은 번뇌 아닌 것으로 상락아정이요
번뇌 아닌 것은 번뇌 아닌 것으로 영생영락입니다.

하!

금강법어 229

삼매는 삼매로 딴 것이 없으니
삼매는 삼매로 남음이 없어서
삼매는 삼매로 다해 마치니
삼매는 삼매로 청정무구해서
삼매는 삼매로 진여실상이요.
삼매는 삼매로 삼매해탈이요.
삼매는 삼매로 본여열반이요.
삼매는 삼매로 여여현현이요.
삼매는 삼매로 쌍차쌍조요.
삼매는 삼매로 연기법계요.
삼매는 삼매로 중도공존이요.
삼매는 삼매로 상주상락이요.
삼매는 삼매로 상락아정이요.
삼매는 삼매로 영생영락입니다.

하!.

금강법어 230

삼매 아닌 것은 삼매 아닌 것으로 딴 것이 없으니
삼매 아닌 것은 삼매 아닌 것으로 남음이 없어서
삼매 아닌 것은 삼매 아닌 것으로 다해 마치니
삼매 아닌 것은 삼매 아닌 것으로 청정무구해서
삼매 아닌 것은 삼매 아닌 것으로 진여실상이요
삼매 아닌 것은 삼매 아닌 것으로 삼매해탈이요
삼매 아닌 것은 삼매 아닌 것으로 본여열반이요
삼매 아닌 것은 삼매 아닌 것으로 여여현현이요
삼매 아닌 것은 삼매 아닌 것으로 쌍차쌍조요
삼매 아닌 것은 삼매 아닌 것으로 연기법계요
삼매 아닌 것은 삼매 아닌 것으로 중도공존이요
삼매 아닌 것은 삼매 아닌 것으로 상주상락이요
삼매 아닌 것은 삼매 아닌 것으로 상락아정이요
삼매 아닌 것은 삼매 아닌 것으로 영생영락입니다.

하!

금강법어 231

해탈은 해탈로 딴 것이 없으니
해탈은 해탈로 남음이 없어서
해탈은 해탈로 다해 마치니
해탈은 해탈로 청정무구해서
해탈은 해탈로 진여실상이요.
해탈은 해탈로 삼매해탈이요.
해탈은 해탈로 본여열반이요.
해탈은 해탈로 여여현현이요.
해탈은 해탈로 쌍차쌍조요.
해탈은 해탈로 연기법계요.
해탈은 해탈로 중도공존이요.
해탈은 해탈로 상주상락이요.
해탈은 해탈로 상락아정이요.
해탈은 해탈로 영생영락입니다.

하!.

금강법어 232

해탈 아닌 것은 해탈 아닌 것으로 딴 것이 없으니
해탈 아닌 것은 해탈 아닌 것으로 남음이 없어서
해탈 아닌 것은 해탈 아닌 것으로 다해 마치니
해탈 아닌 것은 해탈 아닌 것으로 청정무구해서
해탈 아닌 것은 해탈 아닌 것으로 진여실상이요
해탈 아닌 것은 해탈 아닌 것으로 삼매해탈이요
해탈 아닌 것은 해탈 아닌 것으로 본여열반이요
해탈 아닌 것은 해탈 아닌 것으로 여여현현이요
해탈 아닌 것은 해탈 아닌 것으로 쌍차쌍조요
해탈 아닌 것은 해탈 아닌 것으로 연기법계요
해탈 아닌 것은 해탈 아닌 것으로 중도공존이요
해탈 아닌 것은 해탈 아닌 것으로 상주상락이요
해탈 아닌 것은 해탈 아닌 것으로 상락아정이요
해탈 아닌 것은 해탈 아닌 것으로 영생영락입니다.

하!

금강법어 233

본여는 본여로 딴 것이 없으니
본여는 본여로 남음이 없어서
본여는 본여로 다해 마치니
본여는 본여로 청정무구해서
본여는 본여로 진여실상이요.
본여는 본여로 삼매해탈이요.
본여는 본여로 본여열반이요.
본여는 본여로 여여현현이요.
본여는 본여로 쌍차쌍조요.
본여는 본여로 연기법계요.
본여는 본여로 중도공존이요.
본여는 본여로 상주상락이요.
본여는 본여로 상락아정이요.
본여는 본여로 영생영락입니다.

하!.

금강법어 234

본여 아닌 것은 본여 아닌 것으로 딴 것이 없으니
본여 아닌 것은 본여 아닌 것으로 남음이 없어서
본여 아닌 것은 본여 아닌 것으로 다해 마치니
본여 아닌 것은 본여 아닌 것으로 청정무구해서
본여 아닌 것은 본여 아닌 것으로 진여실상이요
본여 아닌 것은 본여 아닌 것으로 삼매해탈이요
본여 아닌 것은 본여 아닌 것으로 본여열반이요
본여 아닌 것은 본여 아닌 것으로 여여현현이요
본여 아닌 것은 본여 아닌 것으로 쌍차쌍조요
본여 아닌 것은 본여 아닌 것으로 연기법계요
본여 아닌 것은 본여 아닌 것으로 중도공존이요
본여 아닌 것은 본여 아닌 것으로 상주상락이요
본여 아닌 것은 본여 아닌 것으로 상락아정이요
본여 아닌 것은 본여 아닌 것으로 영생영락입니다.

하!

금강법어 235

열반은 열반으로 딴 것이 없으니
열반은 열반으로 남음이 없어서
열반은 열반으로 다해 마치니
열반은 열반으로 청정무구해서
열반은 열반으로 진여실상이요.
열반은 열반으로 삼매해탈이요.
열반은 열반으로 본여열반이요.
열반은 열반으로 여여현현이요.
열반은 열반으로 쌍차쌍조요.
열반은 열반으로 연기법계요.
열반은 열반으로 중도공존이요.
열반은 열반으로 상주상락이요.
열반은 열반으로 상락아정이요.
열반은 열반으로 영생영락입니다.

하!.

금강법어 236

열반 아닌 것은 열반 아닌 것으로 딴 것이 없으니
열반 아닌 것은 열반 아닌 것으로 남음이 없어서
열반 아닌 것은 열반 아닌 것으로 다해 마치니
열반 아닌 것은 열반 아닌 것으로 청정무구해서
열반 아닌 것은 열반 아닌 것으로 진여실상이요
열반 아닌 것은 열반 아닌 것으로 삼매해탈이요
열반 아닌 것은 열반 아닌 것으로 본여열반이요
열반 아닌 것은 열반 아닌 것으로 여여현현이요
열반 아닌 것은 열반 아닌 것으로 쌍차쌍조요
열반 아닌 것은 열반 아닌 것으로 연기법계요
열반 아닌 것은 열반 아닌 것으로 중도공존이요
열반 아닌 것은 열반 아닌 것으로 상주상락이요
열반 아닌 것은 열반 아닌 것으로 상락아정이요
열반 아닌 것은 열반 아닌 것으로 영생영락입니다.

하!

금강법어 237

여여는 여여로 딴 것이 없으니
여여는 여여로 남음이 없어서
여여는 여여로 다해 마치니
여여는 여여로 청정무구해서
여여는 여여로 진여실상이요.
여여는 여여로 삼매해탈이요.
여여는 여여로 본여열반이요.
여여는 여여로 여여현현이요.
여여는 여여로 쌍차쌍조요.
여여는 여여로 연기법계요.
여여는 여여로 중도공존이요.
여여는 여여로 상주상락이요.
여여는 여여로 상락아정이요.
여여는 여여로 영생영락입니다.

하!.

금강법어 238

여여 아닌 것은 여여 아닌 것으로 딴 것이 없으니
여여 아닌 것은 여여 아닌 것으로 남음이 없어서
여여 아닌 것은 여여 아닌 것으로 다해 마치니
여여 아닌 것은 여여 아닌 것으로 청정무구해서
여여 아닌 것은 여여 아닌 것으로 진여실상이요
여여 아닌 것은 여여 아닌 것으로 삼매해탈이요
여여 아닌 것은 여여 아닌 것으로 본여열반이요
여여 아닌 것은 여여 아닌 것으로 여여현현이요
여여 아닌 것은 여여 아닌 것으로 쌍차쌍조요
여여 아닌 것은 여여 아닌 것으로 연기법계요
여여 아닌 것은 여여 아닌 것으로 중도공존이요
여여 아닌 것은 여여 아닌 것으로 상주상락이요
여여 아닌 것은 여여 아닌 것으로 상락아정이요
여여 아닌 것은 여여아닌 것으로 영생영락입니다.

하!

금강법어 239

현현은 현현으로 딴 것이 없으니
현현은 현현으로 남음이 없어서
현현은 현현으로 다해 마치니
현현은 현현으로 청정무구해서
현현은 현현으로 진여실상이요.
현현은 현현으로 삼매해탈이요.
현현은 현현으로 본여열반이요.
현현은 현현으로 여여현현이요.
현현은 현현으로 쌍차쌍조요.
현현은 현현으로 연기법계요.
현현은 현현으로 중도공존이요.
현현은 현현으로 상주상락이요.
현현은 현현으로 상락아정이요.
현현은 현현으로 영생영락입니다.

하!.

금강법어 240

현현 아닌 것은 현현 아닌 것으로 딴 것이 없으니
현현 아닌 것은 현현 아닌 것으로 남음이 없어서
현현 아닌 것은 현현 아닌 것으로 다해 마치니
현현 아닌 것은 현현 아닌 것으로 청정무구해서
현현 아닌 것은 현현 아닌 것으로 진여실상이요
현현 아닌 것은 현현 아닌 것으로 삼매해탈이요
현현 아닌 것은 현현 아닌 것으로 본여열반이요
현현 아닌 것은 현현 아닌 것으로 여여현현이요
현현 아닌 것은 현현 아닌 것으로 쌍차쌍조요
현현 아닌 것은 현현 아닌 것으로 연기법계요
현현 아닌 것은 현현 아닌 것으로 중도공존이요
현현 아닌 것은 현현 아닌 것으로 상주상락이요
현현 아닌 것은 현현 아닌 것으로 상락아정이요
현현 아닌 것은 현현 아닌 것으로 영생영락입니다.

하!

금강법어 241

차조는 차조로 딴 것이 없으니
차조는 차조로 남음이 없어서
차조는 차조로 다해 마치니
차조는 차조로 청정무구해서
차조는 차조로 진여실상이요.
차조는 차조로 삼매해탈이요.
차조는 차조로 본여열반이요.
차조는 차조로 여여현현이요.
차조는 차조로 쌍차쌍조요.
차조는 차조로 연기법계요.
차조는 차조로 중도공존이요.
차조는 차조로 상주상락이요.
차조는 차조로 상락아정이요.
차조는 차조로 영생영락입니다.

하!.

금강법어 242

차조 아닌 것은 차조 아닌 것으로 딴 것이 없으니
차조 아닌 것은 차조 아닌 것으로 남음이 없어서
차조 아닌 것은 차조 아닌 것으로 다해 마치니
차조 아닌 것은 차조 아닌 것으로 청정무구해서
차조 아닌 것은 차조 아닌 것으로 진여실상이요.
차조 아닌 것은 차조 아닌 것으로 삼매해탈이요.
차조 아닌 것은 차조 아닌 것으로 본여열반이요.
차조 아닌 것은 차조 아닌 것으로 여여현현이요.
차조 아닌 것은 차조 아닌 것으로 쌍차쌍조요.
차조 아닌 것은 차조 아닌 것으로 연기법계요.
차조 아닌 것은 차조 아닌 것으로 중도공존이요.
차조 아닌 것은 차조 아닌 것으로 상주상락이요.
차조 아닌 것은 차조 아닌 것으로 상락아정이요.
차조 아닌 것은 차조 아닌 것으로 영생영락입니다.

하!.

금강법어 243

쌍차는 쌍차로 딴 것이 없으니
쌍차는 쌍차로 남음이 없어서
쌍차는 쌍차로 다해 마치니
쌍는 쌍차로 청정무구해서
쌍차는 쌍차로 진여실상이요.
쌍차는 쌍차로 삼매해탈이요.
쌍차는 쌍차로 본여열반이요.
쌍차는 쌍차로 여여현현이요.
쌍차는 쌍차로 쌍차쌍조요.
쌍차는 쌍차로 연기법계요.
쌍차는 쌍차로 중도공존이요.
쌍차는 쌍차로 상주상락이요.
쌍차는 쌍차로 상락아정이요.
쌍차는 쌍차로 영생영락입니다.

하!.

금강법어 244

쌍차 아닌 것은 쌍차 아닌 것으로 딴 것이 없으니
쌍차 아닌 것은 쌍차 아닌 것으로 남음이 없어서
쌍차 아닌 것은 쌍차 아닌 것으로 다해 마치니
쌍차 아닌 것은 쌍차 아닌 것으로 청정무구해서
쌍차 아닌 것은 쌍차 아닌 것으로 진여실상이요
쌍차 아닌 것은 쌍차 아닌 것으로 삼매해탈이요
쌍차 아닌 것은 쌍차 아닌 것으로 본여열반이요
쌍차 아닌 것은 쌍차 아닌 것으로 여여현현이요
쌍차 아닌 것은 쌍차 아닌 것으로 쌍차쌍조요
쌍차 아닌 것은 쌍차 아닌 것으로 연기법계요
쌍차 아닌 것은 쌍차 아닌 것으로 중도공존이요
쌍차 아닌 것은 쌍차 아닌 것으로 상주상락이요
쌍차 아닌 것은 쌍차 아닌 것으로 상락아정이요
쌍차 아닌 것은 쌍차 아닌 것으로 영생영락입니다.

하!

금강법어 245

쌍조는 쌍조로 딴 것이 없으니
쌍조는 쌍조로 남음이 없어서
쌍조는 쌍조로 다해 마치니
쌍조는 쌍조로 청정무구해서
쌍조는 쌍조로 진여실상이요.
쌍조는 쌍조로 삼매해탈이요.
쌍조는 쌍조로 본여열반이요.
쌍조는 쌍조로 여여현현이요.
쌍조는 쌍조로 쌍차쌍조요.
쌍조는 쌍조로 연기법계요.
쌍조는 쌍조로 중도공존이요.
쌍조는 쌍조로 상주상락이요.
쌍조는 쌍조로 상락아정이요.
쌍조는 쌍조로 영생영락입니다.

하!.

금강법어 246

쌍조 아닌 것은 쌍조 아닌 것으로 딴 것이 없으니
쌍조 아닌 것은 쌍조 아닌 것으로 남음이 없어서
쌍조 아닌 것은 쌍조 아닌 것으로 다해 마치니
쌍조 아닌 것은 쌍조 아닌 것으로 청정무구해서
쌍조 아닌 것은 쌍조 아닌 것으로 진여실상이요
쌍조 아닌 것은 쌍조 아닌 것으로 삼매해탈이요
쌍조 아닌 것은 쌍조 아닌 것으로 본여열반이요
쌍조 아닌 것은 쌍조 아닌 것으로 여여현현이요
쌍조 아닌 것은 쌍조 아닌 것으로 쌍차쌍조요
쌍조 아닌 것은 쌍조 아닌 것으로 연기법계요
쌍조 아닌 것은 쌍조 아닌 것으로 중도공존이요
쌍조 아닌 것은 쌍조 아닌 것으로 상주상락이요
쌍조 아닌 것은 쌍조 아닌 것으로 상락아정이요
쌍조 아닌 것은 쌍조 아닌 것으로 영생영락입니다.

하!

금강법어 247

중도는 중도로 딴 것이 없으니
중도는 중도로 남음이 없어서
중도는 중도로 다해 마치니
중도는 중도로 청정무구해서
중도는 중도로 진여실상이요.
중도는 중도로 삼매해탈이요.
중도는 중도로 본여열반이요.
중도는 중도로 여여현현이요.
중도는 중도로 쌍차쌍조요.
중도는 중도로 연기법계요.
중도는 중도로 중도공존이요.
중도는 중도로 상주상락이요.
중도는 중도로 상락아정이요.
중도는 중도로 영생영락입니다.

하!.

금강법어 248

중도 아닌 것은 중도 아닌 것으로 딴 것이 없으니
중도 아닌 것은 중도 아닌 것으로 남음이 없어서
중도 아닌 것은 중도 아닌 것으로 다해 마치니
중도 아닌 것은 중도아닌 것으로 청정무구해서
중도 아닌 것은 중도 아닌 것으로 진여실상이요
중도 아닌 것은 중도 아닌 것으로 삼매해탈이요
중도 아닌 것은 중도 아닌 것으로 본여열반이요
중도 아닌 것은 중도 아닌 것으로 여여현현이요
중도 아닌 것은 중도 아닌 것으로 쌍차쌍조요
중도 아닌 것은 중도 아닌 것으로 연기법계요
중도 아닌 것은 중도 아닌 것으로 중도공존이요
중도 아닌 것은 중도 아닌 것으로 상주상락이요
중도 아닌 것은 중도 아닌 것으로 상락아정이요
중도 아닌 것은 중도 아닌 것으로 영생영락입니다.

하!

금강법어 249

공존은 공존으로 딴 것이 없으니
공존은 공존으로 남음이 없어서
공존은 공존으로 다해 마치니
공존은 공존으로 청정무구해서
공존은 공존으로 진여실상이요.
공존은 공존으로 삼매해탈이요.
공존은 공존으로 본여열반이요.
공존은 공존으로 여여현현이요.
공존은 공존으로 쌍차쌍조요.
공존은 공존으로 연기법계요.
공존은 공존으로 중도공존이요.
공존은 공존으로 상주상락이요.
공존은 공존으로 상락아정이요.
공존은 공존으로 영생영락입니다.

하!.

금강법어 250

공존 아닌 것은 공존 아닌 것으로 딴 것이 없으니
공존 아닌 것은 공존 아닌 것으로 남음이 없어서
공존 아닌 것은 공존 아닌 것으로 다해 마치니
공존 아닌 것은 공존 아닌 것으로 청정무구해서
공존 아닌 것은 공존 아닌 것으로 진여실상이요
공존 아닌 것은 공존 아닌 것으로 삼매해탈이요
공존 아닌 것은 공존 아닌 것으로 본여열반이요
공존 아닌 것은 공존 아닌 것으로 여여현현이요
공존 아닌 것은 공존 아닌 것으로 쌍차쌍조요
공존 아닌 것은 공존 아닌 것으로 연기법계요
공존 아닌 것은 공존 아닌 것으로 중도공존이요
공존 아닌 것은 공존 아닌 것으로 상주상락이요
공존 아닌 것은 공존 아닌 것으로 상락아정이요
공존 아닌 것은 공존 아닌 것으로 영생영락입니다.

하!

금강법어 251

상주는 상주로 딴 것이 없으니
상주는 상주로 남음이 없어서
상주는 상주로 다해 마치니
상주는 상주로 청정무구해서
상주는 상주로 진여실상이요.
상주는 상주로 삼매해탈이요.
상주는 상주로 본여열반이요.
상주는 상주로 여여현현이요.
상주는 상주로 쌍차쌍조요.
상주는 상주로 연기법계요.
상주는 상주로 중도공존이요.
상주는 상주로 상주상락이요.
상주는 상주로 상락아정이요.
상주는 상주로 영생영락입니다.

하!.

금강법어 252

상주 아닌 것은 상주 아닌 것으로 딴 것이 없으니
상주 아닌 것은 상주 아닌 것으로 남음이 없어서
상주 아닌 것은 상주 아닌 것으로 다해 마치니
상주 아닌 것은 상주 아닌 것으로 청정무구해서
상주 아닌 것은 상주 아닌 것으로 진여실상이요
상주 아닌 것은 상주 아닌 것으로 삼매해탈이요
상주 아닌 것은 상주 아닌 것으로 본여열반이요
상주 아닌 것은 상주 아닌 것으로 여여현현이요
상주 아닌 것은 상주 아닌 것으로 쌍차쌍조요
상주 아닌 것은 상주 아닌 것으로 연기법계요
상주 아닌 것은 상주 아닌 것으로 중도공존이요
상주 아닌 것은 상주 아닌 것으로 상주상락이요
상주 아닌 것은 상주 아닌 것으로 상락아정이요
상주 아닌 것은 상주 아닌 것으로 영생영락입니다.

하!

금강법어 253

상락은 상락으로 딴 것이 없으니
상락은 상락으로 남음이 없어서
상락은 상락으로 다해 마치니
상락은 상락으로 청정무구해서
상락은 상락으로 진여실상이요.
상락은 상락으로 삼매해탈이요.
상락은 상락으로 본여열반이요.
상락은 상락으로 여여현현이요.
상락은 상락으로 쌍차쌍조요.
상락은 상락으로 연기법계요.
상락은 상락으로 중도공존이요.
상락은 상락으로 상주상락이요.
상락은 상락으로 상락아정이요.
상락은 상락으로 영생영락입니다.

하!.

금강법어 254

상락 아닌 것은 상락 아닌 것으로 딴 것이 없으니
상락 아닌 것은 상락 아닌 것으로 남음이 없어서
상락 아닌 것은 상락 아닌 것으로 다해 마치니
상락 아닌 것은 상락 아닌 것으로 청정무구해서
상락 아닌 것은 상락 아닌 것으로 진여실상이요
상락 아닌 것은 상락 아닌 것으로 삼매해탈이요
상락 아닌 것은 상락 아닌 것으로 본여열반이요
상락 아닌 것은 상락 아닌 것으로 여여현현이요
상락 아닌 것은 상락 아닌 것으로 쌍차쌍조요
상락 아닌 것은 상락 아닌 것으로 연기법계요
상락 아닌 것은 상락 실상 아닌 것으로 중도공존이요
상락 아닌 것은 상락 아닌 것으로 상주상락이요
상락 아닌 것은 상락 아닌 것으로 상락아정이요
상락 아닌 것은 상락 아닌 것으로 영생영락입니다.

하!

금강법어 255

아정은 아정으로 딴 것이 없으니
아정은 아정으로 남음이 없어서
아정은 아정으로 다해 마치니
아정은 아정으로 청정무구해서
아정은 아정으로 진여실상이요.
아정은 아정으로 삼매해탈이요.
아정은 아정으로 본여열반이요.
아정은 아정으로 여여현현이요.
아정은 아정으로 쌍차쌍조요.
아정은 아정으로 연기법계요.
아정은 아정으로 중도공존이요.
아정은 아정으로 상주상락이요.
아정은 아정으로 상락아정이요.
아정은 아정으로 영생영락입니다.

하!.

금강법어 256

아정 아닌 것은 아정 아닌 것으로 딴 것이 없으니
아정 아닌 것은 아정 아닌 것으로 남음이 없어서
아정 아닌 것은 아정 아닌 것으로 다해 마치니
아정 아닌 것은 아정 아닌 것으로 청정무구해서
아정 아닌 것은 아정 아닌 것으로 진여실상이요
아정 아닌 것은 아정 아닌 것으로 삼매해탈이요
아정 아닌 것은 아정 아닌 것으로 본여열반이요
아정 아닌 것은 아정 아닌 것으로 여여현현이요
아정 아닌 것은 아정 아닌 것으로 쌍차쌍조요
아정 아닌 것은 아정 아닌 것으로 연기법계요
아정 아닌 것은 아정 아닌 것으로 중도공존이요
아정 아닌 것은 아정 아닌 것으로 상주상락이요
아정 아닌 것은 아정 아닌 것으로 상락아정이요
아정 아닌 것은 아정 아닌 것으로 영생영락입니다.

하!

금강법어 257

영생은 영생으로 딴 것이 없으니
영생은 영생으로 남음이 없어서
영생은 영생으로 다해 마치니
영생은 영생으로 청정무구해서
영생은 영생으로 진여실상이요.
영생은 영생으로 삼매해탈이요.
영생은 영생으로 본여열반이요.
영생은 영생으로 여여현현이요.
영생은 영생으로 쌍차쌍조요.
영생은 영생으로 연기법계요.
영생은 영생으로 중도공존이요.
영생은 영생으로 상주상락이요.
영생은 영생으로 상락아정이요.
영생은 영생으로 영생영락입니다.

하!.

금강법어 258

영생 아닌 것은 영생 아닌 것으로 딴 것이 없으니
영생 아닌 것은 영생 아닌 것으로 남음이 없어서
영생 아닌 것은 영생 아닌 것으로 다해 마치니
영생 아닌 것은 영생 아닌 것으로 청정무구해서
영생 아닌 것은 영생 아닌 것으로 진여실상이요
영생 아닌 것은 영생 아닌 것으로 삼매해탈이요
영생 아닌 것은 영생 아닌 것으로 본여열반이요
영생 아닌 것은 영생 아닌 것으로 여여현현이요
영생 아닌 것은 영생 아닌 것으로 쌍차쌍조요
영생 아닌 것은 영생 아닌 것으로 연기법계요
영생 아닌 것은 영생 아닌 것으로 중도공존이요
영생 아닌 것은 영생 아닌 것으로 상주상락이요
영생 아닌 것은 영생 아닌 것으로 상락아정이요
영생 아닌 것은 영생 아닌 것으로 영생영락입니다.

하!

금강법어 259

영락은 영락으로 딴 것이 없으니
영락은 영락으로 남음이 없어서
영락은 영락으로 다해 마치니
영락은 영락으로 청정무구해서
영락은 영락으로 진여실상이요.
영락은 영락으로 삼매해탈이요.
영락은 영락으로 본여열반이요.
영락은 영락으로 여여현현이요.
영락은 영락으로 쌍차쌍조요.
영락은 영락으로 연기법계요.
영락은 영락으로 중도공존이요.
영락은 영락으로 상주상락이요.
영락은 영락으로 상락아정이요.
영락은 영락으로 영생영락입니다.

하!.

금강법어 260

영락 아닌 것은 영락 아닌 것으로 딴 것이 없으니
영락 아닌 것은 영락 아닌 것으로 남음이 없어서
영락 아닌 것은 영락 아닌 것으로 다해 마치니
영락 아닌 것은 영락 아닌 것으로 청정무구해서
영락 아닌 것은 영락 아닌 것으로 진여실상이요
영락 아닌 것은 영락 아닌 것으로 삼매해탈이요
영락 아닌 것은 영락 아닌 것으로 본여열반이요
영락 아닌 것은 영락 아닌 것으로 여여현현이요
영락 아닌 것은 영락 아닌 것으로 쌍차쌍조요
영락 아닌 것은 영락 아닌 것으로 연기법계요
영락 아닌 것은 영락 아닌 것으로 중도공존이요
영락 아닌 것은 영락 아닌 것으로 상주상락이요
영락 아닌 것은 영락 아닌 것으로 상락아정이요
영락 아닌 것은 영락 아닌 것으로 영생영락입니다.

하!

금강법어 261

금강은 금강으로 딴 것이 없으니
금강은 금강으로 남음이 없어서
금강은 금강으로 다해 마치니
금강은 금강으로 청정무구해서
금강은 금강으로 진여실상이요.
금강은 금강으로 삼매해탈이요.
금강은 금강으로 본여열반이요.
금강은 금강으로 여여현현이요.
금강은 금강으로 쌍차쌍조요.
금강은 금강으로 연기법계요.
금강은 금강으로 중도공존이요.
금강은 금강으로 상주상락이요.
금강은 금강으로 상락아정이요.
금강은 금강으로 영생영락입니다.

하!.

금강법어 262

금강 아닌 것은 금강 아닌 것으로 딴 것이 없으니
금강 아닌 것은 금강 아닌 것으로 남음이 없어서
금강 아닌 것은 금강 아닌 것으로 다해 마치니
금강 아닌 것은 금강 아닌 것으로 청정무구해서
금강 아닌 것은 금강 아닌 것으로 진여실상이요
금강 아닌 것은 금강 아닌 것으로 삼매해탈이요
금강 아닌 것은 금강 아닌 것으로 본여열반이요
금강 아닌 것은 금강 아닌 것으로 여여현현이요
금강 아닌 것은 금강 아닌 것으로 쌍차쌍조요
금강 아닌 것은 금강 아닌 것으로 연기법계요
금강 아닌 것은 금강 아닌 것으로 중도공존이요
금강 아닌 것은 금강 아닌 것으로 상주상락이요
금강 아닌 것은 금강 아닌 것으로 상락아정이요
금강 아닌 것은 금강 아닌 것으로 영생영락입니다.

하!

금강법어 263

반야는 반야로 딴 것이 없으니
반야는 반야로 남음이 없어서
반야는 반야로 다해 마치니
반야는 반야로 청정무구해서
반야는 반야로 진여실상이요.
반야는 반야로 삼매해탈이요.
반야는 반야로 본여열반이요.
반야는 반야로 여여현현이요.
반야는 반야로 쌍차쌍조요.
반야는 반야로 연기법계요.
반야는 반야로 중도공존이요.
반야는 반야로 상주상락이요.
반야는 반야로 상락아정이요.
반야는 반야로 영생영락입니다.

하!.

금강법어 264

반야 아닌 것은 반야 아닌 것으로 딴 것이 없으니
반야 아닌 것은 반야 아닌 것으로 남음이 없어서
반야 아닌 것은 반야 아닌 것으로 다해 마치니
반야 아닌 것은 반야 아닌 것으로 청정무구해서
반야 아닌 것은 반야 아닌 것으로 진여실상이요
반야 아닌 것은 반야 아닌 것으로 삼매해탈이요
반야 아닌 것은 반야 아닌 것으로 본여열반이요
반야 아닌 것은 반야 아닌 것으로 여여현현이요
반야 아닌 것은 반야 아닌 것으로 쌍차쌍조요
반야 아닌 것은 반야 아닌 것으로 연기법계요
반야 아닌 것은 반야 아닌 것으로 중도공존이요
반야 아닌 것은 반야 아닌 것으로 상주상락이요
반야 아닌 것은 반야 아닌 것으로 상락아정이요
반야 아닌 것은 반야 아닌 것으로 영생영락입니다.

하!

금강법어 265

바라밀은 바라밀로 딴 것이 없으니
바라밀은 바라밀로 남음이 없어서
바라밀은 바라밀로 다해 마치니
바라밀은 바라밀로 청정무구해서
바라밀은 바라밀로 진여실상이요.
바라밀은 바라밀로 삼매해탈이요.
바라밀은 바라밀로 본여열반이요.
바라밀은 바라밀로 여여현현이요.
바라밀은 바라밀로 쌍차쌍조요.
바라밀은 바라밀로 연기법계요.
바라밀은 바라밀로 중도공존이요.
바라밀은 바라밀로 상주상락이요.
바라밀은 바라밀로 상락아정이요.
바라밀은 바라밀로 영생영락입니다.

하!.

금강법어 266

바라밀 아닌 것은 바라밀 아닌 것으로 딴 것이 없으니
바라밀 아닌 것은 바라밀 아닌 것으로 남음이 없어서
바라밀 아닌 것은 바라밀 아닌 것으로 다해 마치니
바라밀 아닌 것은 바라밀 아닌 것으로 청정무구해서
바라밀 아닌 것은 바라밀 아닌 것으로 진여실상이요
바라밀 아닌 것은 바라밀 아닌 것으로 삼매해탈이요
바라밀 아닌 것은 바라밀 아닌 것으로 본여열반이요
바라밀 아닌 것은 바라밀 아닌 것으로 여여현현이요
바라밀 아닌 것은 바라밀 아닌 것으로 쌍차쌍조요
바라밀 아닌 것은 바라밀 아닌 것으로 연기법계요
바라밀 아닌 것은 바라밀 아닌 것으로 중도공존이요
바라밀 아닌 것은 바라밀 아닌 것으로 상주상락이요
바라밀 아닌 것은 바라밀 아닌 것으로 상락아정이요
바라밀 아닌 것은 바라밀 아닌 것으로 영생영락입니다.

하!

금강법어 267

여래는 여래로 딴 것이 없으니
여래는 여래로 남음이 없어서
여래는 여래로 다해 마치니
여래는 여래로 청정무구해서
여래는 여래로 진여실상이요.
여래는 여래로 삼매해탈이요.
여래는 여래로 본여열반이요.
여래는 여래로 여여현현이요.
여래는 여래로 쌍차쌍조요.
여래는 여래로 연기법계요.
여래는 여래로 중도공존이요.
여래는 여래로 상주상락이요.
여래는 여래로 상락아정이요.
여래는 여래로 영생영락입니다.

하!.

금강법어 268

여래 아닌 것은 여래 아닌 것으로 딴 것이 없으니
여래 아닌 것은 여래 아닌 것으로 남음이 없어서
여래 아닌 것은 여래 아닌 것으로 다해 마치니
여래 아닌 것은 여래 아닌 것으로 청정무구해서
여래 아닌 것은 여래 아닌 것으로 진여실상이요
여래 아닌 것은 여래 아닌 것으로 삼매해탈이요
여래 아닌 것은 여래 아닌 것으로 본여열반이요
여래 아닌 것은 여래 아닌 것으로 여여현현이요
여래 아닌 것은 여래 아닌 것으로 쌍차쌍조요
여래 아닌 것은 여래 아닌 것으로 연기법계요
여래 아닌 것은 여래 아닌 것으로 중도공존이요
여래 아닌 것은 여래 아닌 것으로 상주상락이요
여래 아닌 것은 여래 아닌 것으로 상락아정이요
여래 아닌 것은 여래 아닌 것으로 영생영락입니다.

하!

금강법어 269

세존은 세존으로 딴 것이 없으니
세존은 세존으로 남음이 없어서
세존은 세존으로 다해 마치니
세존은 세존으로 청정무구해서
세존은 세존으로 진여실상이요.
세존은 세존으로 삼매해탈이요.
세존은 세존으로 본여열반이요.
세존은 세존으로 여여현현이요.
세존은 세존으로 쌍차쌍조요.
세존은 세존으로 연기법계요.
세존은 세존으로 중도공존이요.
세존은 세존으로 상주상락이요.
세존은 세존으로 상락아정이요.
세존은 세존으로 영생영락입니다.

하!.

금강법어 270

세존 아닌 것은 세존 아닌 것으로 딴 것이 없으니
세존 아닌 것은 세존 아닌 것으로 남음이 없어서
세존 아닌 것은 세존 아닌 것으로 다해 마치니
세존 아닌 것은 세존 아닌 것으로 청정무구해서
세존 아닌 것은 세존 아닌 것으로 진여실상이요
세존 아닌 것은 세존 아닌 것으로 삼매해탈이요
세존 아닌 것은 세존 아닌 것으로 본여열반이요
세존 아닌 것은 세존 아닌 것으로 여여현현이요
세존 아닌 것은 세존 아닌 것으로 쌍차쌍조요
세존 아닌 것은 세존 아닌 것으로 연기법계요
세존 아닌 것은 세존 아닌 것으로 중도공존이요
세존 아닌 것은 세존 아닌 것으로 상주상락이요
세존 아닌 것은 세존 아닌 것으로 상락아정이요
세존 아닌 것은 세존 아닌 것으로 영생영락입니다.

하!

찬

스스로 나 다로 청정무구하고
다 함께 다 나로 순백무구해서
안팎으로 무한광명 원만구족하고
앞뒤로 무한감로 원융무애 하니
지닌 대로 지니지 않는 대로 진여해탈이요.
이룬 대로 이루지 않는 대로 진여해탈이요.
열린 대로 열리지 않는 대로 진여해탈이요.
드러난 대로 드러나지 않는 대로 진여해탈이요.
나툰 대로 나투지 않는 대로 진여해탈이요.
펼친 대로 펼치지 않는 대로 진여해탈이요.
세운 대로 세우지 않는 대로 진여해탈이요.
응한 대로 응하지 않는 대로 진여해탈이요.
쓰는 대로 쓰지 않는 대로 진여해탈이요.
누리는 대로 누리지 않는 대로 진여실상입니다.

하!.

여래시절

찬

지닌 대로 진여요
나툰 대로 실상이니
스스로 법계가 구족하여
온 누리 꽃비가 내립니다.

하!..

여래시절 1

아상은 아상으로 딴 것이 없으니
드러난 대로 청정하고 순백해서
스스로 해탈극락으로 자체적 실제적
무한실현 누림으로 구족하여
여여부동 자유자재한 영원한 절대 현제
지고지순한 신령스러운 여래입니다.

인상은 인상으로 딴 것이 없으니
드러난 대로 청정하고 순백해서
스스로 해탈극락으로 자체적 실제적
무한실현 누림으로 구족하여
여여부동 자유자재한 영원한 절대 현제
지고지순한 신령스러운 여래입니다.

중생상은 중생상으로 딴 것이 없으니
드러난 대로 청정하고 순백해서
스스로 해탈극락으로 자체적 실제적
무한실현 누림으로 구족하여

여여부동 자유자재한 영원한 절대 현제
지고지순한 신령스러운 여래입니다.

수자상은 수자상으로 딴 것이 없으니
드러난 대로 청정하고 순백해서
스스로 해탈극락으로 자체적 실제적
무한실현 누림으로 구족하여
여여부동 자유자재한 영원한 절대 현제
지고지순한 신령스러운 여래입니다.

여래시절 2

아집은 아집으로 딴 것이 없으니
드러난 대로 청정하고 순백해서
스스로 해탈극락으로 자체적 실제적
무한실현 누림으로 구족하여
여여부동 자유자재한 영원한 절대 현제
지고지순한 신령스러운 여래입니다.

인집은 인집으로 딴 것이 없으니
드러난 대로 청정하고 순백해서
스스로 해탈극락으로 자체적 실제적
무한실현 누림으로 구족하여
여여부동 자유자재한 영원한 절대 현제
지고지순한 신령스러운 여래입니다.

중생집은 중생집으로 딴 것이 없으니
드러난 대로 청정하고 순백해서
스스로 해탈극락으로 자체적 실제적
무한실현 누림으로 구족하여

여여부동 자유자재한 영원한 절대 현제
지고지순한 신령스러운 여래입니다.

수자집은 수자집으로 딴 것이 없으니
드러난 대로 청정하고 순백해서
스스로 해탈극락으로 자체적 실제적
무한실현 누림으로 구족하여
여여부동 자유자재한 영원한 절대 현제
지고지순한 신령스러운 여래입니다.

여래시절 3

아견은 아견으로 딴 것이 없으니
드러난 대로 청정하고 순백해서
스스로 해탈극락으로 자체적 실제적
무한실현 누림으로 구족하여
여여부동 자유자재한 영원한 절대 현제
지고지순한 신령스러운 여래입니다.

인견은 인견으로 딴 것이 없으니
드러난 대로 청정하고 순백해서
스스로 해탈극락으로 자체적 실제적
무한실현 누림으로 구족하여
여여부동 자유자재한 영원한 절대 현제
지고지순한 신령스러운 여래입니다.

중생견은 중생견으로 딴 것이 없으니
드러난 대로 청정하고 순백해서
스스로 해탈극락으로 자체적 실제적
무한실현 누림으로 구족하여

여여부동 자유자재한 영원한 절대 현제
지고지순한 신령스러운 여래입니다.

수자견은 수자견으로 딴 것이 없으니
드러난 대로 청정하고 순백해서
스스로 해탈극락으로 자체적 실제적
무한실현 누림으로 구족하여
여여부동 자유자재한 영원한 절대 현제
지고지순한 신령스러운 여래입니다.

여래시절 4

아각은 아각으로 딴 것이 없으니
드러난 대로 청정하고 순백해서
스스로 해탈극락으로 자체적 실제적
무한실현 누림으로 구족하여
여여부동 자유자재한 영원한 절대 현제
지고지순한 신령스러운 여래입니다.

인각은 인각으로 딴 것이 없으니
드러난 대로 청정하고 순백해서
스스로 해탈극락으로 자체적 실제적
무한실현 누림으로 구족하여
여여부동 자유자재한 영원한 절대 현제
지고지순한 신령스러운 여래입니다.

중생각은 중생각으로 딴 것이 없으니
드러난 대로 청정하고 순백해서
스스로 해탈극락으로 자체적 실제적
무한실현 누림으로 구족하여

여여부동 자유자재한 영원한 절대 현제
지고지순한 신령스러운 여래입니다.

수자각은 수자각으로 딴 것이 없으니
드러난 대로 청정하고 순백해서
스스로 해탈극락으로 자체적 실제적
무한실현 누림으로 구족하여
여여부동 자유자재한 영원한 절대 현제
지고지순한 신령스러운 여래입니다.

여래시절 5

아증은 아증으로 딴 것이 없으니
드러난 대로 청정하고 순백해서
스스로 해탈극락으로 자체적 실제적
무한실현 누림으로 구족하여
여여부동 자유자재한 영원한 절대 현제
지고지순한 신령스러운 여래입니다.

인증은 인증으로 딴 것이 없으니
드러난 대로 청정하고 순백해서
스스로 해탈극락으로 자체적 실제적
무한실현 누림으로 구족하여
여여부동 자유자재한 영원한 절대 현제
지고지순한 신령스러운 여래입니다.

중생증은 중생증으로 딴 것이 없으니
드러난 대로 청정하고 순백해서
스스로 해탈극락으로 자체적 실제적
무한실현 누림으로 구족하여

여여부동 자유자재한 영원한 절대 현제
지고지순한 신령스러운 여래입니다.

수자증은 수자증으로 딴 것이 없으니
드러난 대로 청정하고 순백해서
스스로 해탈극락으로 자체적 실제적
무한실현 누림으로 구족하여
여여부동 자유자재한 영원한 절대 현제
지고지순한 신령스러운 여래입니다.

여래시절 6

아통은 아통으로 딴 것이 없으니
드러난 대로 청정하고 순백해서
스스로 해탈극락으로 자체적 실제적
무한실현 누림으로 구족하여
여여부동 자유자재한 영원한 절대 현제
지고지순한 신령스러운 여래입니다.

인통은 인통으로 딴 것이 없으니
드러난 대로 청정하고 순백해서
스스로 해탈극락으로 자체적 실제적
무한실현 누림으로 구족하여
여여부동 자유자재한 영원한 절대 현제
지고지순한 신령스러운 여래입니다.

중생통은 중생통으로 딴 것이 없으니
드러난 대로 청정하고 순백해서
스스로 해탈극락으로 자체적 실제적
무한실현 누림으로 구족하여

여여부동 자유자재한 영원한 절대 현제
지고지순한 신령스러운 여래입니다.

수자통은 수자통으로 딴 것이 없으니
드러난 대로 청정하고 순백해서
스스로 해탈극락으로 자체적 실제적
무한실현 누림으로 구족하여
여여부동 자유자재한 영원한 절대 현제
지고지순한 신령스러운 여래입니다.

여래시절 7

아도는 아도로 딴 것이 없으니
드러난 대로 청정하고 순백해서
스스로 해탈극락으로 자체적 실제적
무한실현 누림으로 구족하여
여여부동 자유자재한 영원한 절대 현제
지고지순한 신령스러운 여래입니다.

인도는 인도로 딴 것이 없으니
드러난 대로 청정하고 순백해서
스스로 해탈극락으로 자체적 실제적
무한실현 누림으로 구족하여
여여부동 자유자재한 영원한 절대 현제
지고지순한 신령스러운 여래입니다.

중생도는 중생도로 딴 것이 없으니
드러난 대로 청정하고 순백해서
스스로 해탈극락으로 자체적 실제적
무한실현 누림으로 구족하여

여여부동 자유자재한 영원한 절대 현제
지고지순한 신령스러운 여래입니다.

수자도는 수자도로 딴 것이 없으니
드러난 대로 청정하고 순백해서
스스로 해탈극락으로 자체적 실제적
무한실현 누림으로 구족하여
여여부동 자유자재한 영원한 절대 현제
지고지순한 신령스러운 여래입니다.

여래시절 8

아법은 아법으로 딴 것이 없으니
드러난 대로 청정하고 순백해서
스스로 해탈극락으로 자체적 실제적
무한실현 누림으로 구족하여
여여부동 자유자재한 영원한 절대 현제
지고지순한 신령스러운 여래입니다.

인법은 인법으로 딴 것이 없으니
드러난 대로 청정하고 순백해서
스스로 해탈극락으로 자체적 실제적
무한실현 누림으로 구족하여
여부동 자유자재한 영원한 절대 현제
지고지순한 신령스러운 여래입니다.

중생법은 중생법으로 딴 것이 없으니
드러난 대로 청정하고 순백해서
스스로 해탈극락으로 자체적 실제적
무한실현 누림으로 구족하여

여여부동 자유자재한 영원한 절대 현재
지고지순한 신령스러운 여래입니다.

수자법은 수자법으로 딴 것이 없으니
드러난 대로 청정하고 순백해서
스스로 해탈극락으로 자체적 실제적
무한실현 누림으로 구족하여
여여부동 자유자재한 영원한 절대 현제
지고지순한 신령스러운 여래입니다.

여래시절 9

아불은 아불로 딴 것이 없으니
드러난 대로 청정하고 순백해서
스스로 해탈극락으로 자체적 실제적
무한실현 누림으로 구족하여
여여부동 자유자재한 영원한 절대 현재
지고지순한 신령스러운 여래입니다.

인불은 인불로 딴 것이 없으니
드러난 대로 청정하고 순백해서
스스로 해탈극락으로 자체적 실제적
무한실현 누림으로 구족하여
여여부동 자유자재한 영원한 절대 현재
지고지순한 신령스러운 여래입니다.

중생불은 중생불로 딴 것이 없으니
드러난 대로 청정하고 순백해서
스스로 해탈극락으로 자체적 실제적
무한실현 누림으로 구족하여

여여부동 자유자재한 영원한 절대 현재
지고지순한 신령스러운 여래입니다.

수자불은 수자불로 딴 것이 없으니
드러난 대로 청정하고 순백해서
스스로 해탈극락으로 자체적 실제적
무한실현 누림으로 구족하여
여여부동 자유자재한 영원한 절대 현제
지고지순한 신령스러운 여래입니다.

여래시절 10

금강은 금강으로 딴 것이 없으니
드러난 대로 청정하고 순백해서
스스로 해탈극락으로 자체적 실제적
무한실현 누림으로 구족하여
여여부동 자유자재한 영원한 절대 현제
지고지순한 신령스러운 여래입니다.

반야바라밀은 반야바라밀로 딴 것이 없으니
드러난 대로 청정하고 순백해서
스스로 해탈극락으로 자체적 실제적
무한실현 누림으로 구족하여
여여부동 자유자재한 영원한 절대 현제
지고지순한 신령스러운 여래입니다.

보리는 보리로 딴 것이 없으니
드러난 대로 청정하고 순백해서
스스로 해탈극락으로 자체적 실제적
무한실현 누림으로 구족하여

여여부동 자유자재한 영원한 절대 현제
지고지순한 신령스러운 여래입니다.

여래는 여래로 딴 것이 없으니
드러난 대로 청정하고 순백해서
스스로 해탈극락으로 자체적 실제적
무한실현 누림으로 구족하여
여여부동 자유자재한 영원한 절대 현제
지고지순한 신령스러운 여래입니다.

찬

보리엔 그림자 없고
거울 또한 한 티끌도 없네
본래 청순하여 딴 것이 없으니
스스로 보고 듣고 대 광명을 놓는구나.

하!.

본불승 황부 범향배.

여래 금강달

찬

지닌 대로 딴 것이 없고 딴 것이 아니니
온 법계가 나 다로 해탈극락이요.
나툰 대로 딴 일이 없고 딴 일이 아니니
온 창생이 다 나로 여래 본불이구나.

하!.

나 여래 금강달

나는 나로 나 다 지닌 달이요.
나는 나로 나 다 뿐인 달이요.
나는 나로 나 다 따로 없는 달이요.
나는 나로 나 다 이룬 달이요.
나는 나로 나 다 연 달이요.
나는 나로 나 다 드러낸 달이요.
나는 나로 나 다 나툰 달이요.
나는 나로 나 다 펼친 달이요.
나는 나로 나 다 세운 달이요.
나는 나로 나 다 웅한 달이요.
나는 나로 나 다 쓰는 달이요.
나는 나로 나 다 누리는 달이요.
나는 나로 나 다 한결 달이요.
나는 나로 나 다 진여 달이요.
나는 나로 나 다 실상 달이요.
나는 나로 나 다 삼매 달이요.
나는 나로 나 다 해탈 달이요.
나는 나로 나 다 여여 달이요.

나는 나로 나 다 열반 달이요.
나는 나로 나 다 본여 달이요.
나는 나로 나 다 현존 달이요.
나는 나로 나 다 공존 달이요.
나는 나로 나 다 상생 달이요.
나는 나로 나 다 중도 달이요.
나는 나로 나 다 연기 달이요.
나는 나로 나 다 자계 달이요.
나는 나로 나 다 차조동시 달이요.
나는 나로 나 다 쌍차쌍조 달이요.
나는 나로 나 다 본차본조 달이요.
나는 나로 나 다 자차자조 달이요.
나는 나로 나 다 직차직조 달이요.
나는 나로 나 다 즉차즉조 달이요.
나는 나로 나 다 작차작조 달이요.
나는 나로 나 다 행차행조 달이요.
나는 나로 나 다 융차융조 달이요.
나는 나로 나 다 홍차홍조 달이요.
나는 나로 나 다 현차현조 달이요.
나는 나로 나 다 정차정조 달이요.
나는 나로 나 다 진차진조 달이요.
나는 나로 나 다 의차의조 달이요.

나는 나로 나 다 예차예조 달이요.
나는 나로 나 다 명차명조 달이요.
나는 나로 나 다 성차성조 달이요.
나는 나로 나 다 견차견조 달이요.
나는 나로 나 다 각차각조 달이요.
나는 나로 나 다 중차중조 달이요.
나는 나로 나 다 인차인조 달이요.
나는 나로 나 다 법계 우주 달이요.
나는 나로 나 다 세계 세상 달이요.
나는 나로 나 다 천하 산하대지 달이요.
나는 나로 나 다 삼라만상 달이요.
나는 나로 나 다 두두물물 달이요.
나는 나로 나 다 창생창주 달이요.
나는 나로 나 다 유생무생 달이요.
나는 나로 나 다 유정무정 달이요.
나는 나로 나 다 범부성인 달이요.
나는 나로 나 다 중생부처 달이요.
나는 나로 나 다 이승저승 달이요.
나는 나로 나 다 지옥천국 달이요.
나는 나로 나 다 사바극락 달이요.
나는 나로 나 다 육도윤회 달이요.
나는 나로 나 다 태란습화 달이요.

나는 나로 나 다 고집멸도 달이요.
나는 나로 나 다 이고득락 달이요.
나는 나로 나 다 육바라밀 달이요.
나는 나로 나 다 팔정도 달이요.
나는 나로 나 다 삼십육조도품 달이요.
나는 나로 나 다 팔만사천경 달이요.
나는 나로 나 다 삼처전심 달이요.
나는 나로 나 다 선 달이요.
나는 나로 나 다 교 달이요.
나는 나로 나 다 율 달이요.
나는 나로 나 다 론 달이요.
나는 나로 나 다 자체 달이요.
나는 나로 나 다 자용 달이요.
나는 나로 나 다 자주 달이요.
나는 나로 나 다 자존 달이요.
나는 나로 나 다 자위 달이요.
나는 나로 나 다 자실 달이요.
나는 나로 나 다 실존 달이요.
나는 나로 나 다 실채 달이요.
나는 나로 나 다 실용 달이요.
나는 나로 나 다 실세 달이요.
나는 나로 나 다 실권 달이요.

나는 나로 나 다 실재 달이요.
나는 나로 나 다 실락 달이요.
나는 나로 나 다 축복 달이요.
나는 나로 나 다 행복 달이요.
나는 나로 나 다 사랑 달이요.
나는 나로 나 다 자비 달이요.
나는 나로 나 다 은혜 달이요.
나는 나로 나 다 가피 달이요.
나는 나로 나 다 가치 달이요.
나는 나로 나 다 보람 달이요.
나는 나로 나 다 광명 달이요.
나는 나로 나 다 감로 달이요.
나는 나로 나 다 보배 달이요.
나는 나로 나 다 보주 달이요.
나는 나로 나 다 보화 달이요.
나는 나로 나 다 영화 달이요.
나는 나로 나 다 길상 달이요.
나는 나로 나 다 길경 달이요.
나는 나로 나 다 안락 달이요.
나는 나로 나 다 평화 달이요.
나는 나로 나 다 자유 달이요.
나는 나로 나 다 평등 달이요.

나는 나로 나 다 풀잎 달이요.
나는 나로 나 다 돌멩이 달이요.
나는 나로 나 다 꽃 달이요.
나는 나로 나 다 열매 달이요.
나는 나로 나 다 해 달이요.
나는 나로 나 다 달 달이요.
나는 나로 나 다 별 달이요.
나는 나로 나 다 하늘 달이요.
나는 나로 나 다 땅 달이요.
나는 나로 나 다 산 달이요.
나는 나로 나 다 바다 달이요.
나는 나로 나 다 강물 달이요.
나는 나로 나 다 호수 달이요.
나는 나로 나 다 옹달샘 달이요.
나는 나로 나 다 숲 달이요.
나는 나로 나 다 바위 달이요.
나는 나로 나 다 들녘 달이요.
나는 나로 나 다 구름 달이요.
나는 나로 나 다 바람 달이요.
나는 나로 나 다 비 달이요.
나는 나로 나 다 눈 달이요.
나는 나로 나 다 서리 달이요.

나는 나로 나 다 이슬 달이요.
나는 나로 나 다 안개 달이요.
나는 나로 나 다 무지개 달이요.
나는 나로 나 다 학 달이요.
나는 나로 나 다 봉황 달이요.
나는 나로 나 다 사슴 달이요.
나는 나로 나 다 토끼 달이요.
나는 나로 나 다 다람쥐 달이요.
나는 나로 나 다 달팽이 달이요.
나는 나로 나 다 거북이 달이요.
나는 나로 나 다 자라 달이요.
나는 나로 나 다 잉어 달이요.
나는 나로 나 다 붕어 달이요.
나는 나로 나 다 메기 달이요.
나는 나로 나 다 가물치 달이요.
나는 나로 나 다 미꾸라지 달이요.
나는 나로 나 다 송사리 달이요.
나는 나로 나 다 숭어 달이요.
나는 나로 나 다 청어 달이요.
나는 나로 나 다 정어리 달이요.
나는 나로 나 다 문어 달이요.
나는 나로 나 다 오징어 달이요.

나는 나로 나 다 꼴뚜기 달이요.
나는 나로 나 다 가자미 달이요.
나는 나로 나 다 광어 달이요.
나는 나로 나 다 고등어 달이요.
나는 나로 나 다 꽁치 달이요.
나는 나로 나 다 대구 달이요.
나는 나로 나 다 명태 달이요.
나는 나로 나 다 삼치 달이요.
나는 나로 나 다 고래 달이요.
나는 나로 나 다 멸치 달이요.
나는 나로 나 다 상어 달이요.
나는 나로 나 다 갈치 달이요.
나는 나로 나 다 전복 달이요.
나는 나로 나 다 멍게 달이요.
나는 나로 나 다 해삼 달이요.
나는 나로 나 다 소라 고동 달이요.
나는 나로 나 다 골뱅이 달이요.
나는 나로 나 다 조개 달이요.
나는 나로 나 다 성게 달이요.
나는 나로 나 다 홍합 달이요.
나는 나로 나 다 대게 달이요.
나는 나로 나 다 방게 달이요.

나는 나로 나 다 뭇고기 달이요.
나는 나로 나 다 물새 달이요.
나는 나로 나 다 갈매기 달이요.
나는 나로 나 다 미역 달이요.
나는 나로 나 다 토시 달이요.
나는 나로 나 다 김 달이요.
나는 나로 나 다 파래 달이요.
나는 나로 나 다 다시마 달이요.
나는 나로 나 다 진저리 달이요.
나는 나로 나 다 바다나물 달이요.
나는 나로 나 다 산짐승 달이요.
나는 나로 나 다 산나물 달이요.
나는 나로 나 다 들나물 달이요.
나는 나로 나 다 들짐승 달이요.
나는 나로 나 다 기러기 달이요.
나는 나로 나 다 비둘기 달이요.
나는 나로 나 다 참새 달이요.
나는 나로 나 다 까치 달이요.
나는 나로 나 다 까마귀 달이요.
나는 나로 나 다 코끼리 달이요.
나는 나로 나 다 들개 달이요.
나는 나로 나 다 들여우 달이요.

나는 나로 나 다 들고양이 달이요.
나는 나로 나 다 집짐승 달이요.
나는 나로 나 다 소 달이요.
나는 나로 나 다 말 달이요.
나는 나로 나 다 개 달이요.
나는 나로 나 다 닭 달이요.
나는 나로 나 다 염소 달이요.
나는 나로 나 다 돼지 달이요.
나는 나로 나 다 오리 달이요.
나는 나로 나 다 양 달이요.
나는 나로 나 다 사슴 달이요.
나는 나로 나 다 토끼 달이요.
나는 나로 나 다 땅속짐승 달이요.
나는 나로 나 다 두꺼비 달이요.
나는 나로 나 다 두더지 달이요.
나는 나로 나 다 고슴도치 달이요.
나는 나로 나 다 논두렁물 달이요.
나는 나로 나 다 개구리 달이요.
나는 나로 나 다 올챙이 달이요.
나는 나로 나 다 곡식 달이요.
나는 나로 나 다 쌀 달이요.
나는 나로 나 다 보리 달이요.

나는 나로 나 다 스슥 달이요.
나는 나로 나 다 밀 달이요.
나는 나로 나 다 기장 달이요.
나는 나로 나 다 팥 달이요.
나는 나로 나 다 콩 달이요.
나는 나로 나 다 옥수수 달이요
나는 나로 나 다 수수 달이요.
나는 나로 나 다 고구마 달이요.
나는 나로 나 다 감자 달이요.
나는 나로 나 다 채소 달이요.
나는 나로 나 다 무우 달이요.
나는 나로 나 다 배추 달이요.
나는 나로 나 다 가지 달이요.
나는 나로 나 다 오이 달이요.
나는 나로 나 다 고추 달이요.
나는 나로 나 다 양파 달이요.
나는 나로 나 다 파 달이요.
나는 나로 나 다 양배추 달이요.
나는 나로 나 다 시금치 달이요.
나는 나로 나 다 콩나물 달이요.
나는 나로 나 다 냉이 달이요.
나는 나로 나 다 불초 달이요.

나는 나로 나 다 식사 달이요.
나는 나로 나 다 떡 달이요.
나는 나로 나 다 밥 달이요.
나는 나로 나 다 국수 달이요.
나는 나로 나 다 수제비 달이요.
나는 나로 나 다 라면 달이요.
나는 나로 나 다 우동 달이요.
나는 나로 나 다 울면 달이요.
나는 나로 나 다 짜장면 달이요.
나는 나로 나 다 냉면 달이요.
나는 나로 나 다 모밀 달이요.
나는 나로 나 다 비빔 달이요.
나는 나로 나 다 잡채 달이요.
나는 나로 나 다 부치미 달이요.
나는 나로 나 다 죽 달이요.
나는 나로 나 다 숭늉 달이요.
나는 나로 나 다 반찬 달이요.
나는 나로 나 다 국 달이요.
나는 나로 나 다 차 달이요.
나는 나로 나 다 냠냠냠 달이요.
나는 나로 나 다 쩝쩝쩝 달이요.
나는 나로 나 다 뜸북뜸북뜸북 달이요.

나는 나로 나 다 술술술 달이요.
나는 나로 나 다 멋 달이요.
나는 나로 나 다 품 달이요.
나는 나로 나 다 결 달이요.
나는 나로 나 다 격 달이요.
나는 나로 나 다 눈썹 털 달이요.
나는 나로 나 다 옷고름 달이요.
나는 나로 나 다 손가락 달이요.
나는 나로 나 다 손바닥 달이요.
나는 나로 나 다 손등 달이요.
나는 나로 나 다 손 달이요.
나는 나로 나 다 발가락 달이요.
나는 나로 나 다 발바닥 달이요.
나는 나로 나 다 발등 달이요.
나는 나로 나 다 발 달이요.
나는 나로 나 다 발걸음 달이요.
나는 나로 나 다 눈 달이요.
나는 나로 나 다 귀 달이요.
나는 나로 나 다 코 달이요.
나는 나로 나 다 입 달이요.
나는 나로 나 다 입술 달이요.
나는 나로 나 다 말 달이요.

나는 나로 나 다 침묵 달이요.
나는 나로 나 다 몸 달이요.
나는 나로 나 다 느낌 달이요.
나는 나로 나 다 인식 달이요.
나는 나로 나 다 의식 달이요.
나는 나로 나 다 잠재의식 달이요.
나는 나로 나 다 무의식 달이요.
나는 나로 나 다 영지 달이요.
나는 나로 나 다 각지 달이요.
나는 나로 나 다 본나 달이요.
나는 나로 나 다 참나 달이요.
나는 나로 나 다 법나 달이요.
나는 나로 나 다 도나 달이요.
나는 나로 나 다 성불 나 달이요.
나는 나로 나 다 본불 나 달이요.
나는 나로 나 다 현생 나 달이요.
나는 나로 나 다 현존 나 달이요.
나는 나로 나 다 지존 나 달이요.
나는 나로 나 다 세존 나 달이요.
나는 나로 나 다 천존 나 달이요.
나는 나로 나 다 창존 나 달이요.
나는 나로 나 다 창주 나 달이요.

나는 나로 나 다 창생 나 달이요.
나는 나로 나 다 창조 나 달이요.
나는 나로 나 다 창세 나 달이요.
나는 나로 나 다 창락 나 달이요.
나는 나로 나 다 영존 나 달이요.
나는 나로 나 다 영생 나 달이요.
나는 나로 나 다 영락 나 달이요.
나는 나로 나 다 자존 나 달이요.
나는 나로 나 다 자생 나 달이요.
나는 나로 나 다 자락 나 달이요.
나는 나로 나 다 나 달이요.
나는 나로 나 다 나 자심 달이요.
나는 나로 나 다 나 본심 달이요.
나는 나로 나 다 나 주심 달이요.
나는 나로 나 다 나 원심 달이요.
나는 나로 나 다 나 존심 달이요.
나는 나로 나 다 나 성심 달이요.
나는 나로 나 다 나 각심 달이요.
나는 나로 나 다 나 불심 달이요.
나는 나로 나 다 나 명심 달이요.
나는 나로 나 다 나 정심 달이요.
나는 나로 나 다 나 진심 달이요.

나는 나로 나 다 나 양심 달이요.
나는 나로 나 다 나 예심 달이요.
나는 나로 나 다 나 유심 달이요.
나는 나로 나 다 나 무심 달이요.
나는 나로 나 다 나 유념 달이요.
나는 나로 나 다 나 무념 달이요.
나는 나로 나 다 나 유감 달이요.
나는 나로 나 다 나 무감 달이요.
나는 나로 나 다 나 유지 달이요.
나는 나로 나 다 나 무지 달이요.
나는 나로 나 다 나 유식 달이요.
나는 나로 나 다 나 무식 달이요.
나는 나로 나 다 나 유상 달이요.
나는 나로 나 다 나 무상 달이요.
나는 나로 나 다 나 유집 달이요.
나는 나로 나 다 나 무집 달이요.
나는 나로 나 다 나 유처 달이요.
나는 나로 나 다 나 무처 달이요.
나는 나로 나 다 나 유주 달이요.
나는 나로 나 다 나 무주 달이요.
나는 나로 나 다 나 유견 달이요.
나는 나로 나 다 나 무견 달이요.

나는 나로 나 다 나 유염 달이요.
나는 나로 나 다 나 무염 달이요.
나는 나로 나 다 나 유통 달이요.
나는 나로 나 다 나 무통 달이요.
나는 나로 나 다 나 유각 달이요.
나는 나로 나 다 나 무각 달이요.
나는 나로 나 다 나 유도 달이요.
나는 나로 나 다 나 무도 달이요.
나는 나로 나 다 나 유법 달이요.
나는 나로 나 다 나 무법 달이요.
나는 나로 나 다 나 유불 달이요.
나는 나로 나 다 나 무불 달이요.
나는 나로 나 다 나 유아 달이요.
나는 나로 나 다 나 무아 달이요.
나는 나로 나 다 나 유위 달이요.
나는 나로 나 다 나 무위 달이요.
나는 나로 나 다 나 자위 달이요.
나는 나로 나 다 나 본위 달이요.
나는 나로 나 다 나 존위 달이요.
나는 나로 나 다 나 현위 달이요.
나는 나로 나 다 나 영위 달이요.
나는 나로 나 다 나 달이요.

나는 나로 나 다 나 다 달이요.
나는 나로 나 다 나 온 전체로 달이요.
나는 나로 나 다 나 낱낱이 달이요.
나는 나로 나 다 나 누구나 달이요.
나는 나로 나 다 나 무엇이든 달이요.
나는 나로 나 다 나 이대로 달이요.
나는 나로 나 다 나 저대로 달이요.
나는 나로 나 다 나 그대로 달이요.
나는 나로 나 다 나 홍대로 달이요.
나는 나로 나 다 나 저절로 달이요.
나는 나로 나 다 나 스스로 달이요.
나는 나로 나 다 나 언제나 달이요.
나는 나로 나 다 나 어디서나 달이요.
나는 나로 나 다 나 어느 때나 달이요.
나는 나로 나 다 나 어느 것이나 달이요.
나는 나로 나 다 나 반야 달이요.
나는 나로 나 다 나 바라밀 달이요.
나는 나로 나 다 나 우담바라 달이요.
나는 나로 나 다 나 마니보주 달이요.
나는 나로 나 다 나 금강달 토하고
나는 나로 나 다 나 여래달 누리구나.

찬

쓰는 대로 다르지 않아 금강달 진여요.
누리는 대로 한결같아 여래달 실상이니
사바도 극락도 축복 행복 해탈달이요
중생도 부처도 길상길경 영생달이구나.

하!.

나 다 반야바라밀다심경

찬

본래로 나 다로 열리고
본래로 다 나로 드러나니
이러해도 우담바라 난발하고
이러하지 않아도 마니보주 쏟아져
언제나 안팎으로 다르지 않고
어디서나 앞뒤로 한결같으니
누구나 원만구족으로 반야요,
무엇에나 원융무애로 바라밀입니다.

하!..

나 다 반야바라밀다심경

관자재보살이 나로 깊은 반야바라밀다를 행할 때에 오온이 다 청순함을 비추어 보고 모든 괴로움에서 벗어났느니라.
청순함 바탕에는 색이 공과 다르지 않고 공이 색과 다르지 않아서 색이 곧 공이요. 공이 곧 색이며 감각, 지각, 의지와 인식도 작용도 그러므로 나투고 거둠이 따로 없어 이대로 다 청순함이구나.
사리자여,
청순한 모든 법의 성품은 생기는 것도 아니고 없어지는 것도 아니며, 더러운 것도 아니고 깨끗한 것도 아니며, 느는 것도 아니고 주는 것도 아니니라.
그러므로 청순함 가운데에는 딴 것이 없어서 감각, 지각, 의지, 인식, 작용도 없고 눈, 귀, 코, 혀, 몸, 뜻도 없으며, 빛, 소리, 향기, 맛, 느낌, 분별, 법도 없으며 눈의 영역 내지는 의식의 영역까지 없으며, 무명도 없고 무명이 다함도 없으며, 늙고 죽음도 없고 늙고 죽음이 다함까지도 없어서 괴로움과 번뇌, 열반, 수도도 없고 지혜도 없고 얻을 것도 없으니 얻을 것이 본래 없기 때문에 또한 드러난 대로 나툰 대로 딴 것이 없고 딴 것이 아니니라. 이러하므로 스스로 지니고 드러남이 다르지 않아서 안팎으로 나 다로 청정무구하고 원만구족하고 원융무애하고 무애자재하고 자유자재하여 상주상락 상락아정 영생영락 하는 것이니라. 이러히 보살이 나 다로 반야바라밀다의 청순함에 의지하여 마음에 걸림이 없게 되고 걸림이 없으므로 두려움도 없고 뒤바뀐 망상을 여의고 마침내 열반을 이루며 삼세의 모든 부처님도 딴 일이 없는 딴 일이 아닌 반야바라밀다 청순함에 의지하여 아뇩다라삼먁삼보리를 얻었느니라.

그러므로 알라. 반야바라밀다의 나 다로 청순함은 크게 신비로운 주 이며 가장 밝은 주이며 위없이 드높은 주이며 더 이상 비할 데 없는 주이니 능히 모든 해탈낙을 열어주며 진실로 일체 능하여 멸하지 않느니라.

이에 반야바라밀다의 주를 봉행하노라.

누리세 누리세 바로 누리세 나 다 해탈극락으로 바로 길이 누리세.(3)

하!.

찬

언제나 스스로 법계 무한 청정해서
온 우주도 여실히 순백한 은하로 이루고
온 세상도 거룩히 해탈극락으로 열려서
온 창생 성서러워히 상주상락 누리구나.

아느냐?
고기 스스로 물이니 마하의 노래를 부르고
새 스스로 숲이니 반야의 춤을 추구나.

하!.

황부범향배.

본 성취

나 다 스스로 무한 창주요.
나 다 스스로 무한 창존이요.
나 다 스스로 무한 창본이요.
나 다 스스로 무한 창생이요.
나 다 스스로 무한 창조요.
나 다 스스로 무한 창세요.
나 다 스스로 무한 창성이요.
나 다 스스로 무한 창락입니다.

하!.

황부 범향배.

축원

이승도 저승도 금강반야바라밀로 해탈극락이요.
지옥도 천국도 금강반야바라밀로 해탈극락이요.
사바도 극락도 금강반야바라밀로 해탈극락이요.
유생도 무생도 금강반야바라밀로 해탈극락이요.
유정도 무정도 금강반야바라밀로 해탈극락이요.
범부도 성인도 금강반야바라밀로 해탈극락이요.
중생도 부처도 금강반야바라밀로 해탈극락이요.
종이도 글자도 금강반야바라밀로 해탈극락이요.
전한이나 받는 이도 금강반야바라밀로 해탈극락입니다.

하!.

본불제자 향 사르고
큰절 무량 올립니다.

회향

꽃을 심고 꽃을 심고 꽃을 심고
온 세상 온갖 뜨락 온갖 꽃 난발합니다.
열매를 맺고 열매를 맺고 열매를 맺고
온 창생 온 거리 온갖 열매 쏟아집니다.
더 거룩하고 성서러운 날
청풍명월 가슴을 열고
더없이 좋고 아름다운 정 심어
고기는 물로 새는 숲속으로 보냅니다.
나도 두꺼비도 해탈을 노래하고
그대도 고슴도치도 극락을 춤춥니다.

하!.

향 사르고 큰절올리고
황부합장.

전법예찬

활활활 타오르는 불꽃속에
한바탕 하하하 웃으니
부처님의 정법안장이
뭇 중생의 심중에 소낙비처럼 쏟아지구나.

하!.

세존께 황부 영홍 향 사르 올리고
큰절 무진찰찰 올립니다.

황부(黃付) 영흥(永興)대선사

1947년 경북 울진군 울진면 연지리 101번지에서 태어난 스님은 21세에 망월사에서 춘성선사의 벽력같은 할에 언하대오(言下大悟)하고 24세에 자수용삼매(自受用三昧)를 증득했다.

1974년 백양사에서 서옹대종사를 은사 계사 법사로 수계 득도한 스님은 경봉, 전강, 벽초, 혜암, 향곡, 구산, 고암, 월산, 서암, 숭산스님등 당대의 선지식들을 참문하여 법거량을 했다.

스님은 출가 전 큰 깨달음이 3번 있었고, 출가 후 큰 깨달음이 3번 있었다. 깨달음은 똑같으나 더욱 분명하고 확실했다.

돈오점수를 넘어서 돈오돈수를 넘어서 본오본수를 넘어서 자오자수로 본지풍광을 활발하게 펼쳐 누린다.

스님은 제방선원 및 토굴 안거하면서 시절따라 정한 처소 없이 만행하면서 인연 있는 수좌와 재가수행자를 지도하며 전법에 매진하고 있다.

법명은 성명(性明), 법호는 후제(後濟)이고 부처님의 마정수기명은 황부(黃付), 영흥(永興)이다.

저서는 <해와 달을 띄우고 산과 물을 펼친다> <나> <참> <저마다 생명은, 삶은 아름답고 거룩하여라> <납승가> <해탈> <꼭> <나 바로 깨친다> <불조보록> <동방불조보록> <세상의 님에게 보내는 편지> <선시 물방울도 별이 되어 빛나다> <풀잎도 달이 되어 웃도다> <손가락에 걸린 달 천하를 비추다> <나는 해탈을 노래하고 그대는 극락을 춤추구나> <나 다 시절> <선명상록 본여시절> <금강경 달 찬> <본원경 달 찬> <자주자락가> <미륵시절> <고래가 만리 파도를 즐기구나> 등이 있다.
현재 우면산 서초란야에 상주함.

대중 법회

*BTN 불교방송 하안거 참선지도
 2010년 4월 ~ 6월 (매주 화. 목요일)
*BTN 일요초청 법회 및 각 불교단체 초청법회
*영어도서관 본불법회 참선지도
 2012년 12월 ~ 2013년 2월
 (1.3주 일요일, 매주 수요일)

*홍불선원 재일법회 참선지도
 2013년 5월 ~ 현재
*불교여성회관 참세상정법회 참선지도
 2013년 11월 ~ 2019년 12월
 (1.3주 일요일, 매주 수요일)
*참세상정법회 한강 야단법석(코로나)
 2020년 1월 ~ 12월 (1.3주 일요일, 매주 수요일)
 2023년 6월 ~ 현재 (1.3주 일요일, 매주 수요일)

금강경 달 찬

1판 1쇄 펴낸날 불기2568(2024)년 7월 5일

지은이 황부 영홍대선사
펴낸이 문후

펴낸곳 문후
등록   제2021-000017호
주소 인천시 부평구 후정동로 50.(1동103호)
전화   010 3143 5789
이메일 moonhoo0602@naver.com

ISBN   979-11-975672-2-3 (03220)
가격   56,000원